Comentários à Constituição Federal

DIREITOS E GARANTIAS FUNDAMENTAIS

N244c   Nascimento, Tupinambá Miguel Castro do
    Comentários à Constituição Federal: Direitos e garantias fundamentais / Tupinambá Miguel Castro do Nascimento. — Porto Alegre: Livraria do Advogado, 1997.
    263 p.; 14x21cm.

    ISBN 85-7348-049-1

    1. Constituição: Brasil: 1988: Comentários. 2. Direito Constitucional. 3. Constituição. 4. Direitos e garantias fundamentais. I. Título.

                    CDU 342.4(81)"1988"(094.4.072)

(Bibliotecária responsável: Marta Roberto, CRB 10/652)

Tupinambá Miguel Castro do Nascimento

Comentários à Constituição Federal

DIREITOS E GARANTIAS FUNDAMENTAIS

— Artigos 5º a 17 —

livraria
DO ADVOGADO
editora

Porto Alegre 1997

© Tupinambá Miguel Castro do Nascimento, 1997

Capa, projeto gráfico e diagramação
Livraria do Advogado / Valmor Bortoloti

Revisão
Rosane Marques Borba

Direitos desta edição reservados por
Livraria do Advogado Ltda.
Rua Riachuelo, 1338
90010-273 Porto Alegre RS
Fone/fax: (051) 225 3311
E-mail: liv_adv@portoweb.com.br
Internet: http://www.liv-advogado.com.br

Impresso no Brasil / Printed in Brazil

Sumário

Capítulo I
Direitos e garantias individuais 9
1. Observações iniciais 11
   1.2. Características 15
   1.3. Tutelados 20
2. Artigo 5º 27
   2.1. Princípio da isonomia 33
   2.2. Princípio da legalidade 36
   2.3. Respeitabilidade da pessoa 39
   2.4. Direito de liberdade 42
   2.5. Inviolabilidades 49
   2.6. Direito de propriedade 52
   2.7. Garantias processuais 57
   2.8. Regramentos penais 61
   2.9. Ações constitucionais 63
   2.10. Irretroatividade da lei 72
   2.11. Outros direitos e garantias 75

Capítulo II
Direitos sociais 77
1. Aspecto histórico 79
   1.2. Cláusulas pétreas 82
2. Artigo 6º 85
   2.1. Observações iniciais 85
   2.2. Educação 87
   2.3. Saúde 88
   2.4. Trabalho e lazer 89
   2.5. Segurança e Previdência Social 91
   2.6. Proteção à maternidade, à infância e assistência aos desamparados 92

3. Artigo 7º 94
   3.1. Tutelados 96
   3.2. Natureza jurídica dos preceitos 98
   3.3. Garantias do emprego 100
   3.4. Garantias salariais 102
   3.5. Garantia das jornadas 105
   3.6. Garantias acidentárias 107
   3.7. Demais garantias 109

4. Artigo 8º 111
   4.1. Aspectos históricos 112
   4.2. Personalidade jurídica 113
   4.3. Princípios regentes 116
   4.4. Contribuição confederativa 118

5. Artigo 9º 120
   5.1. Norma constitucional limitada 120
   5.2. Normatividade infraconstitucional 123
   5.3. Locaute 126

6. Artigo 10 129
   6.1. Observações gerais 129
   6.2. Pressupostos 131

7. Artigo 11 133
   7.1. Generalidades 133
   7.2. Auto-aplicabilidade 135

Capítulo III
Direitos da nacionalidade 137
1. Histórico 139
   1.2. Aferição da nacionalidade 141
   1.3. Dupla nacionalidade 143

2. Artigo 12 145
   2.1. Conceito de nacionalidade e efeitos 146
   2.2. Brasileiro nato 148
   2.3. Brasileiro naturalizado 152
   2.4. Tratamento diferenciado 154
   2.5. Perda da nacionalidade 156
   2.6. Portugueses 158

3. Artigo 13 160
   3.1. Idioma Oficial 160
   3.2. Símbolos 162
   3.3. Demais entes federativos 163

Capítulo IV
Direitos políticos 165
1. Escorço histórico 167
   1.2. Compreensão dos direitos políticos 169

2. Artigo 14 172
   2.1. Soberania popular 173
   2.2. Direito de votar 177
   2.3. Direito de ser votado 181
   2.4. Inelegibilidades 185
   2.5. Reelegibilidade 187
   2.6. Ação de impugnação de mandato eletivo 189

3. Artigo 15 194
   3.1. Observações gerais 194
   3.2. Cancelamento da naturalização 197
   3.3. Incapacidade civil absoluta 199
   3.4. Condenação criminal 202
   3.5. Escusa de consciência 206
   3.6. Improbidade administrativa 207

4. Artigo 16 212
   4.1. Observações gerais 212
   4.2. Processo eleitoral 214

Capítulo V
Partidos políticos 219
1. Compreensão 221
   1.2. Pluralismo partidário e bipartidarismo 224
   1.3. Constituição Atual 226

2. Artigo 17 230
   2.1. Caráter nacional 230
   2.2. Autonomia 235
   2.3. Programa e estatuto 239
   2.4. Fidelidade e disciplina partidárias 242
   2.5. Fundo partidário e direito de antena 249
   2.6. Prestação de contas 253
   2.7. Funcionamento parlamentar 255

Bibliografia 261

Capítulo I

DIREITOS E GARANTIAS INDIVIDUAIS

1. Observações iniciais

Os denominados, constitucionalmente, direitos e garantias individuais e coletivos surgem dos fatos e das necessidades humanas, considerando, de um lado, os governos mais ou menos tirânicos, mais ou menos arbitrários, sem respeito ao povo como conjunto ou individualmente, e, de outro lado, valores culturais que iam e vão se formando, ditados pelo pensamento filosófico e social das épocas que antecederam à atual. Dos fatos nascem injustas realidades que uma visão ideológica mais justa tentava alterar. Não há equívoco algum em dizer que idéias revolucionárias no campo político, minimizando o que seria a quase ilimitação do Poder, foram as responsáveis por uma nova relação entre governante e população, cujo evolução chegou a nossos dias como enunciado expresso de direitos e garantias individuais.

Todas estas circunstâncias fáticas, das mais remotas às mais modernas, integram a ampla causalidade dos atuais direitos dos seres humanos, girando em volta das cognominadas liberdades públicas em sua compreensão lata. Iniciando-se com as opressões pessoais imprimidas por governos de força e tirânicos - passando pela escravidão que era aceita, inclusive pelas religiões, porque o escravo não era ser humano mas simplesmente *res*, continuando com a perseguição sistemática que resultou no holocausto semita na Alemanha do III Reich ou no morticínio de negros na África do Sul em seguimento ao odioso *apartheid* - as soluções favorecendo os necessitados foram aparecendo paulatinamente, ora visivelmente insatisfatórias, ora mais amplas, até chegarem às ditadas pelo moderno constitucionalismo.

Difícil e até impossível elencarem-se todas as soluções que o pensamento político imprimiu durante a passagem dos tempos. Além do mais, se estaria fazendo história, nuance nem sempre necessária à compreensão de aspectos atinentes ao direito constitucional. Embora este entendimento e pensarmos serem desnecessários estudos outros, que demonstram cultura, mas pouco importam ao enfrentamento dos problemas em visão moderna, não é demais a citação de certas soluções na área do Direito: a) o *interdicto de homine libero exhibendo*, precursor do moderno *habeas corpus*, criação do Direito Romano para proteção da liberdade; b) a *Magna Carta*, que é de 1215, a *Petition of Rights* de 1628 e o *Bill of Rights* de 1688 - tudo na Inglaterra. Entretanto, nenhum dos diplomas tinha a configuração de declaração de direitos e garantias individuais. Eram parciais soluções.

Declarações contendo rol de direitos fundamentais a exemplo das modernas são encontráveis a partir do Século XVIII. Sem indicar prioridades, prevalências ou precedências entre as arroladas abaixo, são as seguintes: a) *Declaração de Direitos do Bom Povo de Virgínia*, que antecedeu à independência dos Estados Unidos e que é de 12 de janeiro de 1776; b) *Declaração Norte-Americana*, resultante de emendas à Constituição de Filadélfia, que é de 17 de setembro de 1787; c) *Declaração dos Direitos do Homem e do Cidadão*, resultante da Revolução Francesa e adotada pela Assembléia Constituinte de 27 de agosto de 1789. Estes foram, certamente, os três diplomas mais importantes do Século XVIII, imprimidores de sensível evolução na temática dos direitos e garantias individuais.

Estes três diplomas, porém, não eram partes integrantes, ou se inseriam *in continenti*, de texto constitucional. O Século XIX é que testemunhou o ingresso do elenco de direitos e garantias individuais para *dentro* das Constituições. Autores estrangeiros têm apontado a Constituição da Bélgica, de 1831, como a primeira no mundo que inseriu, em seu próprio texto, o tema dos direitos e garantias individuais. Contudo, há equívoco, porque a primazia histórica cabe ao Brasil. Com efeito, nossa primeira Constituição, a de 1824, que é a do Império, outorgada por D. Pedro I, regrava no artigo 179, com o rol de direitos em 35 incisos, acerca do tema, como bem ressalta José Afonso da Silva (1990, p. 151).

O Século XX apresentou uma característica marcante, retratada pela *internacionalização* dos direitos e garantias individuais. O que se pretende ressaltar, agora, nada tem a ver com o ingresso de tão relevante tema nos textos constitucionais dos diversos Estados soberanos. A observação feita tem outro direcionamento. Em 1928/29, o Instituto de Direito Internacional apresentou projeto de *Declaração dos Direitos Internacionais do Homem*, buscando com isto alcançar a tutela dos direitos e garantias individuais a todos os seres humanos, sem importar a nacionalidade, em todos os países. É a tentativa de universalização. O que a história registra é que não houve êxito imediato do projeto, mas a idéia lançada alcançou seus frutos logo adiante.

Terminada a II Guerra Mundial, com o espanto de se tomar conhecimento do que ocorrera como genocídio na Alemanha de Hitler, a título de preservação da raça ariana, vinte e um países das Américas reuniram-se no México, em Chapultepec, afirmando, em 1945, que uma das primeiras metas nas Nações Unidas seria redigir uma declaração referente aos direitos do homem. A idéia frutificara e era estendida para que as nações do mundo moderno unidas providenciassem a respeito. O resultado foi a criação, na Organização das Nações Unidas, ONU, de uma Comissão dos Direitos Humanos. Em 10 de dezembro de 1948, em sessão ordinária da Assembléia Geral da ONU, que se realizava em Paris, foi aprovada a *Declaração Universal dos*

Direitos do Homem, tratando, seus artigos 1º a 21, dos denominados direitos e garantias individuais. No Brasil, todos os textos constitucionais, sem exceção, tiveram um elenco de direitos e garantias individuais. Topicamente, na Constituição vigente, os direitos e garantias estão arrolados no artigo 5º, em seus 77 incisos, configurando, certamente, a mais extensa norma de todo ordenamento jurídico brasileiro. Não se trata, porém, de um elenco exaustivo, de caráter taxativo. Existem direitos e garantias individuais além dos 77 incisos. Não há, portanto, um *numerus clausus* constitucional. O parágrafo 2º do referido artigo 5º não exclui e até admite "outros decorrentes do regime e dos princípios por ela adotados, ou dos tratados internacionais em que a República Federativa do Brasil seja parte".

Os direitos e garantias individuais são espécies do gênero direitos e garantias fundamentais, na terminologia de nossa Lei Magna. Outras espécies são os direitos sociais (arts. 6º a 10), os direitos de nacionalidade (arts. 12 e 13) e os direitos políticos (arts. 14 a 16), nestes últimos incluídos os partidos políticos (art. 17). Como direitos e garantias individuais, significam a inviolabilidade dos direitos à vida, à liberdade, à igualdade, à segurança e à propriedade. E não só isto. Ampliam-se, identicamente, nos termos ditados na epígrafe do Capítulo pertinente, aos denominados direitos e deveres individuais e coletivos, matéria a ser examinada a seguir, sob duplo aspecto: *deveres* individuais e coletivos e direitos *coletivos*.

Não obstante a maioria dos incisos do artigo 5º se refira a direitos *individuais*, há diversos direitos assegurados que têm uma conotação coletiva. Assim, o direito à livre criação de associações (inc. XVIII), sendo a dissolução ou suspensão das atividades dependentes de decisão judicial (inc. XIX). Identicamente, o direito de receber informações dos órgãos públicos de interesse particular ou interesse coletivo (inc.XXXIII) e o direito de petição a todos assegurados (inc. XXXIV, letra "a"). Como se observa, no rol positivado no artigo 5º, alguns direitos e garantias são coletivos, o que explica a extensão dada na epígrafe logo acima do artigo ora em exame. Não se pode negar, porém, que alguns dos direitos tidos como coletivos - o de reunião (inc. XVI), por exemplo - poderiam ser entendidos como individualizados.

De outro lado, fala-se em *deveres* individuais e coletivos. Qualificando-se-os com base na responsabilidade pelos deveres, ou de pessoas físicas ou de pessoas jurídicas privadas, não há qualquer indicação expressa no texto constitucional, que possa significar ônus ou obrigação. Estamos, porém, de acordo com a orientação de José Afonso da Silva (*Op cit.*, p. 175), no sentido de que "os deveres que decorrem dos incisos do art. 5º, têm como destinatário mais o Poder Público e seus agentes em qualquer nível do que aos indivíduos em particular". Com efeito, certos direitos individuais para serem adimplidos dependem do cumprimento de um dever pelo Poder Público. Se os presos têm direitos a ser respeitados em sua integridade física e moral (inc. XLIX), há o conseqüente dever de respeito do Poder Público. O mesmo ocorre com o dever de comunicação do inciso LXII, de informação dos direitos do preso (inc. LXIII), bem como a identificação dos responsáveis por sua prisão e interrogatório policial (inc. LXIV), etc.

1.2. Características

O exame das características que qualificam os direitos e garantias individuais não satisfazem um simples interesse didático. Desenha-se como de sentido relevante porque conduz a uma extensão e amplitude mais exatas do tema em estudo. Enfatiza-se, desde logo, a importância, nas relações povo-Estado, dos direitos e garantias. Esta importância se aclara pela localização das normas no texto constitucional. Não só por este aspecto formal. No atual

Século, confere-se ao tema a natureza ontológica de matéria constitucional. Estas nuances somadas são mais do que suficientes para se categorizar tais direitos como normas de direito público. Assim, com esta categorização, apresentam características identificadoras de sua plena operância e dados especificadores do grau de ilimitação da aplicabilidade e eficácia, plena ou não.

Os direitos e garantias individuais e coletivos são, por normatização expressa, de aplicação imediata. Sejam preceitos de eficácia plena, sejam normas de eficácia diferida, sejam regras programáticas, têm aplicação desde logo, pelo fato da publicação. A compreensão é fácil. Quaisquer dos direitos em exame têm, imediatamente, duplo efeito. Servem como dados paramétricos no ato de interpretação das demais normas jurídicas, constitucionais ou infraconstitucionais, e compõem, como um todo, o sistema normativo constitucional que vale para confronto com as normas subconstitucionais, a fim de lhes ser conferido o selo da validade jurídica ou, ao contrário, pela desconformidade normativa, a constatação e declaração de inconstitucionalidade. Neste sentido, há aplicação imediata (§ 1º do art. 5º), embora possa se tratar de norma constitucional de aplicação diferida.

Houve época, outrossim, em que os direitos e garantias individuais se diziam inatos. Mais do que isto e por via de conseqüência, eram considerados como absolutos. Logicamente, depois de positivados, qualificavam-se como imutáveis. A base deste entendimento está na orientação jusnaturalista, visto que o direito sempre teria existido na natureza. Nosso entendimento, porém, é outro. Os valores sociais são criados pela sociedade - daí a diferença de valores no tempo e no espaço - e se transformam, mais adiante, em valores jurídicos pelos representantes do povo, na função institucional de legislar ou de agir como Constituinte, ao colhê-los da sociedade, fazendo-os ingressar no mundo jurídico, jurisdicizando-os. Não há que se falar, portanto, em direitos inatos ou absolutos. Tudo é normatização humana.

O problema da imutabilidade dos direitos e garantias individuais merece um melhor enfrentamento. Esta circunstância, como conseqüência do direito natural, inexiste pelo simples fato de não se aceitar o jusnaturalismo. O Constituinte originário, todavia, pode positivar direitos e garantias individuais, tornando-os imutáveis, isto é, insuscetíveis de serem objeto de emendas constitucionais. Na Constituição de 1967/69, só não se admitia proposta de emenda constitucional que buscasse abolir a Federação, como forma de Estado, e a República, como forma de governo (art. 47, § 1º). Os direitos e garantias individuais eram mutáveis, atendido o devido processo legislativo constitucional. A Constituição de 1988 afirmou-os imutáveis, cláusulas pétreas (art. 60, § 4º, IV).

Os direitos e garantias individuais são *indisponíveis*. Seus titulares não podem transferi-los, negociá-los ou aliená-los a quem quer que seja. Configuram-se como direitos públicos subjetivos que, ingressando na esfera jurídica de alguém, passam a ser tratados como personalíssimos. Por isso, se demonstram intransferíveis, inegociáveis e inalienáveis. Esta qualificação de não ser disponíveis nasce por duas razões fundamentais. Categorizados os direitos e garantias como normas de ordem pública, a indisponibilidade é a conseqüência. Ademais, não se harmoniza com a relevância que tais direitos e garantias têm no atual momento constitucional a possibilidade de haver a sua livre disponibilidade. Não fosse isto, na atualidade constitucional brasileira, há incompatibilidade de entendê-los disponíveis se são imutáveis.

Por idênticas razões, são *irrenunciáveis*. Nem o seu titular pode renunciar ao exercício do direito e garantia que o tutela, nem qualquer lei pode criar situações para que se entenda renunciado o direito e a garantia individual ou possibilitar a renúncia do exercício. Tal lei seria visceralmente inconstitucional e, por isso, ineficaz. O mesmo ocorreria com lei que permitisse a disponibilidade, transferência, negociação ou alienação do direito. Quem tem o direito o terá por causa própria; jamais por adquiri-lo de outrem. Ato jurídico, neste sentido, é nulo, por haver impossibilidade jurídica do objeto. No que concerne à característica de irrenunciabilidade, o que é perfeitamente possível é o não-uso do direito ou da garantia. O efetivo exercício do direito está entregue ao talante do interessado, mas do não-exercício jamais se pode concluir por ocorrência de renúncia tácita, uma renúncia para todo sempre.

Outra característica que acompanha os direitos e garantias individuais é a de que são imunes ao decurso do tempo. São *imprescritíveis* e *não-decadenciáveis*. Jamais haverá o desaparecimento do direito e da garantia individual por se mostrar o interessado inerte durante algum tempo. A utilização do instituto de *habeas corpus* por quem sofre coação indevida em sua liberdade de locomoção pode se dar a qualquer tempo, não podendo se pensar em ocorrência de prescrição ou decadência. Identicamente, a alegação de não se ter assegurado ao acusado o contraditório ou a ampla defesa. Esta matéria, porém, não contém suficiente tranqüilidade. O mesmo poderia ocorrer com o mandado de segurança (inc. LXIX) e a ação popular (inc. LXXIII). Contudo, com aceitação de forte jurisprudência, as leis criaram prazos decadencial e prescricional para o exercício das duas garantias. O tema pede seja discutido.

Com efeito, a Lei nº 1533/51, que trata do mandado de segurança, regra que "o direito de requerer mandado de segurança extinguir-se-á decorridos cento e vinte dias contados da ciência, pelo interessado, do ato impugnado"(art. 18). De outro lado, a Lei nº 4717/65, que trata da ação popular, diz que "a ação prevista nesta lei prescreve em cinco anos" (art. 21). A indagação que se faz é se tais garantias individuais, normalmente imprescritíveis e não-decadenciáveis, podem estar sujeitas à prescrição e à decadência. Como já anotado, a jurisprudência e grande parte da doutrina não vêm nenhum vício na presença da prescrição e da decadência. Mas há vozes discordantes. A. de Sampaio Dória (1960, p. 663) afirma que o artigo 18 da Lei nº 1533/51 é inconstitucional: "se a garantia constitucional tem esta amplitude, não é lícito à lei ordinária opor restrições de qualquer natureza". No mesmo sentido, Sérgio Ferraz (1992, pp. 97/100), ressaltando: "enquanto existir o bem de vida cuja salvaguarda específica o *writ* objetiva resguardar, caberá o mandado de segurança". Este último doutrinador, inclusive, cita com idêntico magistério juristas do porte de Seabra Fagundes, Carlos Mário Velloso e Amir José Sarti.

A verdade é que, com ofensa ao princípio da hierarquia das leis, o que as leis subconstitucionais obrigam a ler, nas garantias constitucionais, é que "conceder-se-á mandado de segurança", *se o direito for exercido em 120 dias*, e qualquer cidadão pode propor ação popular, *desde que ajuíze a ação no prazo de cinco anos*. Em outras palavras, se não exercer o direito, respectivamente, em 120 dias ou em 5 anos, *não há* as garantias do mandado de segurança e da ação popular. Como se observa, leis infraconstitucionais condicionam as garantias constitucionais, extinguindo-as. A submissão de uma norma constitucional a leis ordinárias tem toda evidência de ofensa à hierarquização, afastando-se a Constituição como início normativo do Estado.

O argumento de que, no mandado de segurança, o prazo decadencial seria simples condição de procedibilidade, não tem a força que se quer dar. Ao contrário, confirma a observação de que o prazo decadencial condiciona e limita a garantia constitucional. Toda tese, diante da amplitude da garantia do Texto Maior, é que lei infraconstitucional não pode condicioná-la. Os que os opositores devem fundamentar e sustentar é quanto à possibilidade de poder uma lei menor condicionar a garantia ampla de uma lei hierarquicamente superior. E isto, no ordenamento jurídico brasileiro, é juridicamente impossível.

1.3. Tutelados

Os direitos e garantias individuais e coletivos têm seus destinatários, que se titularizam, por isso, dos direitos públicos subjetivos conseqüentes. Usando fórmula que já vinha das Constituições anteriores - com exceção da de 1824, que só se referia a *cidadãos brasileiros* (art. 179), o atual texto constitucional fala em "garantindo-se aos brasileiros e aos estrangeiros residentes no País..." (art. 5º). Em interpretação restrita, limitada aos precisos termos da norma constitucional, os tutelados são as pessoas físicas: os brasileiros natos ou naturalizados e os estrangeiros aqui residentes. Considerando-se como residência o estar morando em território brasileiro, mesmo que sem intenção de moradia definitiva, abre-se uma área de dúvida. As pessoas jurídicas, os entes despersonalizados e os estrangeiros aqui não-residentes não são tutelados?

Formula-se um exemplo quanto a estrangeiro aqui não-residente. Do território de outro País, onde reside, o estrangeiro remete à pessoa residente no Brasil uma *carta-bomba* que, explodindo em território nacional, causa a morte do destinatário. Considerando o local do resultado criminoso (art. 6º do Código Penal), o estrangeiro aqui não-residente poderia, diante do texto restritivo do artigo 5º, ser processado sem obediência ao devido processo legal, sem assegurar-lhe o contraditório e a ampla defesa, criando-se para seu julgamento tribunal de exceção, permitindo-se a prática de tortura e se admitindo prova obtida por meios ilícitos? A formulação feita, carregada de ofensa a direitos e garantias subjetivados aos aqui residentes, causa espanto porque, para a hipótese, se estaria diante não de um Estado de Direito; sim de um Estado policial.

Este espanto resultaria de uma normal sensibilidade jurídica, ou mesmo de vulgar sensibilidade. Numa área de lógica do razoável, as conclusões seriam, quase que emocionalmente, rejeitadas. Contudo, na interpretação de um texto constitucional, as razões prevalentes devem ser as jurídicas e científicas. É uma primeira idéia. Além do mais, valor mínimo tem a interpretação simplesmente léxica, impulsionada pelo argumento *a contrario sensu*. A prevalente é a sistêmica, em que se confronta cada norma jurídica com todo arcabouço normativo constitucional. Na hipótese, o que se vê, ou se pode extrair, do sistema da Carta Magna? No Preâmbulo, se fala em liberdade, segurança, igualdade e justiça como valores supremos de uma sociedade sem preconceitos. Mas se estaria exercendo tratamento diferenciado quanto aos estrangeiros, o que importaria em preconceito, pelo fato de não terem residência no País.

A incompatibilidade gerada com os termos do Preâmbulo é bem mais forte com a regra contida no artigo 4º, II, da Lei Maior. O Brasil adota, nas suas relações internacionais, a prevalência dos direitos humanos. Porém, nas relações internas, haveria um vazio quanto aos estrangeiros aqui não-residentes. Tudo leva a crer que os direitos e garantias individuais tutelam a todos que, jurídica e faticamente, estejam em nosso território, mesmo que aqui se encontrem ocasional ou eventualmente, ou mesmo não se encontrando, e que possam ter suas condutas examinadas pela legislação nacional. Assim, a interpretação que se deve dar ao artigo 5º do Texto Constitucional é que se regram os direitos e garantias individuais considerando sua eficácia espacial, isto é, a aplicabilidade no território nacional.

Este entendimento tem apoio na doutrina constitucionalista brasileira. Celso Ribeiro Bastos (1989, v. 2, p. 4) fala que a proteção constitucional "é inerente à ordem jurídica brasileira". Pinto Ferreira (1989, v. 1, pp. 59/60) chega à mesma conclusão, citando vários constitucionalistas e jurisprudência. No exame caso a caso, pode haver alguma situação inaplicável a estrangeiro aqui não-residente. Melhor seria, no entanto, para evitar interpretação inexata, que a tutela aos direitos e garantias individuais se desse, expressamente, a toda pessoa humana, desde que a incidência da norma constitucional fosse dentro do espaço territorial brasileiro.

À indagação se as pessoas jurídicas são destinatárias de direitos e garantias individuais, há uma constatação - o art. 5º a elas não se refere e, por interpretação simplesmente gramatical, não seriam tuteladas - e uma solução - são destinatárias de alguns dos direitos e garantias individuais, em conseqüência de posicionamento doutrinário e jurisprudencial específico e de uma interpretação sistêmica. Com efeito, indiscutível que as pessoas jurídicas fazem jus ao direito de propriedade (inc. XXII) e, sem a menor discussão, a mandado de segurança (inc. LXIX). Inclusive, o partido político, pessoa jurídica de direito privado, está legitimado a ingressar com mandado de segurança coletivo (inc. LXX, "a"). É a constatação doutrinária e jurisprudencial.

Numa área de interpretação sistêmica, servem-lhe, como dados interpretativos, os incisos XIX - as associações, ou pessoas jurídicas, "só poderão ser compulsoriamente dissolvidas ou ter suas atividades suspensas por decisão judicial, exigindo-se, no primeiro caso, o trânsito em julgado" - e XXIX - proteção "à propriedade das marcas, aos nomes das empresas e a outros signos distintivos", também referentemente a pessoas jurídicas. Ante esta explicitude e tutela específica, não há como serem afastadas as pessoas jurídicas como destinatárias dos direitos e garantias cognominados de individuais. Objetivamente, o intérprete deve examinar, hipótese por hipótese, para verificar quais as aplicáveis às pessoas jurídicas, por haver compatibilidade.

Pontes de Miranda (1967, t. IV, pp 700/701) orienta-se contrariamente: "Sofismas desleais pretenderam que a regra jurídica constitucional, ao falar de brasileiros e de estrangeiros residentes, também se referisse às *sociedades* e às mais *pessoas jurídicas*..." Sustenta, mais adiante, que só "se tratando de garantias institucionais" (por exemplo, a propriedade) é que se aplicam "*às vezes* às pessoas jurídicas". Confirma, assim, a excepcionalidade da aplicação dos direitos e garantias individuais às pessoas jurídicas, desde que se qualifiquem de *institucionais*. O genial constitucionalista cria, entre os direitos e garantias individuais, uma categorização específica. Os *institucionais*, entre outros que seriam *não-institucionais*. Sem dúvida, pode-se considerar a propriedade como institucional porque sempre presente a garantia em todas as Constituições republicanas e fortemente vinculada à nossa ordem econômica. Entretanto, o mandado de segurança coletivo não teria esta categorização. Expressamente, porém, titulariza pessoas jurídicas. Entendemos que o Constituinte, ao elencar os direitos e garantias individuais, é que cria hipóteses aplicáveis às pessoas jurídicas, mesmo que não o sejam institucionais. Sem se utilizar desta categorização, admitem a tutela Celso Ribeiro Bastos (*Op. cit.*, 2º Vol., p. 5) e Pinto Ferreira (*Op. cit.*, 1º Vol., p. 60).

Questão final, quanto aos tutelados, diz respeito aos entes despersonalizados. Entre estes, pode-se exemplificar com o espólio, a herança jacente, a massa falida, a Câmara de Vereadores, a Assembléia Legislativa, os Tribunais, etc. Seriam estes abrangidos pelos direitos e garantias individuais, não por todos logicamente? Reconhecido, por exemplo, o direito de ação, teriam a garantia do contraditório e da ampla defesa? Se fizerem jus a mandado de segurança, há a garantia do devido processo legal? Em qualquer das duas hipóteses, garante-se o juiz natural, impedido tribunal de exceção?

O exame da legitimidade processual ativa ou passiva só vai interessar, em termos de garantias individuais, àquelas garantias que signifiquem, genericamente, direito de ação (art. 5º, XXXV) ou, especificamente, outras ações constitucionais: mandado de segurança, ação popular, ação civil pública, *habeas corpus, habeas data* e mandado de injunção, hipóteses em que a legitimidade se confunde com a titularidade da garantia, porque, no normal, *legitimi-*

dade e *titularidade* têm natureza diversa. Na titularidade, é indicado quem está no pólo ativo do direito público subjetivo. A indicação constitucional se refere a brasileiros e estrangeiros e, em alguns casos, a pessoas jurídicas. A legitimidade ativa tem outro direcionamento. No conflito de interesses, quem está indicado a promover a devida ação perante o Judiciário, nem sempre é o titular do direito material.

Não há legitimidade processual dos entes despersonalizados nas ações de *habeas corpus*, de *habeas data*, de ação popular, de ação civil pública e de mandato de injunção. Quanto ao *habeas corpus* - que envolve tema vinculado à liberdade de locomoção - e ao *habeas data* - que tem por objeto o conhecimento de informações pessoais ou a retificação de tais dados -, não há que se pensar em legitimidade de ente despersonalizado. A incompatibilidade é evidente. Na ação popular, o único legitimado é o *cidadão*, condição não-presente no ente despersonalizado. Identicamente, não há legitimidade para propor acão civil pública (art. 129, III, e § 1º, da CF e art. 5º da Lei nº 7347/85). O mesmo ocorre com o mandado de injunção (art. 5º, LXXI, da CF).

Restam a exame o direito abstrato de ação e o mandado de segurança, tradicional e coletivo. Quanto a este último, o mandado de segurança coletivo, a legitimidade está indicada no texto constitucional (art. 5º, LXX) : partido político, organização sindical, entidade de classe ou associação legalmente constituída. Legitimidade especificamente definida, exclui-se da admissibilidade da impetração o ente despersonalizado. A possibilidade de legitimação se resume, então, ao mandado de segurança tradicional e ao direito abstrato de ação. Para solução, face ao silêncio do texto constitucional, há que se examinar a legitimidade processual como vista na lei processual civil em vigor.

O Código de Processo Civil (Lei nº 5689/73), no artigo 12, incisos III, IV, V, VII e IX, dispõe sobre a legitimação, ativa ou passiva, da massa falida, da herança jacente ou vacante, do espólio, das sociedades sem personalidade jurídica e do condomínio, com indicação de quem os representa: síndico, curador, inventariante, a quem couber a administração dos bens e administrador ou síndico. Configurada, portanto, a legitimidade *ad processum*, tais entes despersonalizados têm direito, em tese, de ajuizar ações de ser partes passivas nas que lhes intentarem. São titulares das garantias dos incisos XXXV e LXIX do artigo 5º do Texto Maior.

Em se tratando de entes despersonalizados públicos, a doutrina admite a legitimação para o mandado de segurança tradicional. Alfredo Buzaid (1989, Vol. I, p. 173), apoiado em jurisprudência, afirma a legitimidade da Câmara Municipal "para impetrar mandado de segurança contra prefeito". Sérgio Ferraz (*Op. cit.*, pp. 37/38) anota que "doutrina e jurisprudência vêm admitindo - e, a nosso ver, pelos pressupostos atinentes à natureza e à origem do remédio, bem o fazem - a impetração do mandado de segurança por entidades e órgãos públicos despersonalizados mas dotados de capacidade processual: Câmaras, Assembléias e suas Mesas, Tribunais de Contas, fundos financeiros, comissões autônomas, etc.".

A matéria, inclusive, é tranqüila em sede doutrinária. Hely Lopes Meirelles (1992, p. 16) acentua: "Não só as pessoas *físicas* e *jurídicas* podem utilizar-se e ser passíveis de mandado de segurança, como também os *órgãos públicos despersonalizados*, mas dotados de capacidade processual, como as Chefias do Executivo, os Presidentes das Mesas dos Legislativos, os Fundos Financeiros, as Comissões Autônomas, as Superintendências de Serviços e demais órgãos da Administração centralizada ou descentralizada que tenham prerrogativas ou direitos próprios a defender". Do mesmo sentir, Pinto Ferreira (*Op. cit.*, 1º Vol., p. 60).

Dotados de legitimação processual ativa e titularizados os entes despersonalizados para algumas das ações constitucionais, outros direitos e garantias lhes são reconhecidos, por reflexo; assim, o princípio do contraditório e da ampla defesa, o do devido processo legal, o do juiz natural, o da licitude da prova, etc. Cabe, por isso, ao lidador do direito, examinando hipótese por hipótese, catalogar aqueles razoavelmente adequáveis à situação dos entes despersonalizados. Não há como afastar esta compreensão, que nasce tranqüila, do ordenamento jurídico brasileiro.

2. Artigo 5º

Todos são iguais perante a lei, sem distinção de qualquer natureza, garantindo-se aos brasileiros e aos estrangeiros residentes no País a inviolabilidade do direito à vida, à liberdade, à igualdade, à segurança e à propriedade, nos termos seguintes:

I - homens e mulheres são iguais em direitos e obrigações, nos termos desta Constituição;
II - ninguém será obrigado a fazer ou deixar de fazer alguma coisa senão em virtude de lei;
III - ninguém será submetido a tortura nem a tratamento desumano ou degradante;
IV - é livre a manifestação do pensamento, sendo vedado o anonimato;
V - é assegurado o direito de resposta, proporcional ao agravo, além da indenização por dano material, moral ou à imagem;
VI - é inviolável a liberdade de consciência e de crença, sendo assegurado o livre exercício dos cultos religiosos e garantida, na forma da lei, a proteção aos locais de culto e a suas liturgias;
VII - é assegurada, nos termos da lei, a prestação de assistência religiosa nas entidades civis e militares de internação coletiva;
VIII - ninguém será privado de direitos por motivo de crença religiosa ou de convicção filosófica ou política, salvo se as invocar para eximir-se de obrigação legal a todos imposta e recusar-se a cumprir prestação alternativa, fixada em lei;
IX - é livre a expressão da atividade intelectual, artística, científica e de comunicação, independentemente de censura ou licença;

X - são invioláveis a intimidade, a vida privada, a honra e a imagem das pessoas, assegurado o direito à indenização pelo dano material ou moral decorrente de sua violação;
XI - a casa é asilo inviolável do indivíduo, ninguém nela podendo penetrar sem consentimento do morador, salvo em caso de flagrante delito ou desastre, ou para prestar socorro, ou, durante o dia, por determinação judicial;
XII - é inviolável o sigilo da correspondência e das comunicações telegráficas, de dados e das comunicações telefônicas, salvo, no último caso, por ordem judicial, nas hipóteses e na forma que a lei estabelecer para fins de investigação criminal ou instrução processual penal;
XIII - é livre o exercício de qualquer trabalho, ofício ou profissão, atendidas as qualificações profissionais que a lei estabelecer;
XIV - é assegurado a todos o acesso à informação e resguardado o sigilo da fonte, quando necessário ao exercício profissional;
XV - é livre a locomoção no território nacional em tempo de paz, podendo qualquer pessoa, nos termos da lei, nele entrar, permanecer ou dele sair com seus bens;
XVI - todos podem reunir-se pacificamente, sem armas, em locais abertos ao público, independentemente de autorização, desde que não frustrem outra reunião anteriormente convocada para o mesmo local, sendo apenas exigido prévio aviso à autoridade competente;
XVII - é plena a liberdade de associação para fins lícitos, vedada a de caráter paramilitar;
XVIII - a criação de associações e, na forma da lei, a de cooperativas independem de autorização, sendo vedada a interferência estatal em seu funcionamento;
XIX - as associações só poderão ser compulsoriamente dissolvidas ou ter suas atividades suspensas por decisão judicial, exigindo-se, no primeiro caso, o trânsito em julgado;
XX - ninguém poderá ser compelido a associar-se ou a permanecer associado;
XXI - as entidades associativas, quando expressamente autorizadas, têm legitimidade para representar seus filiados judicial ou extrajudicialmente;
XXII - é garantido o direito de propriedade;
XXIII - a propriedade atenderá a sua função social;
XXIV - a lei estabelecerá o procedimento para desapropriação por necessidade ou utilidade pública, ou por interesse social, mediante justa e prévia indenização em dinheiro, ressalvados os casos previstos nesta Constituição;

XXV - no caso de iminente perigo público, a autoridade competente poderá usar de propriedade particular, assegurada ao proprietário indenização ulterior, se houver dano;
XXVI - a pequena propriedade rural, assim definida em lei, desde que trabalhada pela família, não será objeto de penhora para pagamento de débitos decorrentes de sua atividade produtiva, dispondo a lei sobre os meios de financiar o seu desenvolvimento;
XXVII - aos autores pertence o direito exclusivo de utilização, publicação ou reprodução de suas obras, transmissível aos herdeiros pelo tempo que a lei fixar;
XXVIII - são assegurados, nos termos da lei:
a) a proteção às participações individuais em obras coletivas e à reprodução da imagem e voz humanas, inclusive nas atividades desportivas;
b) o direito de fiscalização do aproveitamento econômico das obras que criarem ou de que participarem aos criadores, aos intérpretes e às respectivas representações sindicais e associativas;
XXIX - a lei assegurará aos autores de inventos industriais privilégio temporário para sua utilização, bem como proteção às criações industriais, à propriedade das marcas, aos nomes de empresas e a outros signos distintivos, tendo em vista o interesse social e o desenvolvimento tecnológico e econômico do País;
XXX - é garantido o direito de herança;
XXXI - a sucessão de bens de estrangeiros situados no País será regulada pela lei brasileira em benefício do cônjuge ou dos filhos brasileiros, sempre que não lhes seja mais favorável a lei pessoal do *de cujus*;
XXXII - o Estado promoverá, na forma da lei, a defesa do consumidor;
XXXIII - todos têm direito a receber dos órgãos públicos informações de seu interesse particular, ou de interesse coletivo ou geral, que serão prestadas no prazo da lei, sob pena de responsabilidade, ressalvadas aquelas cujo sigilo seja imprescindível à segurança da sociedade e do Estado;
XXXIV - são a todos assegurados, independentemente do pagamento de taxas:
a) o direito de petição aos Poderes Públicos em defesa de direitos ou contra ilegalidade ou abuso de poder;
b) a obtenção de certidões em repartições públicas, para defesa de direitos e esclarecimento de situações de interesse pessoal;

XXXV - a lei não excluirá da apreciação do Poder Judiciário lesão ou ameaça a direito;
XXXVI - a lei não prejudicará o direito adquirido, o ato jurídico perfeito e a coisa julgada;
XXXVII - não haverá juízo ou tribunal de exceção;
XXXVIII - é reconhecida a instituição do júri, com a organização que lhe der a lei, assegurados:
a) a plenitude de defesa;
b) o sigilo das votações;
c) a soberania dos veredictos;
d) a competência para o julgamento dos crimes dolosos contra a vida;
XXXIX - não há crime sem lei anterior que o defina, nem pena sem prévia cominação legal;
XL - a lei penal não retroagirá, salvo para beneficiar o réu;
XLI - a lei punirá qualquer discriminação atentatória dos direitos e liberdades fundamentais;
XLII - a prática do racismo constitui crime inafiançável e imprescritível, sujeito à pena de reclusão, nos termos da lei;
XLIII - a lei considerará crimes inafiançáveis e insuscetíveis de graça ou anistia a prática da tortura, o tráfico ilícito de entorpecentes e drogas afins, o terrorismo e os definidos como crimes hediondos, por eles respondendo os mandantes, os executores e os que, podendo evitá-los, se omitirem;
XLIV - constitui crime inafiançável e imprescritível a ação de grupos armados, civis ou militares, contra a ordem constitucional e o Estado Democrático;
XLV - nenhuma pena passará da pessoa do condenado, podendo a obrigação de reparar o dano e a decretação do perdimento de bens ser, nos termos da lei, estendidas aos sucessores e contra eles executadas, até o limite do valor do patrimônio transferido;
XLVI - a lei regulará a individualização da pena e adotará, entre outras, as seguintes:
a) privação ou restrição da liberdade;
b) perda de bens;
c) multa;
d) prestação social alternativa;
e) suspensão ou interdição de direitos;
XLVII - não haverá penas:
a) de morte, salvo em caso de guerra declarada, nos termos do art. 84, XIX;
b) de caráter perpétuo;
c) de trabalhos forçados;
d) de banimento;

e) cruéis;
XLVIII - a pena será cumprida em estabelecimentos distintos, de acordo com a natureza do delito, a idade e o sexo do apenado;
XLIX - é assegurado aos presos o respeito à integridade física e moral;
L - às presidiárias serão asseguradas condições para que possam permanecer com seus filhos durante o período de amamentação;
LI - nenhum brasileiro será extraditado, salvo o naturalizado, em caso de crime comum, praticado antes da naturalização, ou de comprovado envolvimento em tráfico ilícito de entorpecentes e drogas afins, na forma da lei;
LII - não será concedida extradição de estrangeiro por crime político ou de opinião;
LIII - ninguém será processado nem sentenciado senão pela autoridade competente;
LIV - ninguém será privado da liberdade ou de seus bens sem o devido processo legal;
LV - aos litigantes, em processo judicial ou administrativo, e aos acusados em geral são assegurados o contraditório e ampla defesa, com os meios e recursos a ela inerentes;
LVI - são inadmissíveis, no processo, as provas obtidas por meios ilícitos;
LVII - ninguém será considerado culpado até o trânsito em julgado de sentença penal condenatória;
LVIII - o civilmente identificado não será submetido à identificação criminal, salvo nas hipóteses previstas em lei;
LIX - será admitida ação privada nos crimes de ação pública, se esta não for intentada no prazo legal;
LX - a lei só poderá restringir a publicidade dos atos processuais quando a defesa da intimidade ou o interesse social o exigirem;
LXI - ninguém será preso senão em flagrante delito ou por ordem escrita e fundamentada de autoridade judiciária competente, salvo nos casos de transgressão militar ou crime propriamente militar, definidos em lei;
LXII - a prisão de qualquer pessoa e o local onde se encontre serão comunicados imediatamente ao juiz competente e à família do preso ou à pessoa por ele indicada;
LXIII - o preso será informado de seus direitos, entre os quais o de permanecer calado, sendo-lhe assegurada a assistência da família e de advogado;
LXIV - o preso tem direito à identificação dos responsáveis por sua prisão ou por seu interrogatório policial;

LXV - a prisão ilegal será imediatamente relaxada pela autoridade judiciária;
LXVI - ninguém será levado à prisão ou nela mantido, quando a lei admitir a liberdade provisória, com ou sem fiança;
LXVII - não haverá prisão civil por dívida, salvo a do responsável pelo inadimplemento voluntário e inescusável de obrigação alimentícia e a do depositário infiel;
LXVIII - conceder-se-á *habeas corpus* sempre que alguém sofrer ou se achar ameaçado de sofrer violência ou coação em sua liberdade de locomoção, por ilegalidade ou abuso de poder;
LXIX - conceder-se-á mandado de segurança para proteger direito líquido e certo, não amparado por *habeas corpus* ou *habeas data*, quando o responsável pela ilegalidade ou abuso de poder for autoridade pública ou agente de pessoa jurídica no exercício de atribuições do Poder Público;
LXX - o mandado de segurança coletivo pode ser impetrado por:
a) partido político com representação no Congresso Nacional;
b) organização sindical, entidade de classe ou associação legalmente constituída e em funcionamento há pelo menos um ano, em defesa dos interesses de seus membros ou associados;
LXXI - conceder-se-á mandado de injunção sempre que a falta de norma regulamentadora torne inviável o exercício dos direitos e liberdades constitucionais e das prerrogativas inerentes à nacionalidade, à soberania e à cidadania;
LXXII - conceder-se-á *habeas data*:
a) para assegurar o conhecimento de informações relativas à pessoa do impetrante, constantes de registros ou bancos de dados de entidades governamentais ou de caráter público;
b) para a retificação de dados, quando não se prefira fazê-lo por processo sigiloso, judicial ou administrativo;
LXXIII - qualquer cidadão é parte legítima para propor ação popular que vise a anular ato lesivo ao patrimônio público ou de entidade de que o Estado participe, à moralidade administrativa, ao meio ambiente e ao patrimônio histórico e cultural, ficando o autor, salvo comprovada má-fé, isento de custas judiciais e do ônus da sucumbência;
LXXIV - o Estado prestará assistência jurídica integral e gratuita aos que comprovarem insuficiência de recursos;
LXXV - o Estado indenizará o condenado por erro judiciário, assim como o que ficar preso além do tempo fixado na sentença;

LXXVI - são gratuitos para os reconhecidamente pobres, na forma da lei:
a) o registro civil de nascimento;
b) a certidão de óbito;
LXXVII - são gratuitas as ações de *habeas corpus* e *habeas data*, e, na forma da lei, os atos necessários ao exercício da cidadania.

§ 1º As normas definidoras de direitos e garantias individuais têm aplicação imediata.

§ 2º Os direitos e garantias expressos nesta Constituição não excluem outros decorrentes do regime e dos princípios por ela adotados, ou dos tratados internacionais em que a República Federativa do Brasil seja parte.

2.1. Princípio da isonomia

O princípio da igualdade de todos no Brasil nasceu com a República, mais propriamente com a Constituição de 1891. Qualifica-se, por isso, como princípio republicano. O artigo 179 da Constituição de 1824 não vedava, satisfatoriamente, o tratamento desigualitário entre os homens, tanto que ainda existia a escravidão que transformava o escravo em *res*. Seu inciso 13, que dizia que "a lei será igual para todos", só qualificava a lei de genérica. O inciso 16, ao regrar estarem "abolidos todos os privilégios", se seguia de uma ressalva que afastava a afirmação inicial. A Constituição de 1891 já encontrou o Brasil livre da escravidão e escreveu no parágrafo 2º do artigo 72 que "todos são iguais perante a lei. A República não admite privilégios de nascimento, desconhece foros de nobreza e extingue as ordens honoríficas, bem como os títulos nobiliárquicos e de conselho".

O confronto entre a realidade sociojurídica que antecedeu à proclamação da República e o ditado pela primeira Constituição republicana, dava ares de clareza e objetiva precisão ao princípio de isonomia adotado pela Carta de 1891. O que pretendia esta era encerrar um período de regalias, em que os com mais representação social e riqueza tinham privilégios que os demais não tinham. Esta pretensão se desenhava em dado interpretativo que preenchia o conteúdo da regra da Constituição de 1891. O princípio de isonomia que está na Carta de 1988 não tem o mesmo parâmetro histórico antecedente, para explicar toda sua finalidade. É garantia que se apresenta, acompanhando semelhantes garantias constantes dos anteriores textos constitucionais. A indagação que se pode fazer é se o atual princípio quer manter o que já existia ou pretendeu alguma alteração.

A igualdade, que aparece como garantia constitucional, tem conotação gongórica, notadamente quando se qualifica como "sem distinção de qualquer natureza". Não se trata, como se poderia pensar a partir da referida expressão, de uma igualdade absoluta ou integral de todos os homens em todos os setores e bens da vida. Igualdade, neste sentido, seria utópica, mesmo porque os seres humanos, já na origem, nascem diferentes. A isonomia constitucional é outra. Basta lembrar que as meras condutas, com motivações não-exteriorizadas, podem levar a desigualdades de tratamento, mas não violam o princípio constitucional. São as discriminações silenciosas, muito comuns no Brasil. A regra constitucional não pode alcançar subjetivismos, simpatias e antipatias, que estão na esfera jurídica de cada um e se formaram pela tradição familiar.

O que a garantia constitucional quer impedir é a discriminação que nasce pela intenção de discriminar. A desigualdade inadmitida é aquela em que se desiguala por razão motivada e apoiada na finalidade de desigualar. Por isso, a igualdade pretendida, no texto constitucional, é relativa ou formal. Em outros termos, aquela em que se inadmite a ação desigualitária que não se apóie em princípios aceitos pelo ordenamento jurídico-constitucional ou que se embase na finalidade exclusiva de discriminar. Exigir-se que uma grande quantidade de artistas seja composta de negros quando se pretende filmar a saga dos escravos, nada tem de discriminatório. A discriminação existiria se se contratassem artistas brancos para pintá-los de negros.

Retoricamente, a desigualdade inadmitida é *sem distinção de qualquer natureza*. Esta extensão torna difícil entender a norma constitucional. Distingue-se, sem qualquer violação da norma, pelo talento, pelo merecimento pessoal, etc. A nosso ver, em interpretação sistêmica, os dados impeditivos da desigualação devem ser encontrados em outras normas constitucionais. No artigo 7º, XXX, se fala em "motivo de sexo, idade, cor e estado civil". No artigo 5º, XLII, há referência à "prática de racismo", assim como antes já se anotara "preconceitos de origem, raça, sexo, cor, idade e quaisquer outras formas de discriminação" (art. 3º, IV). Utilizados estes elementos, não houve alteração maior do princípio de isonomia como constava da Constituição de 1969 (art. 153, § 1º). A igualdade diz respeito aos dados já referidos, mas também ao trabalho, ao credo religioso e às convicções políticas (art. 5º, VI; art. 1º, V; e art. 7º, XXXI).

No cabeço do artigo 5º ora anotado, regra-se que a igualdade de todos é *perante a lei*. No dizer de Pontes de Miranda (*Op. cit.*, t. IV, p. 702), significa, a circunstância de ser *perante a lei*, "*princípio de igualdade formal*, porque não igualiza 'materialmente'". E acrescenta: "podem ser *explicitados* dois princípios: um de igualdade *perante* a lei feita, e outro, de igualdade *na* lei por fazer-se". Em conseqüência destes dados, o princípio de isonomia titula os destinatários - pessoas físicas brasileiras e estrangeiras e pessoas jurídicas -, mas também se dirige aos Poderes constituídos. Ao Legislativo, que faz as leis, ao Executivo, que também as faz na forma de medidas provisórias e executa a legislação, e ao Judiciário que, as aplicando, deve sempre levar em consideração a isonomia. Aqui, como se vê, os destinatários da norma constitucional se amplificam.

O inciso I do artigo ora anotado normatiza que "homens e mulheres são iguais em direitos e obrigações, nos termos desta Constituição". J. Cretella Júnior (1990, Vol. I,

p. 191) diz, com certa dose de razão, que, frente ao *caput* do artigo em comento, "é redundante ou pleonástico este trecho da Constituição". Mesmo quando diz "nos termos desta Constituição", nenhuma novidade normativa traz, isto porque nenhuma norma infraconstitucional pode estar em desconformidade com o texto constitucional, e outras normas constitucionais que possam dispor em contrário são válidas, exigindo simplesmente interpretação sistêmica para que haja coordenação entre todas as normas de idêntica eficácia hierárquica.

2.2. Princípio da legalidade

O princípio insculpido no inciso II do artigo 5º da Carta de 1988 dispõe que só a lei pode obrigar, ou criar deveres, relativamente ao *fazer* ou se *abster* de alguma coisa. Em outros termos, a conduta, seja a comissiva, seja a omissiva, só pode se ter como uma obrigação da pessoa a partir de uma lei que a determine. Como conseqüência, a inexistência de lei regulando a conduta em determinada situação, seja para agir de determinado modo seja para se omitir em determinada extensão, oportuniza a pessoa agir de acordo com o seu talante, fazendo ou deixando de fazer alguma coisa. Ao contrário, existente lei, a área da ação ou omissão da pessoa está tipificada, limitada e condicionada. Desaparece a liberdade de escolha da conduta, tomando seu lugar os termos imperativos da lei.

O princípio é conseqüência lógica do próprio Estado Democrático de Direito. Esta compreensão leva a duas conclusões básicas. Viver em democraria não é agir com ampla liberdade, sem freios, sem limitação de escolha de ações e omissões. A própria convivência social está a exigir normas que regulem as condutas, a fim de que umas não se atritem com outras, criando conflitos sociais ou interpessoais. Isto justifica o princípio da legalidade. De outro lado, como o Poder constituído, com a atribuição institucional de legislar, é o Legislativo, a compreensão de lei imperativa, para se instrumentalizar o inciso II do artigo ora comentado, deve ser bem definida, porque, no Estado de Direito, lei deve ter significado específico ou, como ressalta a doutrina, lei deve ser a formal, aquela obediente ao processo legislativo previsto constitucionalmente. Não foi por simples coincidência que o regime instaurado por *Vargas*, em 1937, com a outorga da Constituição estado-novista, não tinha o princípio da legalidade elencado entre os direitos e garantias individuais. Tal permitiu que, fechado o Parlamento Nacional, o Presidente ficasse com "o poder de expedir decretos-leis sobre todas as matérias de competência legislativa da União" (art. 181). A conduta humana estava submetida à vontade do titular do Executivo. Hoje, entendimento neste sentido é estranho ao princípio da legalidade, porque o ato próprio do Executivo, que é o decreto, não pode sozinho, com exclusividade, servir ao inciso II do artigo ora anotado. O mandamento normativo deve constar de lei formal. A questão que se levanta é o que se tem por lei formal dentre as hipóteses referidas no elenco do artigo 59 da Constituição em vigor.

Sem qualquer dúvida, valem no sentido genérico de leis as *emendas constitucionais*, as *leis complementares* e as *leis ordinárias*. Todas se desenham, pelo conteúdo normativo, como ato legislativo, em que o Congresso Nacional, em sua aprovação, tem posição de destaque, por discuti-las, votá-las e aprová-las. A única diferença está na hierarquia entre elas, a exigir *quorum* de aprovação diferenciado (arts. 47, 69 e 60, § 2º, da CF). As *leis delegadas* também equivalem à lei formal, desde que presente uma das duas situações: a) se na Resolução do Congresso Nacional, especificando o conteúdo e os termos do exercício da delegação, não se determinar a apreciação *a posteriori* do Congresso, há lei formal desde que o Poder Executivo a faça publicar; b) determinada a apreciação pelo Congresso Nacional, só há lei formal após a aprovação e publicação.

Os *decretos legislativos*, que não têm exata configuração no Texto Constitucional, não se equiparam a leis formais. O tema de que tratam não é o pertinente às leis. J. Cretella Júnior (*Op. cit.*, vol. V, p. 2.716) diz que decreto legislativo é o "que consagra medidas de caráter administrativo ou de natureza política, de interesse individual ou transitório". As *resoluções* só em hipóteses específicas têm equivalência à lei formal. Diz o artigo 155, § 2º, IV, da CF, que "resolução do Senado Federal, de iniciativa do Presidente da República ou de um terço de Senadores, aprovada pela maioria absoluta de seus membros, estabelecerá as alíquotas aplicáveis às operações e prestações, interestaduais e de exportação". Identicamente no caso do parágrafo 1º do mesmo artigo 155 quanto às alíquotas máximas do imposto de transmissão *causa mortis* e doação.

As *medidas provisórias* que, na elaboração constitucional, conseguiram ser, pelo menos na prática, mais execrandas que os decretos-leis da Constituição de 1967/69, nascem com força de lei e perdem a eficácia se não se transformarem em lei no prazo de trinta dias. Tais medidas têm como pressupostos a relevância e a urgência que se presumem existir pelo simples fato de ter havido a edição da medida provisória. Neste primeiro instante, a legitimidade para aquilatar as condições de urgência e relevância é do Presidente da República. Num segundo momento, ao se discutir o texto da medida provisória, cabe ao Legislativo conferir a urgência e a relevância. Entretanto, com a não-transformação em lei, poder-se-ia entender que o Congresso negara a urgência e a relevância, para efeito de caracterizar a repetição da mesma medida provisória que caducou pelo tempo como não atendendo os pressupostos constitucionais e, por isso, medida provisória repetida não teria eficácia de lei?

A questão não é fácil e sempre será polêmica. Entretanto, não há autorização para se presumir, com efeitos tão acentuados, que a simples passagem dos trinta dias, ante a omissão do Legislativo, seria conclusiva de que não haveria nem urgência nem relevância. O que nós pensamos é que os regimentos internos da Câmara de Deputados e do Senado Federal poderiam dispor caber a qualquer Comissão da Casa, principalmente a Comissão de Constituição e Justiça, examinar as questões da relevância e urgência, em decisão definitiva ou não. Nesta hipótese, se houver a negativa de urgência e relevância, obstada estaria, com o não-exame da medida provisória pelo Plenário, a repetição da mesma medida pelo Executivo, obstando-se uma prática que, aos olhos do povo e da crítica, se qualifica de nefanda.

Assim, complementando, em qualquer hipótese que se entenda existir lei formal, deve a lei, para servir ao princípio da legalidade, ser válida, genérica e abstrata, constitucional formal e materialmente, sendo eficaz por estar em vigência. O princípio, porém, fala em "senão em virtude da lei". Esta cláusula deve ser bem entendida. Não vale dizer que todos os deveres e obrigações devem constar da lei existente. Esta pode prever algumas das imperatividades, entregando o dispor sobre outras a seus regulamentos. O que se contém nestes é prestável para instrumentalizar a regra pertinente ao princípio da legalidade, desde que vinculado ao disposto na lei. É a lição de Celso Ribeiro Bastos (*Op. cit.*, vol. 2. p. 28): "Isto não significa que uma vez posta em vigor a lei instituidora da obrigação, não possa ela vir a ser enriquecida com uma série de obrigações secundárias, instrumentais à principal, mas que sem estas a própria obrigação originária se tornaria inaplicável".

2.3. Respeitabilidade da pessoa

A violência, quer a física, quer a psíquica, ou qualquer outra forma que se possa inventar, contra o ser humano e exercida por agentes do Estado, não se compatibiliza com o Estado Democrático de Direito. O existir o Estado policial, difícil de ocorrer nos dias de hoje, ou um desvirtuado Estado de Direito - de ocorrência, na prática, mais comum -, não justifica a violência estatal. Esta pode existir e há fatos comprovando, periodicamente. Mas continua injustificável, porque o que se detecta, unicamente, é uma coincidência temporal entre a violência do Estado e a simples aparência de Estado de Direito, na verdade um simulacro. Porque a violência estatal é agressiva à própria humanidade. É ofensa a um direito supra-estatal. Daí constarem dos textos constitucionais direitos voltados à respeitabilidade do homem, mais como um reforço normativo porque, mesmo havendo omissão, a garantia existe.

A Constituição da Itália de 1947, no artigo 13, prevê ser "punida qualquer violência física e moral sobre as pessoas sujeitas a restrições de liberdade". A Constituição de Portugal de 1976 diz, em seu artigo 25: "1. A integridade moral e física dos cidadãos é inviolável. 2. Ninguém pode ser submetido a tortura, nem a tratos ou penas cruéis, degradantes ou desumanos". A Carta da Espanha, que é de 1978, em redação levemente diferenciada, segue a mesma orientação (art. 15, primeira parte). Outras Constituições nada dizem a respeito. O elemento que se destaca, para chamar a atenção, é que, normalmente, esta garantia só ingressa no texto constitucional naquelas Constituições que sucedem a períodos de exceção política e de desrespeito às pessoas do povo. Isto é, localiza-se na Constituição quase que por necessidade de interromper práticas estatais inadequadas.

No Brasil, a garantia inscrita no inciso III do artigo sob comentário, ausente de outros textos constitucionais anteriores, tem, em nosso entendimento, explicação histórica, sendo resposta a situações que ocorreram no passado e que a norma constitucional quis prevenir. Com a visão de que, na omissão normativa acerca do tema, a garantia existe porque está na natureza e na compreensão de qualquer um, sendo, inclusive, garantia supra-estatal, a explicitude constitucional configura uma posição política da Assembléia Constituinte ante os fatos que ocorreram durante o período de exceção governamental e estatal que a antecedeu.

A tortura no Brasil tem o significado de repulsa popular, e sua prática denota ofensa forte ao sentimento da sociedade e seus valores ético-jurídicos, a tal ponto que o inciso XLIII considera a prática da tortura crime inafiançável e insuscetível de graça ou anistia, respondendo por ela os que, de qualquer modo, participarem ou ingressarem, mesmo pela omissão em não evitá-lo, no fato criminoso. O inciso em comento vai mais longe. Afirma os mesmos efeitos quando se tratar de tráfico ilícito de entorpecentes e drogas afins, de terrorismo e de cometimento dos crimes por lei definidos como hediondos.

Reflexo do princípio de respeitabilidade pessoal é a garantia de que não haverá pena de trabalhos forçados e cruéis (inc. XLVII, letras "a" e "d"). Tais penas não se harmonizam com a ciência moderna de que a pena não deve ter a natureza simplesmente aflitiva. Toda sanção deve ter sentido finalístico - que é a busca da recuperação do condenado - e, por isso, caráter educativo. Nas penas de trabalhos forçados e cruéis, o que se busca é o castigo, a expiação pelo sofrimento. Trabalho forçado, entenda-se, é aquele que contém abuso - carregar e descarregar pedras, por exemplo, sem qualquer utilidade - e nenhuma significação para o caráter reeducativo da pena. O trabalho em si, com respeitabilidade às condições físicas e culturais do apenado, é técnica aconselhável na aplicação da pena, a título de *laborterapia*.

Há outras garantias direcionadas à respeitabilidade da pessoa. No inciso XLIX, regra-se que "é assegurado aos presos o respeito à integridade física e moral". O *Estado-administrador*, em relação ao recolhido à prisão, tem a atribuição de fazer cumprir a pena conforme imposta pelo *Estado-jurisdição* e, mais do que isto, velar pela segurança do detido ou recluso, ou mesmo pelo recolhido provisoriamente, garantindo-lhe a respeitabilidade física e moral.

Esta compreensão é importante porque, falhando o serviço do presídio com dano ao presidiário, há a responsabilidade indenizatória do Estado, com base no artigo 37, § 6º, do CF, o denominado risco administrativo. O Estado responde, também, nos termos do inciso LXXV: "o Estado indenizará o condenado por erro judiciário, assim como o que ficar preso além do tempo fixado na sentença". Também se insere como garantia à respeitabilidade do preso o cumprir a pena em estabelecimento prisional adequado, considerando a natureza do crime, a idade do apenado e o seu sexo. Não se deve colocar no mesmo presídio criminosos de alta periculosidade com apenados por crimes mais leves, ou criminosos ocasionais. A solução do legislador infraconstitucional é, na execução da pena, distinguir o regime fechado do semi-aberto e do aberto, além de considerar os presídios de segurança máxima, as colônias agrícolas, industriais ou estabelecimentos similares e as casas de albergado. Esta garantia está no inciso XLVIII do artigo ora anotado e no artigo 33 do Código Penal. Além do mais, há o inciso L : "às presidiárias serão asseguradas condições para que possam permanecer com seus filhos durante o período de amamentação".

2.4. Direito de liberdade

O direito de liberdade tem sua raiz no livre arbítrio do homem. É a faculdade, em tese, de optar ou escolher por uma forma de querer entre outras formas possíveis e contrárias. Com esta compreensão, há liberdade subjetiva de opção, porque a escolha se dá no interior do ser humano. A liberdade se estende mais adiante, sob a qualificação de liberdade objetiva. É a de transformar a escolha psíquica em atos externos. A liberdade subjetiva, que já houve na escolha de um querer, vai se exteriorizar na forma de um agir ou se omitir. Contudo, a visão do livre arbítrio, nas nuances subjetiva e objetiva, não pode ser absoluta, porque senão ocorreriam, como conseqüência, conflitos insolúveis. Os direitos de liberdade constantes do texto constitucional têm este objetivo complementar de pacificação das condutas humanas.

O povo, mais propriamente o Poder Constituinte, ao elaborar uma Constituição, criando poderes e funções institucionais, *reserva* certos temas que ficam entregues ao livre arbítrio das pessoas. Com este entendimento, os direitos de liberdade são limitações ao livre arbítrio humano, porque o que é estranho a tais direitos não é garantia individual e inadmite se falar em liberdade. De outro lado, com a reserva feita, exclui-se do Estado a faculdade de buscar regulamentar, quanto aos temas reservados, formas de querer, de ação ou de omissão. Em algumas situações, porém, a reserva é relativa, porque se entrega à lei ordinária a atribuição de limitar a liberdade (art. 5º, VI,. da CF).

O que se quer dizer é que há determinadas liberdades amplas. Existem e garantem o homem, sem possibilidade de que lei infraconstitucional reduza ou diminua a extensão da liberdade. O inciso IV do artigo ora anotado diz que "é livre a manifestação do pensamento, sendo vedado o anonimato". Nenhuma lei subconstitucional pode criar situação, além do anonimato, para diminuir a liberdade de manifestação. Mas há liberdades em que o Constituinte admitiu sua redução por lei hierarquicamente inferior, a lei ordinária. O inciso VII diz: "é assegurada, *nos termos da lei*, a prestação de assistência religiosa nas entidades civis e militares de internação coletiva" (os grifos são nossos). É norma que se categoriza, por se aplicar segundo norma ordinária, como de eficácia contida, na terminologia de José Afonso da Silva, ou de eficácia relativa restringível, no dizer de Maria Helena Diniz.

Há, quanto às liberdades, algumas que se vinculam à pessoa em seu direito de se movimentar, de deambular, andar a seu bel-prazer. É a liberdade de locomoção. A ela se refere o inciso XV, para aplicação durante tempo de paz. Há liberdade de se locomover no território nacional e, *nos termos da lei*, nele ingressar, se manter ou sair com seus bens. Mesmo no referente à locomoção, há temperamentos lógicos com base na razoabilidade. A liberdade de transitar por terreno alheio depende do consentimento do dono, assim como, excepcionalmente e por interesse público, pode haver provisoriamente o impedimento de deambular em logradouros públicos e ruas, que são bens de uso comum do povo. O princípio amplo da liberdade de se locomover, inclusive, não impede a prisão quando de conformidade com a lei, atendidos outros pressupostos constitucionais.

Se houver prisão ilegal, haverá relaxamento imediato pela autoridade judiciária (inc. LXV), o que embasa o direito de concessão de *habeas corpus* de ofício, afastado o princípio da demanda. De outro lado, ninguém será mantido na prisão ou para ela levado "quando a lei admitir a liberdade provisória, com ou sem fiança"(inc. LXVI). Por fim, como regra geral, não é fundamento para a prisão a existência de dívida descumprida, inadimplemento de obrigação civil. Só em duas situações tal é possível: a circunstância de ser depositário infiel e havendo descumprimento, desde que voluntário e inescusável, de obrigação alimentícia (inc. LXVII). Havendo qualquer ameaça de prisão ou já esteja alguém preso, com ofensa ilegal e abusiva à liberdade de locomoção, a ação constitucional é o *habeas corpus* (inc. LXVIII).

A prisão, nas duas hipóteses, não tem caráter penal. Seu objetivo é de coação, de impor ao preso cumprir a obrigação alimentar ou se tornar depositário cumpridor de suas obrigações. Sendo esta a finalidade, o simples fato de adimplir a obrigação que, inadimplida, justificava a prisão, é causa suficiente para fazer cessar a prisão por não mais haver justa causa. Há influência automática do fato superveniente para fazer cessar a custódia. Ninguém é *condenado* a ficar preso pelo tempo fixado na decisão judicial; sim, durante o tempo determinado para a prisão, a sofrer a coação para ser adimplente. No momento em que o for, a prisão perde a finalidade, seu objeto principal, por não haver mais necessidade de coação.

Há outras formas, outrossim, de liberdade vinculadas ao ato de pensar. O Preâmbulo da Constituição se refere à sociedade brasileira como *pluralista*. O artigo 1º, V, da Carta fala em *pluralismo* político, cujo entendimento significa pluralismo de idéias. A liberdade de pensar e, dela, partir para exteriorizações e manifestações, é corolário do princípio pluralista. Neste sentido são as liberdades de manifestação de pensamento (inc. IV), de consciência, de crença, com livre exercício de cultos religiosos e proteção dos locais de culto e liturgia (inc. VI), de prestação de assistência religiosa (inc. VII), de convicção filosófica e política (inc. VIII), de expressão da atividade intelectual, artística, científica e de comunicação (inc. IX). Aqui, também, a liberdade deve ter limitações ditadas pela razoabilidade e pelo interesse público, quando não ditadas por lei ordinária, nas hipóteses em que as normas constitucionais se afigurem como de eficácia contida.

No referente à expressão de atividade intelectual, artística, científica e de comunicação, o inciso IX do artigo ora anotado regra que a liberdade existe *independentemente de censura*. Esta cláusula, no que diz respeito à censura, deve ser bem entendida, para que não se compreenda que os jornais, que são formadores de opinião, têm o direito, por exemplo, de publicar idéias a favor do racismo, ou ofensivas à esfera jurídica de outrem, não podendo ser impedidos de publicar. Lembra-se que, na sociedade brasileira, a prática do racismo é exercício anti-social, antijurídico, conforme se lê no inciso XLII, assim como a ofensa a qualquer pessoa ingressa na área das práticas inadmissíveis. Nenhum dispositivo, parágrafo ou inciso merece interpretação isolada. A exigência está na interpretação sistêmica, para evitar a desestruturação do próprio Estado. E, nesta interpretação, todos os valores sociojurídicos devem participar, minimizando o individualismo de certas liberdades.

Censura é toda medida impeditiva de publicação de idéias, políticas e artísticas não convenientes de serem publicadas no entendimento do Poder Público. Não se examina a publicação censurada pelo aspecto de sua legalidades mas quanto ao conteúdo informativo na área da conveniência, ou não, da publicação. Esta é a censura inadmitida. No artigo 220, parágrafo 2º, da CF, no Capítulo que trata da Comunicação Social, é dada a extensão da censura proibida: "É vedada toda e qualquer censura de natureza política, ideológica e artística". Além do indicado expressamente na norma citada, o que há é controle da legalidade pelo Judiciário, nos precisos termos constitucionais. Não se trata de censura.

Assim, consideradas as circunstâncias referidas, há o direito de informar. Instrumentaliza-se tal direito, logicamente, com outra faculdade, de natureza complementar. O direito de buscar informações, para ser publicadas em seguimento. O inciso XIV do artigo ora anotado garante "todo acesso à informação", que se dará, normalmente, através de outras pessoas. A norma constitucional garante o sigilo da fonte. Nenhuma lei infraconstitucional pode exigir que a fonte seja revelada, criando situações desfavoráveis ao profissional caso não revele. O silenciar sobre a fonte é direito público subjetivo do profissional.

Há, outrossim, liberdades definidas pela doutrina como coletivas. Não obstante se possa encontrar em tais liberdades uma garantia individual, o dado específico que as forma é o coletivo. São liberdades direcionadas ao direito de reunir-se, de associar-se, de receber informações, de se fazer representar coletivamente em juízo e o direito dos consumidores. Este está insculpido no inciso XXXII: "o Estado promoverá, *na forma da lei*, a defesa do consumidor" (os grifos são nossos). Trata-se de norma constitucional cuja eficácia é dependente de complementação. A Lei nº 8078, de 11 de setembro de 1990, dispôs sobre a proteção do consumidor, complementando a norma constitucional, eficacizando-a.

O direito de livremente reunir-se em locais abertos ao público, sem armas, independe de autorização do poder público, estando condicionado simplesmente ao prévio aviso à autoridade competente e não haver outra reunião convocada anteriormente para o mesmo local (inc. XVI). Como a reunião, nos termos constitucionais, deve ser pacífica, se mantém o poder de polícia do Estado para garantir a pacificidade e impedir algazarras e irregularidades maiores. A liberdade de associação existe desde que para fins lícitos e não tenha finalidade paramilitar (inc. XVII), ninguém podendo ser compelido a associar-se ou se manter associado (inc. XX).

Quanto às associações, há outros direitos. A sua criação - e, na forma da lei, a de cooperativas - independe de autorização, bastando a vontade associativa, e há autonomia assegurada em seu funcionamento, visto que "vedada a interferência estatal" (inc. XVIII). A dissolução compulsória ou a suspensão das atividades associativas só terá causa em decisão judicial, "exigindo-se, no primeiro caso, o trânsito em julgado" (inc. XIX). Tais associações podem estar legitimadas para representação, judicial ou extrajudicial, de seus filiados, desde que expressamente autorizadas (inc. XXI) nos próprios estatutos ou, fora deles, por mandatos especiais dos associados.

No direito de receber informações, incluem-se o de petição ao poder público para defesa de direitos e contra ilegalidade ou exercício abusivo do poder e o direito de, em repartições públicas, obter certidões "para defesa de direitos e esclarecimentos de interesse pessoal" (art. 5º, XXXIV, letras "a" e "b"). A negativa de certidões e o indeferimento da pretensão do petitório apresentado são corrigíveis através de mandado de segurança (inc. LXIX). Também se insere no direito de receber informações a hipótese prevista no inciso XXXIII: "direito de receber dos órgãos públicos informações de seu interesse particular, ou de interesse coletivo ou geral". A obrigação de fornecimento das informações cede diante daquelas "cujo sigilo seja imprescindível à segurança da sociedade e do Estado". A ação constitucional prevista para a negativa injustificada é o *habeas data* (inc. LXXII), inclusive para retificação de dados. Problema sério que se forma é o respeitante à sigilosidade das informações. Basta que o impetrado a alegue e, acobertado pela garantia do sigilo, não forneça melhores dados? Entendemos que não, face ao princípio do direito de ação constante do inciso XXXV, cabendo, por isso, ao Judiciário dizer se são sigilosas ou não. Certamente que informá-las já é quebra do sigilo, todos podendo tomar conhecimento daquilo que o próprio texto constitucional quer que fique em sigilo. E aqui a segunda dificuldade: como solucionar o problema sem ofensa a qualquer norma constitucional?

Qualquer solução deve garantir dois princípios: o de se assegurar ao Poder Judiciário, por atribuição institucional com sede na Constituição, a faculdade de conhecer as informações pretendidas e lhes qualificar de sigilosas ou não, e ser assegurada a sigilosidade das informações. José da Silva Pacheco (1990, p. 239) tem solução, que nos parece correta: "Não há, por outro lado, informação sigilosa para a Justiça. Se, porventura, houver um interesse público relevante que suplante o interesse privado do impetrante, poderá a Justiça, ao examinar a informação, negar a sua revelação ao impetrante".

A garantia do livre exercício da profissão, reflexo da livre iniciativa, significa escolha, exercício e admissão em qualquer trabalho, ofício ou profissão (inc. XIII). A norma constitucional contém uma razoável moderação. Pode haver redução da liberdade se a lei exigir *qualificações profissionais,* que nada mais são do que aptidão, ou capacitação, para específico trabalho. Assim, a liberdade para o exercício da medicina, da advocacia, do direito, etc. passa, necessariamente, pelas qualificações profissionais que a lei determinar.

A Constituição não adjetiva, expressamente, no próprio inciso XIII, a lei que vai dispor sobre qualificações profissionais. Indaga-se, por isso, se a lei referida na norma constitucional, que é lei formal obediente ao processo legislativo constitucional, pode ser federal, estadual, distrital ou municipal. Em tese, ou seja, para as atividades privadas, deve ser, obrigatoriamente, lei federal. Lei editada por qualquer outro ente federativo não tem eficácia. O artigo 22 da CF diz competir privativamente à União legislar acerca de "condições para o exercício de profissões" (inc. XVI). Tratando-se de servidores públicos, a lei de cada ente federativo é que estabelecerá os requisitos (art. 37, I, da CF).

Há que se distinguir, para boa compreensão do que dispõe o artigo ora anotado no inciso XIII, o que são *qualificações profissionais* e o que são *exigências descabidas* para o exercício da profissão. Qualificações têm natureza mais restrita porque se vinculam à aptidão técnica para determinado trabalho, à capacitação profissional para o exercício de determinado ofício. Exigir a lei federal, para o exercício da atividade de enfermagem, o ter completado o curso universitário respectivo, é dispor sobre qualificação técnica. O dispor a lei que só pode exercer a atividade de enfermagem quem já tenha exercido, anteriormente, a atividade de auxiliar de enfermagem, não é qualificação técnica e, por isso, não impeditiva do exercício do trabalho de enfermeira. É exigência descabida.

2.5. Inviolabilidades

Ao redor do ser humano gira uma série de direitos subjetivos, que nele se titularizam e que lhe servem de proteção jurídica. É a esfera defensiva que o envolve e o acompanha onde e para onde ele for. A garantia da inviolabilidade se contrapõe a qualquer violação, ou ofensa, relativamente a cada um dos direitos integrantes da esfera jurídica protetora. Seria utopia se dizer que o fato da existência deste manto protetor garante a inviolabilidade. Não é bem asim, porque não há segurança ou prevenção suficientes para obstar ataques ou ofensas na área do círculo protetor. Aí o princípio da inviolabilidade se transforma em proteção à reparação indenizatória. Repara-se o que foi violado, substituída a ofensa por indenização.

A abrangência configuradora do manto jurídico referido a direitos subjetivos personalíssimos do homem está desenhada em garantias constitucionais: a intimidade, a vida privada, a honra, a imagem (inc. X), a casa - que se tem por asilo inviolável do indivíduo com alguns temperamentos: flagrante delito, desastre, prestar socorro e, durante o dia, por determinação judicial (inc. XI). Identicamente, compõem o conjunto de direitos subjetivos invioláveis o sigilo da correspondência, das comunicações telegráficas, de dados e das comunicações telefônicas - estas últimas permitindo as interceptações por ordem judicial, nos casos previstos na Lei nº 9.296/96 (inc. XII). Também se inclui na esfera jurídica o direito de resposta, proporcional ao agravo (inc. V).

O inciso V, ao falar no direito de resposta, acrescenta "além da indenização por dano material, moral ou à imagem". O inciso X, outrossim, ao se referir à intimidade, à vida privada, à honra e à imagem das pessoas, adita "assegurado o direito à indenização pelo dano material ou moral decorrente de sua violação". Isto não significa dizer que, nas hipóteses dos incisos XI e XII e em outras situações não-elencadas, não haveria suscetibilidade de reparação indenizatória. Em todos os casos em que se apresenta dano proveniente de ofensa a qualquer dos direitos que se integram na esfera jurídica do homem, mesmo os não arrolados expressamente nos incisos, seja patrimonial seja moral, há o direito à indenizabilidade, se presente o ato ilícito.

No terreno da reparabilidade, distinguem-se os danos patrimoniais dos danos morais. Aqueles são os que atingem o patrimônio material da vítima, diminuindo sua riqueza ou impedindo-o de, supervenientemente, enricar. São, na compreensão do Código Civil, os danos emergentes e os lucros cessantes. Mede-se o dano de forma palpável, tangível, comparando-se a patrimonialidade da vítima antes do evento que lhe provocou o dano e depois da atuação das conseqüências danosas. O montante da reparação, normalmente em dinheiro, é o suficiente para repor o patrimônio da vítima no estado em que se encontrava antes da ocorrência prejudicial e danosa. Assim, a medida da extensão dos danos patrimoniais está no prejuízo refletido no acervo patrimonial da vítima.

Dano moral é dano não-patrimonial. Deve haver uma compreensão inicial. Todo ser humano tem direito à normalidade de sua vida. Sozinho ou com sua família e conhecidos, ter uma existência conforme os trechos da realidade se apresentarem. Qualquer violação desta normalidade, sem repercussão no acervo patrimonial, mas que prejudique psiquicamente, configura-se como dano moral. É o dano à auto-estima, ao sentimento de pai, etc. Este dano deve ser ressarcido em dinheiro, mesmo porque a "impatrimonialidade não quer dizer inavaliabilidade" (Pontes de Miranda, 1971, t. XXVI, p. 33).

Dano à imagem é dano à inviolabilidade de intimidade da pessoa. O respeito à intimidade e à vida privada leva à garantia de ser a imagem do ser humano preservada. Normalmente, a suscetibilidade de ofensa a este direito de imagem se dá através de publicação de fotografias ou por meio da televisão. Como conseqüência de tais publicações, pode haver dano patrimonial - v.g., a fotografia de alguém servir à publicidade, não havendo o devido contrato para uso da imagem -, dano moral - quando a publicação da imagem cause prejuízo do psiquismo, com violação da normalidade da vida do prejudicado - e dano resultante de o simples fato da publicação violar a intimidade.

Este último dano é o que se quer ressaltar nestas anotações. Enfatiza-se esta compreensão. Dano à imagem não se confunde com dano patrimonial ou moral, pela irregular utilização da imagem. Há tratamento igualitário com os demais danos, pretendendo-se a reparação indenizatória pelo prejuízo material sofrido no acervo patrimonial ou na normalidade da vida e psiquismo. O dano à imagem, visto com especificidade, viola a intimidade e não se busca, para sua composição, qualquer prejuízo moral ou patrimonial. O simples fato da violação já leva ao direito reparatório. Isto é facilmente extraível do inciso V do artigo em anotação: "dano patrimonial, moral ou (dano) à imagem.

O dano à imagem, como já se viu, é reflexo da tutela da intimidade e da vida privada. Normalmente a intimidade lembra o que ocorre dentro do recinto da casa residencial. Porém, a compreensão de intimidade é mais ampla. Alcança, certamente, as casas de veraneio, os clubes sociais onde se exerce o lazer, os escritórios particulares com prática autônoma de uma profissão, etc. Por isso, a imagem da pessoa, enquanto ato público, que tem o significado de renúncia à intimidade, não está tutelada pela específica garantia da imagem e, inocorrendo prejuízo moral ou material, não haverá indenização.

Na simples violabilidade da imagem, o dano está inserido e é conseqüência da própria ofensa, não importando qualquer outro prejuízo exteriorizado ou não. Trata-se de uma indenização a ser arbitrada pelo Juiz considerando a menor ou maior gravosidade da violação. É dano *in re ipsa*. O dano patrimonial e o moral têm critérios para se alcançar o montante indenizatório devido (m/Responsabilidade Civil do Estado, pp. 65/69 e 83/87, Aide Editora, 1995). O dano à imagem, quanto ao montante indenizatório, deve obedecer ao prudente arbítrio judicial.

2.6. Direito de propriedade

O conceito de propriedade na legislação infraconstitucional exclui de sua abrangência os direitos obrigacionais, mais propriamente os direitos de crédito, e os direitos reais sobre coisas alheias (art. 674 do Código Civil). Isto porque a compreensão de propriedade na legislação civil significa o poder jurídico de alguém sobre a substância da coisa, que é a sua configuração físico-estética, com o poder de esgotá-la. Daí os poderes reflexos de usar, gozar e fruir a *res*. O direito de propriedade, na área jurídico-constitucional, é bem mais amplo, alcançando qualquer patrimonialidade. São a propriedade civil propriamente dita, os direitos reais sobre as coisas alheias e os direitos obrigacionais de natureza patrimonial. Esta observação inicial traduz matéria tranqüila na doutrina e jurisprudência brasileiras. A amplitude conceitual é que dá vida ao direito e garantia individual referido no inciso XXII.

Na verdade, a propriedade, no direito constitucional aborígene, é duplamente ampla. Inicialmente, porque abrange todas as situações jurídico-econômicas, todas as relações jurídicas desde que tenham fundo patrimonial. Mas também é ampla porque, em tese, não se limita diante de certos bens que só poderiam ser da propriedade do próprio Estado. A Constituição da China, de 1982, por exemplo, regra que "a base do sistema econômico socialista da República Popular da China é a propriedade pública socialista dos meios de produção, designadamente a propriedade de todo povo e a propriedade coletiva do povo trabalhador" (art. 6º). A propriedade privada pode existir quanto ao restante. A Constituição de Cuba, de 1976, tem normas semelhantes, baseando seu sistema econômico na "propriedade socialista de todo povo sobre os meios fundamentais de produção..." (art. 14). Tal inocorre no Brasil, onde o sistema econômico se apóia na propriedade privada (art. 170, II, da CF).

A morte do proprietário não é causa eficiente de sua extinção, pois a propriedade se mantém e continua na titularidade dos herdeiros (incs. XXX e XXXI). A propriedade, em regra, é perpétua porque, pelo princípio da saisina (art. 1572 do Código Civil), com a morte do *dominus* se transmite imediatamente aos herdeiros legítimos ou testamentários. A base desta orientação subconstitucional está no direito contido no inciso XXX: "é garantido o direito de herança". Assim, lei infraconstitucional não pode criar, como norma cogente, propriedade resolúvel por *causa mortis*. O inciso XXXI estabelece simplesmente, em relação a bens situados em nosso território e pertencentes a estrangeiros, uma regra de sucessão hereditária mais favorável, em benefício do cônjuge e dos filhos brasileiros. A função social da propriedade (inc. XXIII) condiz com o exercício do domínio de maneira não-absoluta, ou ilimitada, considerando a função socioeconômica do bem. Em se tratando de matéria imobiliária, o texto constitucional dá os contornos da função social. Se a hipótese é de área urbana, a função social se realiza se houver atendimento das "exigências fundamentais de ordenação da cidade expressas no plano diretor" aprovado pela Câmara Municipal (art. 182, §§ 1º e 2º, da CF). Tratando-se de área rural, a função social é reconhecida se satisfeitos os requisitos indicados no artigo 186 da CF. Esta matéria já foi desenvolvida nesta coleção, no volume em que se examinou a Ordem Econômica e Financeira.

Embora a propriedade se qualifique, em tese, como perpétua, há possibilidade de compulsória desapropriação a favor do Poder Público, obedecido o procedimento estabelecido em lei. Justifica-se o ato expropriatório na necessidade ou utilidade pública ou no interesse social, indicados em lei infraconstitucional, e mediante *justa* e *prévia* indenização em dinheiro (inc. XXIV). Há exceções em que a indenização pode ser feita através de títulos de dívida pública (art. 182, § 4º, III, da CF) ou por meio de títulos de dívida agrária (art. 184 da CF), conforme já ressaltamos nas anotações feitas em outro volume. Numa hipótese, inclusive, a desapropriação se fará sem qualquer indenização (art. 243 da CF), considerando a ilegalidade do uso - culturas de plantas psicotrópicas.

Há hipótese em que a necessidade do Estado não está em ver transferida a propriedade para sua titularidade; satisfaz-se a necessidade com o simples uso temporário do bem do particular. Esta medida, para ser adotada, deve satisfazer a três requisitos: motivo especificado no texto constitucional, ou seja, em *caso de iminente perigo público*; uso autorizado por autoridade competente, que se buscará na lei de que trata o artigo 22, III, da CF; e ulterior indenização não exclusivamente pelo fato do uso, mas "se houver dano" (inc. XXV). Entenda-se: dano que pode ser físico na coisa ocupada ou a presença de lucro cessante, se o bem se destinava, por exemplo, à locação. Uso sem dano é irreparável, não cabendo falar em indenização.

A pequena propriedade rural, conforme definida em lei, atendidos determinados requisitos, é impenhorável (inc. XXVI). De logo, esclarece-se que esta garantia constitucional nada tem a ver com a impenhorabilidade prevista no artigo 649, X, do CPC, visto que, na lei infraconstitucional referida, não se define pequena propriedade rural, e o requisito de que seja o único bem disponível do devedor não se amolda ao preceito constitucional. Assim, existe a impenhorabilidade da lei processual civil que coexiste normativamente com a do texto constitucional. Firmado este ponto inicial, o que se tem, para a impenhorabilidade constitucional, por pequena propriedade rural?

A Lei nº 8.629/93 define: "pequena propriedade - o imóvel rural: a) de área compreendida entre 1 (um) e 4 (quatro) módulos fiscais" (art. 4º, II, "a"). O critério definidor está na sua extensão territorial. A definição é fundamental à norma, mas insuficiente à configuração da não-constrição. Há a presença necessária de outro requisito. Assim, a gleba da terra deve estar sendo trabalhada pela família, posse *pro labore*, efetiva destinação agrária. A impenhorabilidade se restringe às ações que objetivam a cobrança de débitos resultantes da atividade produtiva. Na dicção constitucional, para outras dívidas não haverá impenhorabilidade, o que parece não ter explicação lógica.

A denominada propriedade literária, científica e artística, ou seja, a resultante de criação de obras, tem a garantia do direito exclusivo, por seus autores, de utilização, publicação ou reprodução, admitindo-se, no que concerne aos efeitos de ordem patrimonial, a transmissibilidade por ato *inter vivos* ou *causa mortis*. Esta garantia está no inciso XXVII do artigo em anotação. Contudo, a propriedade aqui examinada não se configura como perpétua. É vitalícia com um *plus* de mantença temporária para certos herdeiros, face à ressalva da norma constitucional: "transmissível aos herdeiros pelo tempo em que a lei fixar". Tudo se resolve, portanto, via lei infraconstitucional.

A Lei nº 5.988/73, a chamada Lei dos Direitos Autorais, define o que são direitos morais do autor (art. 25), qualificando-os de inalienáveis, irrenunciáveis (art. 28) e, em regra, transmissíveis a seus herdeiros (§ 1º do art. 25). Quanto aos direitos patrimoniais do autor, "perduram por toda vida" (art. 42), sendo que "os filhos, os pais e o cônjuge gozarão vitaliciamente dos direitos patrimoniais do autor que se lhes forem transmitidos por sucessão *mortis causa*" (§ 1º). Neste sentido, há dupla vitaliciedade. Quanto aos demais sucessores do autor, a transmissibilidade vale por sessenta anos "a contar de 1º de janeiro do ano subseqüente ao de seu falecimento" (§ 2º).

A participação individual, outrossim, em obra coletiva, e a reparação da imagem e da voz humanas, mesmo em atividades desportivas, são asseguradas, conforme dispuser lei subconstitucional. Identicamente, na forma do regramento infraconstitucional, garante-se aos criadores, aos intérpretes e às respectivas representações sindicais e associativas, o direito de fiscalizar o aproveitamento econômico daquelas obras que criarem ou de que participarem (inc. XXVIII). A lei reguladora é a mesma, a Lei nº 5.988/73, que, em diversos artigos, trata da matéria, inclusive do denominado *direito de arena*, que diz respeito à participação pecuniária dos atletas que participarem de espetáculos desportivos públicos, com entrada paga, em havendo fixação, transmissão ou retransmissão de espetáculo, por qualquer meio ou processo (art. 100).

A propriedade industrial, outrossim, engloba, no discurso constitucional, os inventos e as criações industriais, a propriedade das marcas, os nomes das empresas e outros signos distintivos. A garantia inscrita no inciso XXIX garante o privilégio temporário para utilização dos inventos e a proteção das demais situações ali citadas, levando-se em consideração o interesse social e o desenvolvimento tecnológico e econômico do País. Contudo, a norma constitucional se omite de fixar prazo da utilização e a medida de proteção. Há delegação à lei infraconstitucional.

2.7. Garantias processuais

O direito e garantia previstos no inciso XXXV - "a lei não excluirá da apreciação do Poder Judiciário lesão ou ameaça a direito" (não mais *individual* como diziam as Constituições de 1946 e de 1967/69) não tem o único e exclusivo fim de garantir o direito abstrato de ação, fazendo ingressar na esfera de proteção jurídica de todos a faculdade de acesso ao Judiciário para compor conflitos. Além desta objetividade do preceito, há outra dele emergente. Como conseqüência da tripartição e divisão dos Poderes do Estado, a função institucional de prestar jurisdição, dirimindo conflitos e dizendo o direito de cada um, é do Poder Judiciário. Em outras palavras, a jurisdição é atribuição exclusiva do Judiciário, podendo se falar a respeito em monopólio da prestação jurisdicional.

O princípio do monopólio do Poder Judiciário, afora norma que satisfaça regra de função atípica e que sirva ao sistema dos freios e contrapesos (v.g., art. 52, I e II, da CF), não tem exceções. Costumam-se apontar, como excepcionalidades, os atos discricionários da Administração e os denominados *interna corporis*. Há equívoco na indicação. Como o ato é discricionário, não há lesão ou ameaça a direito, pressuposto do direito abstrato da ação. Contudo, o Poder Judiciário pode e deve examiná-lo quanto às irregularidades ou arbitrariedades, para dele afastar abusividades. O mesmo ocorre quanto ao ato *interna corporis*, também utilização da discricionariedade. O Poder Judiciário examiná-lo-á, nem que seja para, julgando a ação improcedente, dizer que o ato nada tem de lesão ou ameaça a direito. Assim, o direito de ação impulsionado pelo princípio da demanda alcança os atos discricionários e os *interna corporis*.

A norma constitucional em exame não é simplesmente idealista ou retórica; tem e deve ter sempre um objetivo de efetiva concretude. O fato do ajuizamento de uma ação representar gastos, notadamente com advogados, estaria a impedir o acesso do pobre ao Judiciário. Estabelece-se, então, a assistência jurídica e judiciária gratuita (inc. LXXIV e Lei nº 1.060/50) aos que não possuem suficiência de recursos. Além do mais, as ações constitucionais do *habeas corpus* e do *habeas data* são gratuitas, assim como, *na forma da lei*, "os atos necessários ao exercício da cidadania" (inc. LXXVII). Ademais, as regras de competência ou de foro de eleição que sirvam de obstáculo, mesmo em parte, de acesso ao Judiciário, devem ser afastadas pela Jurisprudência, por infringência constitucional.

Quanto à prestação jurisdicional e em regras direcionadas à competência, ou titularidade, do órgão ou pessoa física prestante, há duas normas básicas: a exigência de juiz natural e, mais especificamente, a existência de autoridade competente. O princípio da autoridade competente é decorrência do princípio da legalidade. A atribuição de processar e julgar alguém, sentenciando-o, deve ser exercida por autoridade competente (inciso LIII), ou seja, aquela autoridade cuja competência é extraída de lei obediente a processo legislativo constitucional. A incompetência leva à nulidade dos atos, notadamente os decisórios.

Esta idéia é complementada pela concernente à exigibilidade de juiz natural, regra que se extrai do inciso

XXXVII. *Juiz natural* se contrapõe a juiz *ad hoc*, o juiz para um ou determinados casos. Não importa, para desconfiguração do juiz natural, que a criação se dê unicamente pelo Poder Executivo; o Poder Legislativo também "não o pode criar, ainda dissimuladamente" (Pontes de Miranda, 1968, t. V, p. 224). A única possibilidade está na criação através de norma constitucional, porque a Constituição é início do ordenamento normativo e o que ela dispor, vale. A exigência de juiz natural, em qualquer grau de jurisdição, aparece no texto constitucional reflexamente, ao se vedar a existência de *juízo* ou *tribunal de exceção*.

Justiça especializada, principalmente por conter sua instituição no texto constitucional (arts. 92 e 98), não se confunde com juízo ou tribunal de exceção. Identicamente, as normas de competência, ou medidas da jurisdição, ditadas com apoio no artigo 96, I, "a", *in fine*, da CF, nada têm de ofensa ao princípio do juiz natural. Lembra Celso Ribeiro Bastos (*Op. cit.*, v. 2, p. 205) que "a criação de tribunais em nosso sistema é uma reserva constitucional. Portanto, não são de exceção os juízos e tribunais previstos na própria Constituição" ou cuja instituição se apóie em texto constitucional, como os juizados especiais (art. 98, I, da CF).

A instituição do Tribunal do Júri, organizado na forma que dispuser a lei, é obrigatória, como juiz natural, para o julgamento dos crimes dolosos contra a vida (inc. XXXVIII), afora as exceções constitucionais (art. 29, X, 102, I, "b" e "c", 105, I, "a", e 108, I, "a"). Assegura-se um mínimo de garantia no Tribunal do Júri, que se triparte em três regras: a plenitude de defesa, o que será examinado mais adiante a título de ampla defesa; o sigilo de votações e a soberania dos veredictos que, na normatividade infraconstitucional brasileira, é mitigada: pode haver determinação de novo julgamento, caso a decisão tenha sido contrária à prova dos autos. A jurisprudência, inclusive do STF, é tranqüila a respeito.

A regra referida ao denominado *devido processo legal* (inc. LIV), pressuposto necessário para que haja perda de bens, privação da liberdade e, na regra geral, postulação processual básica, é, de um lado, garantia das partes contra ação arbitrária do Poder Público e, de outra, elemento fundamental para que ocorra uma boa e adequada prestação jurisdicional. Trata-se, portanto, de garantia que deve ser interpretada amplamente, como configurando necessidade de que exista procedimento a ser observado, concatenando-se atos e condutas para a finalidade objetiva da decisão, mas também de exigência de que o processo estabelecido seja justo, obstando que o Poder Público edite processo legal de conteúdo arbitrário.

Todo processo deve ser dialético, no sentido de que às realidades fáticas e jurídicas apresentadas por uma das partes, se faculte à outra a oposição, contradição ou resposta. O que se busca é uma igualdade entre as partes, dando a cada uma delas a oportunidade de defender suas teses e pretensões. Esta dialética processual é o contraditório, ao qual a norma constitucional adiciona a faculdade da ampla defesa, que se estende às irresignações recursais previstas em lei. Na Constituição anterior, o contraditório e a ampla defesa se referiam ao processo criminal (art. 153, §§ 15 e 16). Hoje, todo processo judicial, criminal ou cível, e até o administrativo (inc. LV), é alcançado pelo contraditório e pela ampla defesa.

Na regra geral, se faculta a ampla publicidade do processo, todos podendo conhecer da matéria discutida. Existem exceções, para assegurar outros interesses mais salientes e que exigem a sigilosidade. O inciso LX permite as exceções "quando a defesa da intimidade ou o interesse social o exigirem". No artigo 93, IX, da CF, repete-se a garantia da publicidade e a exceção, através de lei, "se o interesse público o exigir". Quando o segredo de justiça se fundamentar no interesse público, as partes não podem transigir, admitindo a publicidade. A regra será cogente e indisponível, até por decisão judicial. É o que ocorre, por exemplo, na hipótese do artigo 14, parágrafo 10, da CF, em que se regra que "a ação de impugnação de mandato tramitará em segredo de justiça..." Duas outras regras aparecem como garantias processuais: a) presunção de inocência até que haja sentença penal condenatória (inc. LVII), norma de fácil compreensão; b) inadmissibilidade de provas obtidas por meios ilícitos (inc. LVI). O regramento é claro quanto à sua abrangência. Alcança a ilicitude que se apresenta na formação da prova - confissão através de tortura, v.g. - mas, também, a ilicitude resultante de ofensa a um direito individual - como a intimidade. Este entendimento, leva a uma conotação subliminar que diferencia as duas hipóteses. Na confissão por tortura, a aceitação de que houve tortura afasta qualquer convicção que poderia nascer da confissão, porque a vontade está viciada. A "confissão" nasceu da dor e do sofrimento. Na gravação em vídeo, por exemplo, de uma cena de adultério, sempre resta ao julgador, embora o meio ilícito de prova, a convicção da prática do adultério, porque a irregularidade está na ofensa à intimidade da pessoa, e não na própria ocorrência do fato. Esta diferença, a nosso sentir, é que dificulta a inadmissão, sem exceções, da prova ilícita.

2.8. Regramentos penais

O princípio da reserva legal para a tipicidade penal e sanção conseqüente, em ambos os casos exigente de lei prévia, se manteve na Constituição de 1988, também quanto à aplicação retroativa da lei se para beneficiar o réu (incs. XXXIX e XL). São regramentos tradicionais no direito penal brasileiro, presentes na Constituição de 1824 e nas que lhe seguiram, com exceção do silêncio constrangedor da Carta de 1937. Porém, o Código Penal editado em 1940, na vigência do texto constitucional estado-novista, não deixou de prever ambos os princípios (art. 2º e parágrafo único), tratando-se, por isso, até o advento da Lei Maior de 1946, de garantia simplesmente infraconstitucional. O crime cometido pode admitir prisão em flagrante ou preventiva e, identicamente, conforme lei processual penal, haver possibilidade de prestação de fiança (inc. LXVI), bem como a passagem do tempo significar a ocorrência de prescrição com a extinção da punibilidade ou da execução da pena. A Constituição de 1988, em norma que obriga, desde sua edição, o julgador e a ele dirigida, refere-se a certos crimes que, por sua natureza e gravidade diante do Estado Democrático de Direito, devem se qualificar de inafiançáveis e imprescritíveis. No inciso XLII, há referência à prática do crime de racismo e, no inciso XLIV, a crime relativo à "ação de grupos armados, civis ou militares, contra a ordem constitucional e o Estado Democrático".

Conseqüência da condenação pela prática de qualquer crime é a aplicação de pena. A Constituição apresenta um rol *mínimo* de sanções possíveis (inc. XLVI), admitindo que a lei ordinária estabeleça outras (= "entre outras", diz a norma constitucional), desde que não seja uma das indicadas como inadmissíveis pelo inciso XLVII. A pena, contudo, para se adequar à situação concreta, deve, na aplicação, ser individualizada, conforme dispuser a lei. Isto significa que várias circunstâncias ligadas ao crime e ao condenado (art. 59 do Código Penal) é que justificam a espécie de pena e a sua maior ou menor extensão. Isto é individualização da pena, referida no inciso XLVI.

Reflexo da individualização da pena é o princípio de que nenhuma pena pode ir além da pessoa do delinqüente. Não há "herdabilidade" da pena. Esta norma estava, sem admitir qualquer exceção, inscrita na Constituição de 1969 (art. 153, § 13). A Carta vigente reafirma a regra, mas facultou à lei infraconstitucional excepcionar. Assim, depois de regrar que "nenhuma pena passará da pessoa do condenado", o inciso XLV permitiu: "podendo a obrigação de reparar o dano e a decretação do perdimento de bens ser, nos termos da lei, estendidas aos sucessores e contra eles executadas, *até o limite do valor do patrimônio transferido*" (os grifos são nossos). A Lei nº 8.429/92 tratou da matéria em seu artigo 8º.

A prisão de alguém, não se tratando de crime ou transgressão militares, só se dará ou por ordem escrita e fundamentada de autoridade judiciária competente ou em flagrante delito (inc. LXI). O preso tem alguns direitos que lhe são assegurados: a) deve haver comunicação imediata ao Juiz competente e à sua família ou pessoa por ele indicada, inclusive do local onde está recolhido (inc. LXII); b) o preso será informado de seus direitos, de permanecer calado, e assegurando-lhe a assistência da família e de advogado (inc. LXIII); c) terá direito a que os responsáveis pela prisão ou pelo interrogatório policial se identifiquem (inc. XLIV).

2.9. Ações constitucionais

Pode denominar-se de ação constitucional toda aquela que tenha assento no texto constitucional. A qualificação adviria da simples localização na Lei Maior. Neste sentido, seriam constitucionais as ações (a) direta de inconstitucionalidade, (b) declaratória de constitucionalidade, (c) por responsabilidade objetiva na teoria do risco administrativo contra as pessoas jurídicas de direito público ou de direito privado prestadoras de serviços públicos, (d) a civil pública, prevista respectivamente nos artigos 102, I, "a", 37, parágrafo 6º, e 129, I, todos do Texto Maior. O exame que se fará neste item, porém, é limitado àquelas ações que, além de constarem do texto constitucional, têm a natureza e o significado de direito e garantia individuais. São ações constitucionais pelo critério topográfico, mas específico, isto é, com assento no artigo 5º ora em anotação.

São seis as ações assim categorizadas: a ação privada nos crimes de ação pública (inc. LIX), o mandado de segurança, seja o tradicional (inc. LXIX), seja o coletivo (inc. LXX), o mandado de injunção (inc. LXXI), o *habeas corpus* (inc. LXVIII), o *habeas data* (inc. LXXII) e a ação popular (inc. LXXIII). Impossível, chama-se a atenção desde logo, o enfrentamento doutrinário destas ações com amplitude. Foge ao espírito destes comentários a finalidade de examinar tais ações com profundidade. O objetivo é outro: caracterizá-las o suficiente para distinguir uma da outra e demonstrar a existência e importância de todas as ações na tutela que se dá aos direitos de cidadania.

Os crimes de ação pública, pelo Código Penal, serão promovidos pelo Ministério Público (art. 100, § 1º). Esta atribuição do *parquet* teve assento constitucional no artigo 129, I, quando se arrola como função institucional do Ministério Público a de "promover, privativamente, a ação penal pública, na forma da lei". A competência do Promotor de Justiça é *privativa* e deverá ingressar com a ação, apresentando a denúncia, num dos prazos indicados no artigo 46 do Código de Processo Penal: cinco dias se réu preso ou quinze dias se réu solto ou afiançado, considerando como termo inicial do prazo o do recebimento pelo Ministério Público dos autos do inquérito policial.

E se a denúncia não for apresentada tempestivamente e enquanto não o for? O parágrafo 3º do artigo 100 do Código Penal dispõe que "a ação de iniciativa privada pode intentar-se nos crimes de ação pública, se o Ministério Público não oferece denúncia no prazo legal". Esta norma, porém, estaria em conflito com a que assegura ser privativa a função institucional do Ministério Público de promover a ação penal pública. Contudo, a recepção constitucional da referida norma subconstitucional se deu por força da ação constitucional prevista no inciso LIX do artigo ora anotado: "será admitida ação privada nos crimes de ação pública, se esta não for intentada no prazo legal". A norma constitucional não é, como pensa J. Cretella Jr. (*Op. cit.*, v. I, p. 544), desnecessária. Objetivamente, *constitucionalizou* a norma infraconstitucional.

O entendimento jurisprudencial, notadamente do STF, é que a ação penal privada subsidiária se fundamenta na inércia do Ministério Público. Assim, mesmo que o agente do *parquet* não tenha apresentado denúncia, se houve pedido de arquivamento *deferido*, não há admissibilidade da ação penal privada. O STF, em diversos *habeas corpus*, assim decidiu, determinando o trancamento da ação privada (*A Constituição na Visão dos Tribunais*, v. I, Saraiva, p. 142,1997, e DJU de 28.6.91). A ação privada subsidiária só se admite se o Ministério Público, no prazo da lei, não tomar qualquer medida, demonstrando-se omisso.

A possibilidade de haver o ajuizamento de ação privada, cujo prazo decadencial é de seis meses contados "do dia em que se esgota o prazo para oferecimento de denúncia" (art. 103 do Código Penal), exige nova compreensão dos pedidos de arquivamento quando feitos, nos Estados, pelo Procurador-Geral da Justiça. Nos termos do artigo 28 do Código de Processo Penal, o Julgador estava obrigado a atender o pedido de arquivamento. A situação se alterou. Como há possibilidade de ação privada, face ao direito e à garantia individual, só se pode determinar o arquivamento se o exame da prova admitir; caso contrário, nega-se-o porque não há mais arquivamento automático. Na Representação nº 30.0-CE, a Corte Especial do STJ, rel. Min. Barros Monteiro, assim decidiu (DJU de 14.12.92).

O *mandado de segurança* tem o objetivo de proteger direito líquido e certo de pessoa física ou jurídica, quando lesado ou ameaçado de lesão por ato de autoridade pública ou agente de pessoa jurídica no exercício de atividade inerente ao Poder Público, se qualificável o ato como irregular ou abusivo. Há uma regra de exclusão: incabível a ação estar o direito líquido e certo amparado por *habeas corpus* ou *habeas data*. Neste sentido, o cabimento do mandado de segurança é residual. A sentença concessiva da ação contém efeito específico e imediato, que reforça o direito de cidadania, sendo que a desobediência à ordem judicial configura crime (art. 330 do Código Penal). Em outras palavras, a sentença já contém o mandamento a ser cumprido sem necessidade de execução complementar.

A ação mandamental ora em exame pode se caracterizar como individual, plúrima ou coletiva. Ela é individual quando há um único impetrante, e será plúrima se ajuizada por vários impetrantes, litisconsortes ativos. O mandado de segurança coletivo é aquele em que se postula direito líquido e certo de uma classe, categoria ou de todos, sem individualização dos beneficiados. Pede-se, em nome próprio, direito alheio (art. 6º do CPC), com a autorização e legitimação previstas no texto constitucional (inc. LXX). Salienta-se que só podem ingressar com o *mandamus* coletivo, como substitutos processuais, os constitucionalmente legitimados, na regra que deve ser interpretada restritivamente.

Quando a legitimação ativa é o favor de entidades sindicais e de classe ou associações legalmente constituídas há pelo menos um ano, o direito alheio objeto do *writ* se limita à "defesa dos interesses de seus membros ou associados" (inc. LXX, "b"). Entretanto, quando a *legitimatio ad causam* é de partido político (letra "a"), não se impõe qualquer limitação na defesa do direito alheio. Temos que esta foi a intenção dos constituintes, não apresentando qualquer restrição. Deste sentir, é a orientação da doutrina de Sérgio Ferraz (*Op. cit.*, p. 39). Inclusive, o conceito de partido político dado pela Lei nº 9.096/95 diz que o partido se destina "a defender os direitos fundamentais definidos na Constituição" (art. 1º).

O *mandado de injunção* foi uma das mais fortes medidas instituídas a favor da cidadania e da efetividade das normas constitucionais. Todas aquelas normas que se qualificarem como direitos e liberdades públicas, por se conterem no artigo 5º da CF, e outras referidas a nacionalidade, soberania e cidadania, mas que se categorizem como normas dependentes de regulamentação, podem adquirir eficácia plena, no caso de impetração de mandado de injunção, *só para o impetrante*. A falta de regulamentação é substituída, concretamente, pela sentença, tornando viável o exercício do direito. Isto é o que está, em todas as letras, no inciso LXXI. É uma espécie de *mandamus* específico. Entenda-se. O mandado de injunção é, por duas razões, ação mandamental: por ser *mandado* e por ser *injunção*. Não foi instituído para que a sentença diga que há norma constitucional complementável e que ela deve ser complementada. Com esta compreensão, a sentença do mandado de injunção o categorizaria como ação declaratória. O objetivo - e não há outro na norma constitucional - é o de entregar ao Julgador modo de tornar a norma jurídica constitucional eficaz no caso concreto, não oportunizando o Julgador legislar, mas criar forma de viabilizar o direito pleiteado. A simples declaratividade não se coaduna com a norma constitucional do artigo 5º.

Não se trata, identicamente, de ação de inconstitucionalidade por omissão, mesmo porque, além de esta ser mais genérica, busca uma solução *erga omnes*, o que justifica a determinação do parágrafo 2º do artigo 103 da CF. Contudo, como o mandado de injunção é para caso concreto, não há necessidade de lei geral, mesmo porque o Judiciário não pode legislar, mas se ditam regras, com base no artigo 126 do CPC, recorrendo-se à analogia, aos costumes e aos princípios gerais de direito. Este é o magistério de, entre outros, Carlos Mario da Silva Velloso, Celso Agrícola Barbi e José Afonso da Silva (*Mandados de Segurança e de Injunção*. Editora Saraiva, 1990, pp. 101, 351 e 339).

A liberdade de locomoção é direito fundamental da pessoa física. Qualquer ameaça ou ocorrência de violência ou coação, que não se qualifiquem de justa ou legal, a direito de ir e vir, é corrigível mediante a concessão de *habeas corpus*. A norma constitucional deixa evidenciado que qualquer prisão, ou sua ameaça, não é pressuposto básico para o *writ*. Há necessidade de que a violação da liberdade de locomoção seja ilegal e abusiva ou, na terminologia constitucional, "por ilegalidade ou abuso de poder" (inc. LXVIII). Quando se fala em liberdade de locomoção, não se está pensando somente na ilegalidade e abusividade da prisão; também quando, embora a validade da prisão, há excesso de tempo de recolhimento e ofensa a outras garantias a que o preso faz jus. O fulcro essencial, no entanto, que embasa o pedido, é o direito do ser humano de livremente circular e deambular.

O *habeas corpus* da Carta de 1988 tornou-se mais amplo, alcançando, inclusive, transgressões disciplinares, mesmo as militares. É verdade que, desde a Constituição de 1934 (art. 113, § 23), todas as demais - de 1937 (art. 122, § 16), de 1946 (art. 141, § 23), de 1967 (art. 150, § 20) e de 1969 (art. 153, § 20) inadmitiam o *habeas* nas transgressões disciplinares. A Constituição atual, seguindo a mesma orientação da de 1891 (art. 72, § 22), se omitiu de restringir o *writ* nas transgressões disciplinares, deixando claro que, havendo nelas ilegalidade ou abuso de poder, o chamado remédio heróico pode ser concedido. Do mesmo sentir é o magistério de Celso Ribeiro Bastos (*Op. cit.*, v. 2, p. 320).

O Código de Processo Penal, ao tratar deste *writ* em seus artigos 647 e seguintes, elencou-o entre os recursos e deu uma amplitude maior à sua abrangência, mesmo quando não há perigo de imediata prisão. Se a ação penal não tiver justa causa, ou se o processo for manifestamente nulo, ou se já estiver extinta a punibilidade, concede-se o *habeas corpus* para trancamento da ação, mesmo que ainda não se possa falar em prisão. A qualificação do *habeas* como recurso não nos parece correta. O *habeas corpus* configura-se como uma ação que independe de sentenças ou outras decisões judiciárias prévias. Às vezes, tal ocorre, mas nem por isso pode-se categorizá-lo como recurso, com significação técnica. *Recurso*, no sentido laico, medida a que se recorre para obstar a prisão, o termo pode ser utilizado.

No *habeas corpus*, as regras processuais são colocadas como simples instrumentos, mas não fundamentais à sua apreciação. Não há, por exemplo, obediência impositiva ao princípio da demanda, o princípio que diz que o Juiz só pode conhecer da matéria que o interessado promova. Se em qualquer processo penal, sem pedido de *habeas*, o Julgador constatar a ocorrência de prisão ilegal ou abusiva, poderá conceder a liberdade *de ofício* (art. 654, § 2º, do CPP). De outro lado, a petição do *writ* não exige seja assinada por advogado, não havendo necessidade de participação de profissional de Direito, como se poderia concluir da regra do artigo 133 da CF. Ademais, a medida pode ser impetrada "por qualquer pessoa, em seu favor ou de outrem, bem como pelo Ministério Público" (art. 654 do CPP).

O *habeas data* tem outra finalidade. No que concerne a informações relativas a qualquer pessoa que constem de registros ou bancos de dados de entidades governamentais ou de caráter público, tem o interessado o direito de conhecê-las e, se for o caso, retificar as informações para adequá-las à realidade (inc. LXXII). Entidades de *caráter público* são aquelas de objetivos coletivos. O Código de Defesa do Consumidor, ao definir os bancos de dados e cadastros, relativos a consumidores, os serviços de proteção ao crédito e congêneres, como "entidades de caráter público" (art. 43, § 4º), permitiu aos consumidores, nestas hipóteses, se utilizarem do *habeas data* que, tal como o *habeas corpus*, é ação gratuita (inc. LXXVII).

A utilização do *habeas data* depende de se estabelecer, previamente, o conflito de interesses. O direito individual está em tomar as providências extrajudiciais com base no direito de petição (inc. XXXIV), direito também assegurado pelo Código de Defesa do Consumidor (art. 43 caput e § 3º). A relação que se forma, de início, localiza-se *fora* do Judiciário. Só em caso de negativa ao pedido de informações ou de retificação é que está formada a possibilidade de lide, oportunizando o *writ* ora em exame. Com efeito, neste sentido é a Súmula nº 2, do STJ: "Não cabe o *habeas data* (CF, art. 5º, LXXII, *a*) se não houve recusa de informações por parte de autoridade administrativa".

A *ação popular* traduz a idéia de que o povo deve controlar as ações dos governantes para evitar atos nulos ou anuláveis prejudiciais ao patrimônio público e outros interesses que devem ser preservados no exercício democrático dos Poderes. O direito a este controle é do povo, como titular da soberania, mas pulverizado entre todos do povo, que compõem o eleitorado. É o primeiro aspecto referente à ação popular, o relativo à legitimação para ingressar com a referida ação, em nome do povo. Diz a Constituição que legitimado para propor a ação é qualquer *cidadão*.

Na norma constitucional em estudo, *cidadão* é o detentor de direitos políticos, que não estejam cassados, perdidos ou suspensos (art. 15 da CF). É o que tem a titularidade para exercer o direito de votar em eleições do País. Mais objetivamente, o que já se alistou eleitoralmente. A Lei nº 4.717, de 29 de junho de 1965, que regula a ação popular, regra, dentro do espírito da norma constitucional, que "a prova de cidadania para ingresso em juízo, será feita com o título eleitoral, ou com documento que a ele corresponda" (art. 1º, § 3º). Trata-se, tecnicamente, de uma espécie constitucional de substituição processual: o cidadão pedindo, em nome próprio, direito do povo.

A legitimação para a causa é dada pelo próprio texto constitucional, não podendo lei infraconstitucional ilegitimar, ou incapacitar, processualmente aquele que a norma constitucional diz ser parte legítima. Razões extraídas do princípio da hierarquia entre as leis e, mais do que isto, do fato de as leis subconstitucionais, para serem válidas e eficazes, deverem estar em conformidade normativa com a Constituição, início normativo do Estado, afastam as regras de legitimação constantes da legislação ordinária. Esta compreensão é básica para se enfrentar problema a ser posto a seguir.

Pela lei processual civil, os absoluta e relativamente incapazes serão representados ou assistidos por seus pais, tutores e curadores (art. 8º do CPC). O pródigo, como conseqüência, será assistido por seu curador assim como o menor de dezessete anos por seu pai. Esta conclusão se apóia no artigo 6º combinado com o artigo 84, ambos do Código Civil. A questão que se levanta é se o menor de dezessete anos, que apresente seu título eleitoral (art. 14, § 1º, II, "c", da CF), deve ser, na ação popular, assistido por seu representante legal? A resposta é negativa porque, portando o título eleitoral válido e eficaz, é cidadão e, como tal, parte legítima para a ação popular. Nenhuma lei infraconstitucional pode restringir ou limitar seu direito. Idêntica é a conclusão quanto aos pródigos.

O raciocínio que leva a esta resposta é simples. Induvidoso que o portador do título eleitoral é cidadão e, como tal, titular de direitos políticos, afora aqueles que o próprio texto constitucional exclui, com o de ser eleito (art. 14, § 3º, VI, letra "d"). Ademais, qualquer restrição de direitos políticos *só se dará nos casos* (art.15 da CF) indicados na Lei Maior, entre os quais a incapacidade civil absoluta (inc. II), mas não a relativa. Há, como se vê, *numerus clausus*, ou elenco taxativo, em sede constitucional, impeditivo que legislação subconstitucional restrinja tais direitos.

Dois são os pressupostos da ação popular: a lesividade do ato e a nulidade ou anulabilidade deste. A *lesividade* é detectada pelo dano ou prejuízo causado à moralidade administrativa, ao meio ambiente, ao patrimônio histórico e cultural e ao patrimônio público estatal, de autarquia, de sociedade de economia mista, de empresa pública, de serviços sociais autônomos e de fundações públicas. O patrimônio público tutelado é amplo: "bens e direitos de valor econômico, artístico, histórico ou turístico" (art. 1º, § 1º, da Lei nº 4.717/65). A presença da lesividade aparece como causa complementar nulificante ou anuladora do ato objeto da ação popular.

A simples lesividade é insuficiente para a ação popular. Deve haver o ato nulo ou anulável. *Nulo*, quando não presente qualquer um dos elementos integrantes do ato administrativo (art. 2º da Lei nº 4.717/65) e *anulável*, pela existência de outros vícios (art. 3º da mesma Lei). Daí dizer Hely Lopes Meirelles (*Op. cit.*, p. 89) que só há viabilização para a ação popular se presentes a condição de eleitor, a ilegalidade e a lesividade. Chama-se, porém, a atenção que a lesividade pode ser efetiva, devidamente exteriorizada, ou presumida, nas hipóteses do artigo 4º da Lei nº 4.717/65 (Hely Lopes Meirelles, *Ibidem*).

2.10. Irretroatividade da lei

Como já ressaltado anteriormente (item 8), a lei penal só retroagirá para beneficiar o réu (inc. XL). Nos demais casos, incide o inciso XXXVI: "a lei não prejudicará o direito adquirido, o ato jurídico perfeito e a coisa julgada". É o princípio da possibilidade de retroagir, mas tornando o passado inviolável nas situações que cita, diante de normatividades supervenientes. A compreensão deste direito e garantia, em todas as suas nuances, passa necessariamente pelo entendimento das situações referidas na norma, em que há ultratividade de regras já revogadas pelo ordenamento jurídico novo; em outras palavras, o que se entende por ato jurídico perfeito, coisa julgada e direito adquirido.

A Lei de Introdução ao Código Civil (Decreto-Lei nº 4.657/42) dá um conceito de *ato jurídico perfeito* que serve à compreensão constitucional: "Reputa-se ato jurídico perfeito o já consumado segundo a lei vigente ao tempo em que se efetuou" (art. 6º, § 1º). Em outras palavras, a lei do tempo do ato é que rege sua formação. A indagação que se pode fazer, diz respeito à inviolabilidade de o passado ser exclusivamente quanto à forma do ato ou se estende também a seu conteúdo, a sua substância. A questão é fundamental para o correto entendimento do direito e da garantia individual.

Sustentamos que a garantia constitucional se refere exclusivamente à sua forma. Ato jurídico que cumpriu, em sua formação, as formalidades exigidas pela lei da época está imune diante da nova lei que altere as formalidades. Isto porque os *efeitos* do ato jurídico perfeito só podem ser examinados à luz da tese do direito adquirido. Pontes de Miranda (*Op. cit.*, t. V, p. 60), com todo o rigor técnico, chega a esta conclusão. Diz que o conceito do ato jurídico perfeito "é conceito do plano da *existência*". O de direito adquirido "é conceito do plano da *eficácia*, porque todo direito é efeito" irradiado do ato jurídico, ou não.

Coisa julgada é decisão judicial transitada em julgado intocável, da qual não cabe qualquer recurso. A LICC (Dec.-Lei nº 4.657/42) diz que "chama-se de coisa julgada ou caso julgado a decisão judicial de que já não caiba recurso" (§ 3º do art. 6º). A doutrina processualista fala em coisa julgada material e formal, definindo aquela no artigo 467 do CPC. A distinção que se faz na doutrina é que há coisa julgada formal quando o que se decidiu não pode mais ser julgado no processo em que houve a decisão, enquanto coisa julgada material é impeditiva de que o que foi julgado no processo possa ser discutido em outro processo. A partir desta distinção, indaga-se a qual coisa julgada se refere a norma constitucional?

Um primeiro argumento tem ares de procedência. Não se pode interpretar, reduzindo ou ampliando, uma norma constitucional a partir de uma orientação infraconstitucional. O obstáculo está na própria hierarquia das leis. Outro argumento também pode ser utilizado, o de que, onde a norma constitucional não distinguir, não cabe ao intérprete distinguir. A coisa julgada referida na norma constitucional, não distinguindo, engloba todas as formas possíveis de coisa julgada, entre as quais a formal e a material. Pode-se admitir, como se está admitindo, que a lei subconstitucional defina o que é coisa julgada, face à omissão do texto constitucional; o que a lei ordinária não pode é, admitindo mais de uma espécie, restringir a norma constitucional a uma delas.

A matéria concernente ao *direito adquirido* pode trazer dificuldade insuperável à sua conclusão, tornando-se polêmica, visto que entregue a idéias subjetivas de seus defensores. O conflito histórico é conhecido, principalmente confrontando-se as concepções de Gabba, Lassale, Ruggiero, Roubier e outros tantos também ilustres. A dificuldade ficará de muito diminuída nos ordenamentos jurídicos, como no Brasil, em que há definição em lei do denominado direito adquirido. Pouco importa se o intérprete concorda ou não com o disposto em lei, pela simples razão de o intérprete não ter a função institucional de ditar regras jurídicas. Por isso, em nosso ordenamento jurídico, como há conceito legal expresso, a compreensão de direito adquirido deve ser buscada na lei.

O parágrafo 2º do artigo 6º da LICC dá uma inicial indicação do que são direitos adquiridos: "os direitos que o seu titular, ou alguém por ele, possa exercer..." Em outros termos, direitos ainda não-exercidos, embora satisfeitos todos os pressupostos da lei anterior, mas que o titular deixou-os para exercer posteriormente. Conclusivamente, direitos que já ingressaram, como ato formativo, no patrimônio jurídico de alguém, que resolveu exercê-los mais tarde. Logicamente, os direitos já exercidos ou que estejam sendo exercidos no início de vigência da nova lei estão, identicamente, acobertados, quanto aos efeitos pretéritos, presentes e futuros. A lei anterior, para evitar a retroatividade da lei mais moderna, tem esta eficácia ultrativa.

Também são direitos adquiridos, por força da mesma regra da LICC, os que tenham "termo prefixo", ou seja, os resultantes do ato jurídico sujeito a termo inicial, ou suspensivo. Além da afirmação da norma que se examina, incide na hipótese, presente a interpretação sistêmica, a regra do artigo 123 do Código Civil, de que "o termo inicial suspende o exercício, *mas não a aquisição do direito*" (os grifos são nossos). Por fim, na hipótese de "condição prestabelecida inalterável, a arbítrio de outrem", também se está presente diante do direito adquirido, não obstante o atécnico artigo 118 do Código Civil.

Emendas Constitucionais não podem alterar a norma, nem dissimuladamente para reduzir os efeitos da garantia. Quando se afirma que não existe direito adquirido contra a Constituição, o que se está afirmando é que uma Constituição *nova*, por ser o *início* de todo ordenamento jurídico do Estado, pode desrespeitar o direito adquirido que existia ante a Constituição anterior desaparecida do ordenamento jurídico, porque tudo começa com a nova Constituição. Válida, assim, a norma do artigo 17 do ADCT. A Emenda Constitucional, ao contrário, gira em redor de uma Constituição já existente. Não podendo alterar, como não pode, regras constitucionais já existentes e qualificadas como cláusulas pétreas, intocável qualquer direito adquirido já formado com base em tal cláusula.

2.11. Outros direitos e garantias

Extradição é o ato político em que se determina a entrega de alguém à soberania de outro Estado, para que seja por este processado e julgado por prática de determinado crime realizado em seu território. O princípio geral é o da inextraditabilidade do brasileiro nato e naturalizado, com duas exceções quanto a este último, em que a extradição pode ser concedida: em caso de cometimento de crime comum anteriormente ao fato da naturalização e, sem importar a época, havendo satisfatória comprovação de envolvimento em ilícito tráfico de entorpecentes e drogas afins (inc. LI). Quanto à extradição de estrangeiro é, na regra geral, possível. O impedimento é excepcional e se dará se o crime que se lhe imputa for crime político ou de opinião (inc. LII). A competência para determinar a extradição, entrega compulsória, é do STF (art. 102, I, *g*, da CF).

A garantia da *gratuidade* de certos serviços públicos está inscrita no inciso LXXVI, com referência expressa ao registro civil de nascimento e à certidão de óbito. Não é direito individual que alcança a toda pessoa física ou cidadão; é, finalisticamente, para os reconhecidamente pobres. Não se trata, necessariamente, do miserável, mas daquele que, tendo tais gastos, sofrerá efeitos negativos em sua sobrevivência econômica e/ou de sua família. A Lei nº 7.844, de 18 de outubro de 1989, deu nova redação ao artigo 30 da Lei nº 6.015/73, a Lei de Registros Públicos: "o estado de pobreza será comprovado por declaração do próprio interessado ou a rogo, em se tratando de analfabeto, nesse caso acompanhada da assinatura de duas testemunhas", sendo que "a falsidade da declaração ensejará a responsabilidade civil e penal do interessado".

A *discriminação atentatória dos direitos e liberdades fundamentais* será, por lei, devidamente punida (inc. XLI). A Lei nº 7.853, de 24 de outubro de 1989, definiu diversos tipos penais puníveis com pena de reclusão de um a quatro anos e multa, quando a discriminação se referir a motivo relativo à deficiência física. A Lei nº 9.029, de 13 de abril de 1995, concerne ao mesmo tema referido ao inciso ora em exame. A existência de leis ordinárias é fundamental, porque o texto constitucional não cria tipos penais; possibilita-os, desde que obedecido o princípio da reserva legal, seja quanto à tipicidade, seja quanto à pena.

O Código de Processo Penal, outrossim, no artigo 6º, VIII, permite que a autoridade policial, tomando conhecimento da prática de infração penal, determine "a identificação do indiciado pelo processo datiloscópico, se possível". Súmula nº 568 do STF regrava: "A identificação criminal não constitui constrangimento ilegal, ainda que o indiciado tenha sido identificado civilmente". A Constituição de 1988, no artigo 5º, inciso LVIII, normatizou que o "civilmente identificado não será submetido a identificação criminal, salvo nas hipóteses previstas em lei". Com isto, perderam a eficácia a Súmula referida acima, bem como o inciso VIII do artigo 6º do CPP, este em parte. Qualquer exceção deve estar na lei, como ocorre com a Lei nº 9.034, de 3 de maio de 1995.

Capítulo II

DIREITOS SOCIAIS

1. Aspecto histórico

As idéias existentes em determinadas épocas, sejam políticas, filosóficas e outras, bem como as demais emanações culturais e sociais, sempre serviram de interações à elaboração de qualquer lei, inclusive de texto constitucional. Um início normativo desta hierarquia não nasce do nada. As Constituições são feitas se utilizando da experiência colhida também no Direito Comparado. Assim, a Constituição de 1824 sofreu influência, entre outras, de uma compreensão jusnaturalista da época, de que todo Poder tinha origem divina e se manifestava através de monarcas. Além do mais, influxos sofreu da Declaração de Virgínia (1776) e da resultante da Revolução Francesa (1789). No que diz respeito ao jusnaturalismo, a influência se explica pela adoção de uma monarquia constitucional, concentrando os mais fortes poderes na pessoa de D. Pedro I, o Imperador. Quanto ao segundo aspecto, a indicação dos direitos e garantias individuais.

As denominadas liberdades públicas começaram a ingressar em textos constitucionais no Século XIX, tendo o Brasil a primazia de ter editado a primeira Carta Política elencando tais direitos, de forma expressa, no próprio texto constitucional, *in continenti*; não como um adendo fora do texto maior, mas *dentro* do próprio texto constitucional. A Declaração dos Direitos do Homem e do Cidadão de 1789 não integrava fisicamente um texto constitucional e, pelas Constituições da França de 1946 e de 1958, foi simplesmente confirmada pelos preâmbulos. O mesmo ocorreu com a Declaração de Virgínia (1776). A Constituição brasileira de 1824 foi a primeira que elencou os direitos e garantias individuais no próprio texto, parte da Constituição. Daí, a evidente primazia.

No exame que se possa fazer do artigo 179 da Carta de 1824, que tratava da garantia dos direitos civis e políticos dos cidadãos brasileiros em trinta e cinco parágrafos, em nenhum deles ou em outro local se encontrará a indicação de qualquer direito social, notadamente direitos dirigidos à relação de emprego e à relação previdenciária. Historicamente, a omissão é compreensível. Nenhuma Constituição no mundo, na época, tinha regras atinentes a direitos sociais. No Brasil, um fato social obscurecia o problema. Com a escravidão, a mão-de-obra era realizada através de escravos, que não mantinham relação de emprego com o dono e, sim, havia uma relação de propriedade, sendo o escravo o objeto do domínio, simples *res*. Não havia pensamento em curso quanto à necessidade de direitos trabalhistas ou previdenciários.

Nossa primeira Carta republicana (1891), assim como a de 1824, tratou dos direitos e garantias individuais (art. 72), mas nada disse a respeito dos denominados direitos sociais. Estes só passaram a fazer parte dos textos constitucionais no Século XX. A Constituição de Weimar de 1919 foi a primeira no mundo a introduzir, no texto supremo, os direitos sociais. No Brasil, a Revolução de 1930, comandada por Vargas, fez inserir no ordenamento jurídico brasileiro, através de legislação subconstitucional, normas tuteladoras a título de direitos sociais. Além da edição de normas referentes à proteção do trabalhador no contrato de trabalho, de 1933 em diante, instituiu diversos Institutos de Aposentadoria e Pensões, origem histórica da atual seguridade social.

Faz-se um parêntese para, em obediência ao curso da história, se afirmar que, antes da Revolução de 1930, algumas direitos tidos como sociais foram introduzidos no ordenamento jurídico brasileiro, via legislação infraconstitucional. A Lei nº 3.724/19, nossa primeira lei de acidentes do trabalho, categorizável como regrando direitos sociais, não foi obra da Revolução de 1930. Identicamente, nossa primeira lei de previdência social, a denominada Lei *Elói Chaves*. Esta Lei é de 1923, tendo inaugurado tratamento normativo previdenciário no Brasil, mesmo que sem maior amplitude. Foi, porém, uma raiz que evoluiu no tempo.

O Governo Provisório desestruturou a Constituição de 1891, nenhuma outra promulgando em substituição. Durante quatro anos, o Brasil foi um Estado com uma Constituição sem a rigidez que uma Constituição deve ter (art. 4º do Decreto nº 19.338, de 11.11.1930). A nova Constituição só foi editada em 16 de julho de 1934. Teve duração efêmera. Temporalmente, foi o texto constitucional que teve vigência mais curta no constitucionalismo brasileiro, visto que os pendores de Vargas à ditadura produziram o denominado Estado Novo, com a outorga da Constituição de 10 de novembro de 1937. Assim, a Constituição de 1934 teve vigência durante três anos e quatro meses incompletos. Contudo, entrou na história constitucional brasileira como sendo a primeira que buscou se modelar pelo constitucionalismo dos direitos sociais.

Dilatava-se a compreensão dos direitos fundamentais da pessoa humana. Além da matéria concernente às liberdades públicas, ou direitos e garantias individuais (arts. 113 e 114), constou de seu texto o rol de direitos sociais (art. 121), instituindo-se a Justiça do Trabalho (art. 122), ainda não integrante do Poder Judiciário. Esta alteração, com ampliação do eixo temático da nova Carta Política brasileira, teve como causa principal, conforme anotam publicistas em livros doutrinários, a forte influência, com o impacto pela novidade, exercida notadamente pelas idéias e normas da legislação infraconstitucional antecedente e de outras constantes na Constituição weimariana.

A Constituição de 1937 foi fiel aos trabalhadores, elencando o rol de direitos sociais, ou trabalhistas (art. 137). A Carta de 1946 (art. 157) cumpriu seu compromisso democrático. Inclusive, integrou a Justiça do Trabalho no Poder Judiciário (art. 94), o que a Constituição de 1937 não fizera. As Constituições de 1967 e 1969, embora elencassem os direitos sociais, se notabilizaram por terminar o direito à estabilidade no emprego, substituindo-o por indenização ou fundo de garantia equivalente (arts. 158, XIII, e 165, XIII). A atual Constituição cumpriu seu compromisso com o povo, instituindo o que foi possível a título de direitos sociais, definindo-os no artigo 6º e espalhando, pelo texto constitucional, diversas normas de proteção.

1.2. Cláusulas pétreas

Os direitos e garantias individuais indicados no artigo 5º e já anotados são considerados cláusulas pétreas (art. 60, § 4º, III, da CF). Esta qualificação se insere naqueles direitos e outras situações que, tornados constitucionais, se cristalizam de tal forma que ficam imunes e intocáveis enquanto a Constituição estiver em vigor. É tema constitucional que só admite redução ou eliminação por outra Constituição, quando há o início normativo de um novo Estado. É assunto só tratável pelo Constituinte originário e, a partir daí, livre de qualquer investida do Constituinte derivado, ou de segundo grau. Nos termos da Carta de 1988, cláusula pétrea é aquela que não será objeto de deliberação de emenda constitucional tendente a aboli-la.

Os denominados direitos sociais, cuja abrangência será explicitada nas anotações ao artigo 6º, têm categorização de cláusulas pétreas? Sem dúvida, são direitos e garantias fundamentais da mesma forma que são os direitos e garantias individuais, os direitos de nacionalidade, os direitos políticos e os direitos dos partidos políticos. Contudo, se é bem verdade que os direitos sociais são, como os direitos e garantias individuais, espécies do mesmo gênero, não há como sinonimizar direitos sociais e direitos individuais, na classificação feita no texto constitucional. Todavia, este entendimento não afasta, por si só, a possibilidade de os direitos sociais se qualificarem como cláusulas pétreas. Neste ponto é que se localiza nosso exame, de momento.

Assim, se se considerar o rol do parágrafo 4º do artigo 60 como sendo *numerus clausus*, elenco taxativo, e o rol do artigo 5º também exaustivo, sem a menor dúvida que os direitos sociais não se amoldam a qualquer das hipóteses referidas constitucionalmente e, por isso, por esse critério, não são cláusulas pétreas, embora a reconhecida conveniência de que fossem. Entretanto, a doutrina fala em *limitações explícitas*, que são as do parágrafo 4º do artigo 60 já referido, e *limitações implícitas*, as não escritas no artigo 5º, mas que, identicamente, excluem a incidência das emendas constitucionais. É o que se pode ler, por exemplo, em Pinto Ferreira (1992, v. 3, p. 193). Os direitos sociais não poderiam ser qualificados de cláusulas pétreas, como limitações implícitas?

É o próprio artigo 5º da CF que afirma, em todas as suas letras, a existência de limitações implícitas. Com efeito, em seu parágrafo 2º, é regrado que "os direitos e garantias expressos nesta Constituição não excluem outros decorrentes do regime e dos princípios por ela adotados, ou dos tratados internacionais em que a República Federativa do Brasil seja parte". O que se extrai desta norma é que há outros direitos e garantias individuais, mesmo que com outros nomes, deduzidos do sistema e dos princípios constitucionais e aqueles que, localizados em tratados internacionais que vigiam em 5 de outubro de 1988, dos quais o Brasil era parte.

As limitações materiais implícitas, referidas doutrinariamente, são de três ordens: a inalterabilidade do Poder Constituinte, a não-modificação do titular do poder reformador e a intocabilidade do processo de emenda ou revisão constitucional. São compreensíveis tais limitações, porque a competência dada pela Assembléia Constituinte ao Poder Derivado impõe sejam seguidas as regras ditadas, sob pena de cobrir o Poder Derivado com o manto de Poder Originário. Nenhum órgão, que não seja o Poder Constituinte de 1º grau, pode autotitular-se, ou autotitularizar-se, de competência que não tem e, alterando o processo de emenda, alterar a própria rigidez constitucional. De todas estas limitações materiais implícitas, nasce outra, a que significa que o poder de revisar uma Constituição dirige-se à competência para alterá-la, mas não mudá-la em sua estrutura, fazendo outra Constituição. O texto constitucional votado pela Assembléia Constituinte é estruturado e orientado por princípios, e seus valores básicos são intocáveis por emendas constitucionais porque, na hipótese, não se estará emendando e, sim, mexendo em sua estrutura axiológica. Este mínimo valorativo é institucional, matéria pertinente, exclusivamente, ao Constituinte Originário. Não por outra razão que o STF, na ADIn nº 939-7/DF, em 15.12.93, entendeu inconstitucionalmente viciada a EC nº 3/93, na parte em que permitia a cobrança do IPMF com ofensa ao princípio da anterioridade, que não está no artigo 5º da CF e, sim, no seu artigo 150, III, *b*.

Diante de tais circunstâncias, não se pode concluir que todo direito social se categoriza como direito e garantia individual para se desenhar como cláusula pétrea. Alguns, porém, podem assim se classificar, considerada a regra do parágrafo 2º do artigo 5º. Nas anotações a serem feitas ao artigo 6º, se fará exame específico a respeito da matéria.

2. Artigo 6º

São direitos sociais a educação, a saúde, o trabalho, o lazer, a segurança, a previdência social, a proteção à maternidade e à infância, a assistência aos desamparados, na forma desta Constituição.

2.1. Observações iniciais

Na Constituição de 1934, conforme elenco constante de seu artigo 121, direitos sociais eram os direitos do trabalhador face à relação de emprego. Entre outros, salário-mínimo, limite máximo da jornada de trabalho, repouso semanal, etc. Direitos sociais, por isso, equivaliam a direito do trabalhador ou um mínimo de proteção na legislação do trabalho. Na Constituição de 1937, a matriz era a mesma. O artigo 137 arrolava os preceitos mínimos que a legislaçãao trabalhista deveria observar. Como conseqüência, pelo menos na compreensão razoável, direitos sociais eram os direitos dos empregados, tendo como embasamento a relação de trabalho. Na Constituição de 1946, não era diferente. O elenco do artigo 157 se limitava a direitos trabalhistas.

Pelo menos nas Constituições de 1934 e de 1946, os direitos trabalhistas se continham no Título da Ordem Econômica e *Social*. Talvez, por isso, se tenham nominado tais direitos de sociais. Paulino Jacques (1964, pp. 262/263) os nomina de *direitos sociais do proletariado*. Afonso Arinos de Mello Franco (1960, v. II, p. 197), no entanto, se referia à incorporação no texto constitucional do *sentido social do Direito*, que tem "significado mais amplo de que o contido na expressão *Direito do Trabalho*".

Na Constituição de 1967, ainda sob a epígrafe Da Ordem Econômica e *Social*, os direitos trabalhistas, que visavam à melhoria da condição social do trabalhador e à realização da justiça social, estavam indicados no artigo 158, renumerado, pela EC nº 1/69, para 165. Face ao objetivo social e à realização da justiça social, eram equivalentes a direitos sociais, em compreensão visivelmente restrita. Outros direitos contidos em outros campos da Constituição, mas não no Título da Ordem Social, tecnicamente não poderiam ser confundidos comos direitos sociais. A possibilitar uma compreensão limitada, autores denominavam de Direito Social a matéria relativa às questões do trabalho.

A Constituição de Portugal de 1976 tem um Capítulo em que dispõe dos direitos e deveres sociais, nele tratando da segurança social, da proteção à saúde, do direito à habitação, ao ambiente e qualidade de vida, à família, à paternidade e maternidade, à infância, à juventude, aos deficientes e aos de terceira idade. Como se observa, a compreensão de direitos sociais, no texto constitucional português, adquire amplitude considerável. A Constituição da Espanha de 1978 é outro exemplo. Sob o Capítulo que nomina de *dos princípios diretivos da política social e econômica*, são arrolados, entre outros, a proteção aos filhos, à segurança social para os em situação de necessidade e de desemprego, à saúde, o acesso à cultura, etc.

A Carta brasileira de 1988 evitou qualquer dúvida quanto à abrangência dos direitos sociais assegurados pela Constituição. Não se limita exclusivamente aos direitos dos trabalhadores urbanos e rurais elencados no artigo 7º, à associação profissional ou sindical (art. 8º), ao direito de greve (art. 9º) e a outros direitos referidos nos artigos 10 e 11. A abrangência é bem maior. Alcança, tutelando, trabalhadores e não-trabalhadores, os do povo em geral. E se direciona, expressamente, a certos valores sociais que indica e que serão examinados nos itens a seguir. O relevante é que a extensão dos direitos será "na forma da Constituição", mas com regramentos que se contêm em outros locais.

2.2. Educação

A educação está tratada nos artigos 205 a 214 da CF. Tais artigos serão oportunamente anotados. Todavia, há princípios que devem ser enfatizados. A educação é direito de todos e dever do Estado e da família, sendo que será ministrada em igualdade de condições quanto ao acesso e permanência na escola. Nos estabelecimentos oficiais, o ensino público será gratuito e com a garantia de padrão de qualidade. O dever do Estado é de garantir o denominado ensino fundamental, inclusive para os que não tiveram oportunidade na idade própria. Daí dizer a norma constitucional que "o acesso ao ensino obrigatório e gratuito (que é o fundamental) é direito público subjetivo" (art. 208, § 1º). O não-oferecimento de ensino fundamental pelo Estado poderá ser reclamado e buscado perante o Judiciário, e o Estado, por força da decisão judicial, terá que o ofertar em escola pública ou em escola particular, mediante bolsa de estudo (art. 213, § 1º).

A Constituição regrou que parte da receita dos impostos será aplicada na educação por todos os entes federativos. Indica, inclusive, um percentual mínimo: na União, nunca abaixo de dezoito por cento; nos Estados Federados, Distrito Federal e Municípios, vinte e cinco por cento, no mínimo (art. 212). Esta destinação específica fixada constitucionalmente é sinal de prioridade que a Constituição dá à educação. Desta primazia, nasce uma certeza: instalou-se, no texto constitucional, como orientação institucional, que o valor educação é preponderante a outros valores quando se trata de ensino fundamental. Daí entendermos que, desenhado como princípio constitucional, afigura-se como limitação implícita a emendas constitucionais, qualificando-se como cláusula pétrea.

2.3. Saúde

O exame específico da matéria respeitante à saúde será realizado quando das anotações a serem feitas aos artigos 196 a 200 da CF, integrados constitucionalmente na seguridade social. Aqui, enfatizam-se, exclusivamente, os pontos básicos necessários à compreensão da saúde como direito social. Todo ser humano tem direito público subjetivo contra o Estado relativamente às ações e serviços de saúde. O dever do Estado, colocado no pólo passivo devedor, diz respeito a medidas a serem tomadas na área da prevenção e, complementarmente, na da recuperação (art. 196). Cria-se, para este atendimento, o *sistema único de saúde*, com base no princípio do atendimento integral, com atividades preventivas prioritárias, sem qualquer prejuízo aos serviços assistenciais e de recuperação (art. 198, II).

O Sistema Único de Saúde (SUS), não definido pela Constituição, deve considerar a competência comum ditada pelo artigo 23, II, da CF, visto ser "competência comum da União, dos Estados, do Distrito Federal e dos Municípios: ... II - cuidar da saúde..." A Lei nº 8.080, de 19 de setembro de 1990, estruturou o SUS como "o conjunto de ações e serviços de saúde, prestados por órgãos e instituições públicas federais, estaduais e municipais, da Administração Direta e Indireta e das fundações mantidas pelo Poder Público" (art. 4º), podendo a iniciativa privada participar em caráter complementar (art. 199 da CF). Face a estas premissas, quando a Constituição fala, relativamente à saúde, em dever do Estado, está pensando em qualquer dos entes federativos: União, Estados, Distrito Federal e Municípios.

As atividades devidas pelo Estado, no cumprimento do direito social de saúde, são amplas e se direcionam à prevenção e à assistência que se fizerem necessárias. Na prevenção, em que o objetivo é de "redução do risco da doença e de outros agravos" (art. 196), há as atividades de vigilância sanitária, epidemiológica, etc. Na assistência, as atividades estão mais direcionadas à cura ou ao tratamento. É, expressamente, incluída, na atividade assistencial a "terapêutica integral, inclusive a farmacêutica" (art. 6º, I, a, da Lei nº 8.080/90). A Constituição, outrossim, previu fontes de custeio para atendimento das despesas com o SUS (parágrafo único do art. 198) e, incluindo-se entre *outras fontes* as referidas no artigo 32 da mesma Lei nº 8.080/90.

O direito social à saúde, a ser prestado pelo Estado, categoriza-se como cláusula pétrea, por se afigurar como direito e garantia individual implícito. Aparecem como direitos individuais explícitos e, via de conseqüência, intocáveis por emendas constitucionais, o direito à vida (art. 5º, *caput*) e o direito à integridade física e moral, que não é só direito de preso (art. 5º, XLIX). No exame sistêmico do texto constitucional, incompreensível seria garantir-se, como cláusulas pétreas, a vida e a integridade física do homem e não se garantir a saúde com a mesma eficácia de cláusula intocável por emendas constitucionais, visto que a saúde, destutelada, pode levar inclusive à morte. A proteção estatal da saúde decorre dos princípios adotados pela Carta e, como resultado, é limitação material implícita a obstar sua abolição, ou redução, por emenda constitucional.

2.4. Trabalho e lazer

Há garantia ao trabalho já inscrita no artigo 5º, inciso XIII, que não se qualifica como direito social, porque já categorizada como direito e garantia individual. As referidas no artigo ora anotado são direcionadas à legislação trabalhista e serão anotadas quando dos comentários aos artigos 7º a 11 da CF. O que se chama a atenção, desde logo, é que, como regra, o mínimo de direitos trabalhistas não se afigura como direitos individuais implícitos. São normas constitucionais com toda eficácia que uma norma constitucional possui, mas não são cláusulas pétreas, na regra geral. Daí possíveis exceções, a serem examinadas caso a caso.

Diz o parágrafo 2º do artigo 5º da CF que há direitos e garantias individuais implícitos, desde que "decorrentes do regime e dos princípios por ela adotados, ou dos tratados internacionais em que a República Federativa do Brasil seja parte". Pensamos que todo direito reconhecido pelo Brasil em tratado internacional e em vigor a 5 de outubro de 1988, quando promulgada a Constituição, passou a ser considerado direito e garantia individual e, neste entendimento, o direito reconhecido se cristalizou, configurando como óbice o ser objeto de emenda constitucional. O mesmo ocorre com os decorrentes de tratados internacionais formalizados supervenientemente à edição da Carta de 1988.

Arrola-se, outrossim, o *lazer* como direito social. J. Cretella Júnior (1989, v. II, p. 889) diz que, no texto constitucional, lazer "tem o sentido amplo de *descanso*". Temos opinião divergente, porque entendemos a palavra como significativa de preenchimento do tempo de descanso com alguma atividade recuperativa, como viagem, passeios, esportes, etc. Neste sentido é que a palavra está, como elemento de composição, na fixação do salário mínimo (art. 7º, IV). Assim entendido, trata-se de direito social simplesmente retórico, sem aplicabilidade atual, por se tratar, a toda evidência, de norma programática. Direito, por isso, a ser efetivado por lei ainda inexistente, embora o duplo efeito atual da regra: é parâmetro a ser usado para efeito de conformação da lei infraconstitucional ante o texto constitucional e dado de interpretação das demais normas constitucionais.

2.5. Segurança e Previdência Social

A *segurança* referida no artigo 6º ora em anotação não é a mesma *segurança* arrolada no *caput* do artigo 5º do mesmo diploma constitucional, porque não é correto se pensar que o legislador quis bisar a mesma situação, qualificando-a como direito e garantia individual e direito social, o que seria desnecessário. A *segurança*, como direito social, é segurança do trabalhador diante da relação de emprego. Segurança contra o desemprego (seguro-desemprego), segurança de licença à gestante, segurança prevenção infortunística por meio de normas de higiene e segurança do trabalho e fornecimento de equipamentos de proteção individual, etc. Todas estas situações e outras estão no artigo 7º, o que elenca os direitos trabalhistas mínimos.

A segurança vai mais longe, diante de riscos sociais merecedores de coberturas previdenciárias, seja por reduções de capacidade, incapacidades e morte do trabalhador, seja pelas mesmas causas quando com nexo de causa e efeito com o exercício do trabalho. Assim, causas previdenciárias e causas infortunísticas, visto que estas últimas estão integradas na previdência social. Trata-se, então, do direito social à *previdência social*, que prevê outras contingências sociais. A matéria está tratada nos artigos 201 e 202 da CF, normas que serão, oportunamente, anotadas e para as quais remetemos o leitor. No momento em que escrevemos estes comentários, há projeto de Emenda Constitucional tendo por objeto a reforma da previdência social brasileira. É de conveniência deixar o exame específico do tema para posteriormente.

2.6. Proteção à maternidade, à infância e assistência aos desamparados

A seguridade social brasileira organiza-se em tríplice orientação: é segurança para os direitos relativos à saúde - tema já examinado no item 3 -, pertine às coberturas e contingências sociais-previdenciárias, com causalidade simplesmente previdenciária ou acidentária - matéria já enfrentada no item 5 - e se localiza na denominada assistência social (art. 194). Os destinatários desta última, do mesmo modo que os da prestação de saúde, fazem jus à tutela, independentemente de pagamento de contribuição à seguridade social. São beneficiários, e não associados. O assunto concernente à assistência social está tratada nos artigos 203 e 204 da CF, artigos que serão objeto de anotações em outro volume desta obra.

O artigo 203, que é o que importa para a hipótese ora em exame, indica em quatro incisos os objetivos da assistência social: a) proteger a família, a maternidade, a infância, a adolescência e a velhice; b) amparar as crianças e adolescentes carentes; c) promover a integração ao mercado de trabalho; d) habilitar e reabilitar pessoas portadoras de deficiência e promover sua integração à vida comunitária. Na situação, só há indicação de propósitos e de futuros planejamentos. Um último inciso cria um benefício mensal, no valor de um salário mínimo, ao portador de deficiência e ao idoso, desde que não possuam meios próprios para se manter, ou não tenham família que os mantenham.

O artigo 227 da CF realça a absoluta prioridade do dever do Estado, juntamente com a família e a sociedade, na proteção da criança e do adolescente, assegurando-lhe direitos que cita: à vida, à saúde, à alimentação, à educação, ao lazer, à profissionalização, à cultura, à dignidade, ao respeito, à liberdade e à convivência familiar e comunitária, "além de colocá-los a salvo de toda forma de negligência, discriminação, exploração, violência, crueldade e opressão". Determina, em complemento, a criação de programas de prevenção e de atendimento especializado para os deficientes físicos, sensorial ou mentalmente, assim como a integração social do adolescente-deficiente, "mediante o treinamento para o trabalho e a convivência, e a facilitação do acesso aos bens e serviços coletivos, com a eliminação de preconceitos e obstáculos arquitetônicos" (§ 1º).

3. Artigo 7º

São direitos dos trabalhadores urbanos e rurais, além de outros que visem à melhoria de sua condição social:
I - relação de emprego protegida contra despedida arbitrária ou sem justa causa, nos termos de lei complementar, que preverá indenização compensatória, dentre outros direitos;
II - seguro-desemprego, em caso de desemprego involuntário;
III - fundo de garantia do tempo de serviço;
IV - salário mínimo, fixado em lei, nacionalmente unificado, capaz de atender a suas necessidades vitais básicas e às de sua família com moradia, alimentação, educação, saúde, lazer, vestuário, higiene, transporte e previdência social, com reajustes periódicos que lhe preservem o poder aquisitivo, sendo vedada sua vinculação para qualquer fim;
V - piso salarial proporcional à extensão e à complexidade do trabalho;
VI - irredutibilidade do salário, salvo o disposto em convenção ou acordo coletivo;
VII - garantia de salário, nunca inferior ao mínimo, para os que percebem remuneração variável;
VIII - décimo terceiro salário com base na remuneração integral ou no valor da aposentadoria;
IX - remuneração do trabalho noturno superior à do diurno;
X - proteção do salário na forma da lei, constituindo crime sua retenção dolosa;
XI - participação nos lucros, ou resultados, desvinculada da remuneração, e, excepcionalmente, participação na gestão da empresa, conforme definido em lei;
XII - salário-família para os seus dependentes;
XIII - duração do trabalho normal não superior a oito horas diárias e quarenta e quatro semanais, facultada a compensação de horários e a redução da jornada, mediante acordo ou convenção coletiva de trabalho;

XIV - jornada de seis horas para o trabalho realizado em turnos ininterruptos de revezamento, salvo negociação coletiva;
XV - repouso semanal remunerado, preferencialmente aos domingos;
XVI - remuneração do serviço extraordinário superior, no mínimo, em cinqüenta por cento à do normal;
XVII - gozo de férias anuais remuneradas com, pelo menos, um terço a mais do que o salário normal;
XVIII - licença à gestante, sem prejuízo do emprego e do salário, com a duração de cento e vinte dias;
XIX - licença-paternidade, nos termos fixados em lei;
XX - proteção do mercado de trabalho da mulher, mediante incentivos específicos, nos termos da lei;
XXI - aviso prévio proporcional ao tempo de serviço, sendo no mínimo de trinta dias, nos termos da lei;
XXII - redução dos riscos inerentes ao trabalho, por meio de normas de saúde, higiene e segurança;
XXIII - adicional de remuneração para as atividades penosas, insalubres ou perigosas, na forma da lei;
XXIV - aposentadoria;
XXV - assistência gratuita aos filhos e dependentes desde o nascimento até seis anos de idade em creches e pré-escolas;
XXVI - reconhecimento das convenções e acordos coletivos de trabalho;
XXVII - proteção em face de automação, na forma da lei;
XXVIII - seguro contra acidentes de trabalho, a cargo do empregador, sem excluir a indenização a que este está obrigado, quando incorrer em dolo ou culpa;
XXIX - ação, quanto a créditos resultantes das relações de trabalho, com prazo prescricional de:
a) cinco anos para o trabalhador urbano, até o limite de dois anos após a extinção do contrato;
b) até dois anos após a extinção do contrato, para o trabalhador rural;
XXX - proibição de diferença de salários, de exercício de funções e de critério de admissão por motivo de sexo, idade, cor ou estado civil;
XXXI - proibição de qualquer discriminação no tocante a salário e critérios de admissão do trabalhador portador de deficiência;
XXXII - proibição de distinção entre trabalho manual, técnico e intelectual ou entre os profissionais respectivos;
XXXIII - proibição de trabalho noturno, perigoso ou insalubre aos menores de dezoito anos e de qualquer trabalho a menores de quatorze anos, salvo na condição de aprendiz;

XXXIV - igualdade de direitos entre o trabalhador com vínculo empregatício permanente e o trabalhador avulso.
Parágrafo único. São assegurados à categoria dos trabalhadores domésticos os direitos previstos nos incisos IV, VI, VIII, XV, XVII, XVIII, XIX, XXI e XXIV, bem como sua integração à previdência social.

3.1. Tutelados

Nas relações trabalhistas, em que o exercício do trabalho se dá por risco alheio, relações diferenciadas podem ser realizadas. Uma delas, em que a pessoa física presta serviços de natureza permanente a empregador rural, mediante salário e sob dependência, em propriedade rural ou prédio rústico. É o *trabalhador rural*, sob a dependência de seu empregador rural, com as atividades prestadas em local específico, o que qualifica a natureza do trabalho de rurícola. Outra relação é a do *trabalhador urbano*. Presentes a atividade laboral de natureza permanente à atividade do empregador, sob a dependência jurídica e mediante salário. Aqui a atividade econômica não é rural. Nesta última hipótese, como já ressaltamos, estamos diante de trabalho urbano.

Há uma terceira relação jurídico-trabalhista, ainda por conta alheia. É onerosa, porque remunerada mediante salário. Há o empregador com o poder de comando, e o serviço prestado é de natureza permanente. Contudo, a finalidade do trabalho não é lucrativa. Trata-se do *empregado doméstico*. A atividade exercida satisfaz uma necessidade do empregador, mas não alcança um objetivo de lucro. A diferença entre os três tipos de trabalhadores é evidente, considerando-se a natureza do serviço prestado. Na caracterização do doméstico, a atividade exercida não é lucrativa. Nas demais relações, há atividade econômica ou caracterizável como rurícola e não-rurícola, categorizando o empregado, respectivamente, como rural ou urbano.

Distinção juridicamente compreensível, sem oferecer maior dificuldade.

Em todos estes três contratos, o serviço é prestado por conta de um empregador, havendo a dependência jurídica, e o trabalho exercido é permanente, contínuo ou não-eventual. Estas circunstâncias devem estar presentes para que haja a tutela do artigo 7º ora em anotação. O trabalho prestado por risco próprio é trabalho autônomo, inalcançado pelas regras protetoras do artigo em exame. Identicamente, o sem o denominado vínculo empregatício, que é o que estabelece a dependência jurídica, o empregador com o poder de comando, que é o de dirigir a prestação de trabalho, fiscalizá-la e discipliná-la, quando necessário. O empregado está numa situação de subordinado.

A atividade laboral exercida deve ser de natureza permanente ou não-eventual. A natureza permanente é constatada ante a atividade normal, comum e usual exigida pelo empregador. Aquele trabalho que não tem a natureza de contínuo diante da atividade econômica do empregador rural e urbano, ou empregador doméstico, configura-se como serviço eventual. Via de conseqüência, o trabalhador que exerce este trabalho é considerado trabalhador eventual. Assim como o *autônomo* e o sem *vínculo empregatício*, o *eventual*, pelo *caput* do artigo 7º em enfoque, não estaria abrangido pelas normas trabalhistas protetivas. A excludência seria pacífica.

O Constituinte, porém, optou em tutelar o *avulso*. Poderia usar uma técnica legislativa mais apurada, referindo no *caput*, além de *trabalhadores urbanos e rurais*, os avulsos. Não o fez, todavia. Mas, no inciso XXXIV, afirmou, cogentemente, a "igualdade de direitos entre o trabalhador com vínculo empregatício permanente e o trabalhador avulso". Como está na Lei Maior, o pensamento de Celso Ribeiro Bastos (*Op. cit*, p. 505) parece ser correto: "O legislador constituinte, ao estender ao trabalhador avulso os direitos dos empregados, por força de igualdade entre eles, determinada pelo inciso em exame, estabelece, na verdade, a plena aplicação da Consolidação das Leis do Trabalho aos avulsos".

Diante de toda esta exposição, os tutelados pelos direitos trabalhistas do artigo em anotação são, além dos avulsos, os empregados urbanos, os rurais e os domésticos, com uma especificação. Os dois primeiros - os urbanos e rurais - têm toda a tutela indicada nos trinta e quatro incisos elencados. Neste sentido, houve um progresso tutelar. Nem sempre os trabalhadores rurais estiveram, normativamente, no nível de igualdade com os trabalhadores urbanos. Os considerados trabalhadores domésticos não têm, constitucionalmente, a tutela ampla. Só alguns dos incisos, expressamente indicados (parágrafo único), é que lhes conferem tutela.

3.2. Natureza jurídica dos preceitos

Os direitos trabalhistas mínimos constantes do artigo em comento podem, em alguma situação, configurar cláusula pétrea. Todos os direitos e garantias individuais têm esta natureza (art. 60, § 4º, IV, da CF), inclusive os implícitos. A matéria já foi enfocada nas anotações ao Capítulo dos Direitos Sociais. Com efeito, todo direito que decorra de tratado internacional em que o Brasil é parte signatária, direito e garantia individual é e, via de conseqüência, intocável por qualquer emenda constitucional (art. 5º, § 2º, da CF). É possível, resposta que só se terá após o exame das hipóteses versadas nos incisos perante os tratados internacionais, que algumas das normas se configurem como direito individual.

Três incisos têm natureza jurídica *dispositiva*. Como se sabe, norma dispositiva é aquela que somente é obrigatória "quando as partes não disciplinam suas relações por modo diverso do por ele previsto" (Vicente Ráo, 1991, p. 180). Na hipótese dos incisos, o caráter dispositivo nem sempre é amplo; sim, relativo. As partes do contrato de trabalho não podem, em dois casos, dispor diferentemente, mas acordo coletivo, convenção coletiva do trabalho ou negociação coletiva podem operar modificações (incs. VI e XIV). Neste sentido, só são regras cogentes, impositivas, não havendo as ressalvas constitucionais.

O último inciso, que retrata o terceiro caso, pode ser disponível pelas partes, desde que haja "acordo ou convenção coletiva do trabalho" (inc. XIII). Aqui, a disponibilidade é ampla, porque os próprios contratantes podem clausular diferentemente do que consta na norma constitucional protetiva. A palavra *acordo*, que consta do inciso constitucional, não é referente a acordo coletivo e, sim, a acordo individual, O simples confronto entre as ressalvas do inciso VI - "salvo o disposto em convenção ou acordo coletivo"- e do inciso XIII - "acordo ou convenção coletiva do trabalho" - é suficiente à interpretação que se faz.

Os incisos restantes têm outra natureza jurídica. São *normas de ordem pública*, com a qualificação de normas imperativas ou cogentes. Como conseqüência, são preceitos indisponíveis e irrenunciáveis. As partes não podem, por qualquer acordo, dispor dos direitos neles contidos, porque haverá nulidade de pleno direito. Identicamente, o conteúdo de tais preceitos é irrenunciável. Por se tratarem de normas cogentes, devem ser aplicadas. O obstáculo não é só para acordos individuais. Nenhum acordo coletivo nem convenção coletiva, muito menos negociação coletiva, pode reduzir o sentido normativo de tais preceitos. Objetivamente, como normas constitucionais de ordem pública, estão imunes a qualquer cláusula que pretenda diminuir sua eficácia.

Nem lei infraconstitucional pode regrar em contrário. Seja por força do princípio básico da hierarquia das leis, seja em conseqüência do princípio de que toda lei subconstitucional deve se conformar substancialmente com as disposições constitucionais, a lei infraconstitucional que regre diferentemente do que consta dos incisos constitucionais, com a pretensão de reduzir a extensão dos direitos, seria inconstitucional. E, pelo controle difuso - via incidental - ou concentrado - via ação direta -, não teria tal eficácia normativa. A única forma de alterá-las, caso não se afigurasse ser cláusula pétrea, seria através de emenda constitucional.

Os direitos sociais contidos nos incisos do artigo 7º ora enfocado serão examinados por grupos, e não na ordem indicada no texto constitucional. Buscou-se encontrar pontos que os identificassem para agrupá-los em itens específicos, considerando o objeto que procuram tutelar. Assim, o exame se dará observando-se as garantias referentes ao emprego, ao salário, à jornada de trabalho, às prevenções acidentárias e outras garantias não-agrupáveis. Duas delas não serão examinadas porque já enfocadas neste item, quando se examinou a existência de normas constitucionais dispositivas, ampla ou relativamente dispositivas.

3.3. Garantias do emprego

Na economia familiar de grande percentual de brasileiros, o emprego é a única fonte de receita para satisfação das despesas mínimas. Como conseqüência, a mantença do emprego se afigura como fundamental. A Constituição não prevê mais a estabilidade pelo tempo de serviço. Em princípio, a rescisão é possível a qualquer tempo. O texto constitucional, quando fala em estabilidade, está pensando na provisória, isto é, na garantia do trabalho durante certo lapso de tempo. São as hipóteses previstas no artigo 8º, VIII, da CF, e no artigo 10, II, letras *a* e *b*, do ADCT. Deste modo, prevista a rescindibilidade contratual, a medida séria para enfrentar o problema é a criação de novas oportunidades de emprego, buscando o *pleno* emprego, um dos princípios da atividade econômica (art. 170, VIII, da CF).

As garantias constitucionais do emprego, constantes do artigo 7º em anotação, são todas elas suasórias. Resolvem em parte o problema, sem extingui-lo, porque o expectro do desemprego se mantém. Neste sentido é que devem ser vistas as garantias. Assim, o desemprego, desde que *involuntário*, não-pretendido pelo trabalhador, lhe assegura o *seguro-desemprego* (inc. II), cujo objetivo é substituir a remuneração mensal, que é a contraprestação pelo trabalho mas inocorrente, pelo valor mensal do dito seguro-desemprego, que é um benefício assistencial. O desemprego pretendido pelo trabalhador não serve como pressuposto para o benefício mensal; na verdade, pode significar a prática de infração contravencional (art. 59 da Lei de Contravenções Penais).

Além da garantia do seguro-desemprego, existe outra com base em causas diversas, ou contingências sociais. A incapacidade permanente para o trabalho, por motivo ligado ou não com a atividade laboral; a circunstância da idade avançada que torna conveniente, mesmo que voluntário, o afastamento do trabalho; e o tempo de serviço que aconselha um mais extenso descanso, com o encerramento da atividade do trabalho. Para estas três hipóteses, conforme pressupostos e determinações de outras normas, há a garantia através de *aposentadoria* (inc. XXIV). O valor do benefício pela inatividade substitui o que, na atividade laboral, seria a contraprestação salarial.

O inciso I do artigo 7º concede uma garantia contra a despedida do trabalhador que se afigure como arbitrária ou sem justa causa: a do direito a um valor indenizatório em compensação. A matéria, porém, é entregue ao que dispuser lei complementar. Esta, como costuma acontecer com lei complementar, não se editou por omissão do Poder Legislativo. O texto constitucional, todavia, buscando dar eficácia imediata à norma nele contida, criou uma solução provisória, enquanto não editada a pertinente lei complementar. No artigo 10, I, do ADCT, fixou o que se teria por *indenização compensatória*.

A solução provisória, por determinação da norma constitucional, está na Lei nº 5.107/66, a que trata do

Fundo de Garantia do Tempo de Serviço, no artigo 6º, *caput*, e parágrafo 1º. Enquanto não editada a lei complementar pertinente, a indenização compensatória pela despedida arbitrária ou sem justa causa corresponderá a quarenta por cento dos valores dos depósitos do FGTS, inclusive o do mês da rescisão, corrigidos monetariamente e com juros capitalizados. Porém, se a despedida vier a ocorrer por culpa recíproca ou força maior, haverá indenização compensatória de vinte por cento. A garantia prevista no inciso III é a do *fundo de garantia do tempo de serviço*. Entenda-se bem. A aplicação da Lei nº 5.107/66 para o montante da indenização compensatória tem natureza provisória. Editada a lei complementar, desaparece a aplicação por remissão da norma constitucional transitória. E o FGTS, do inciso III, se manterá. O que se quer deixar claro é que a garantia do FGTS é específica e nada tem a ver com a indenização compensatória. São duas garantias independentes e que devem se complementar. Na verdade, porém, a garantia do inciso III, para ter aplicabilidade, dependerá de lei regulamentadora, que hoje é a Lei nº 5.107/66.

3.4. Garantias salariais

A primeira garantia do salário é a do salário mínimo (inc. IV). Nos termos constitucionais, o mínimo salarial deve ser fixado por lei federal, sendo nacionalmente unificado. O Constituinte, buscando dar à garantia uma efetividade e eficácia maiores, indicou os elementos que devem entrar em sua composição, porque o salário mínimo é para satisfazer as necessidades vitais básicas do trabalhador e de sua família. Assim, tais elementos-necessidades são: moradia, alimentação, educação, saúde, lazer, vestuário, higiene, transporte e previdência social. Salienta-se que o valor do salário mínimo deve ser capaz, ou suficiente, para atender tais necessidades e, além do mais, deve estar sujeito a reajustes periódicos que preservem o poder aquisitivo da moeda.

Neste entendimento da composição da salário mínimo, dados explícitos no texto constitucional e presente a idéia de que não há palavras inúteis em qualquer preceito, toda e qualquer lei que o fixe e o reajuste deve indicar, em percentuais ou outra forma economicamente possível mas compreensível, a repercussão de cada necessidade vital na composição do salário mínimo. É, face aos termos da norma constitucional, a exigência formal de lei fixadora do mínimo salarial. Só com base nestes elementos, que a lei deve indicar, é que se pode constatar, com certa razoabilidade, até que ponto a norma constitucional está sendo cumprida. Isto significa dizer que, na forma como vemos a norma constitucional e sua garantia, a lei que não contenha tais dados é formalmente inconstitucional.

A garantia do salário mínimo existe, inclusive "para os que recebem remuneração variável" (inc. VII). Salário variável é o que está adstrito a alterações nominais porque dependente da produção do trabalhador. É o caso, por exemplo, do tarefeiro, do vendedor comissionado, etc. O resultado do trabalho nem sempre depende do amplo esforço do trabalhador. Razões outras, como maior ou menor quantidade de clientes, podem ter repercussão na contraprestação salarial. O mesmo ocorre com o salário misto, outra forma de salário variável. Nestas hipóteses, o trabalhador tem a garantia do salário mínimo, quando o salário variável não o alcançar.

Há, como modalidade do salário mínimo, o *salário profissional*. Este salário está permitido constitucionalmente, proporcionalizado à complexidade e à extensão da atividade laboral prestada (inc. V), matéria a ser deslindada, caso a caso, por lei infraconstitucional. Temos exemplos no ordenamento jurídico-trabalhista brasileiro. A Lei nº 3.999/61 fixou salário profissional para médicos, cirurgiões-dentistas e auxiliares. Identicamente, a Lei nº 4.950-A/66 dispôs sobre a remuneração dos engenheiros, químicos, arquitetos, agrônomos e veterinários. Os radialistas foram beneficiados através do Dec.-Lei nº 7.984/45.

O salário, seja o mínimo, o profissional ou o que resultar do contrato de trabalho, deve ser protegido na forma da lei infraconstitucional (inc. X). A norma em causa se dirige ao legislador subconstitucional, a fim de que ele legisle quanto à proteção. Em outras palavras, a proteção ao salário deve existir, mas na extensão determinada pela lei. Assim, como exemplo, a CLT, em seu artigo 462, limita a possibilidade de descontos no salário do empregado e, no artigo 465, exige que seu pagamento seja em dia útil, no local de serviço, em seu horário ou imediatamente após o encerramento. O Código de Processo Civil, no artigo 649, IV, torna impenhorável o salário, "salvo para pagamento de prestação alimentícia". São, entre outras, formas de proteção.

O mesmo inciso X assim complementa a redação protetiva: "constituindo crime sua retenção dolosa". Deste adendo, algumas conclusões devem ser tiradas. A Constituição não cria tipo penal, mesmo porque, além de ser função de lei ordinária, há exigência de se prever penalidades, não contidas na norma constitucional. É o cumprimento do princípio da reserva legal (art. 5º, XXXIX, da CF). De outro lado, a Constituição, em nosso entendimento, limita a modalidade a ser criada à sua forma dolosa. O legislador, pela dívida civil, não poderá prever apenação criminal se a conduta for culposa, por ofensa ao artigo 5º, LXVII, da CF.

O princípio da isonomia, ou de igualdade de todos perante a lei, é aplicável explicitamente em matéria salarial. Inadmite-se qualquer diferença de salários, no exercício de função ou de critério de admissão motivada por razão de sexo, idade, cor, estado civil (inc.XXX) ou por se tratar de trabalhador portador de deficiência (inc. XXXI). Esta isonomia, como é óbvio, se dá *dentro* da mesma empresa. A diferença poderá haver face ao maior tempo de trabalho. A *nacionalidade,* que constara das Constituições de 1934 (art. 121, § 1º, *a*) e de 1946 (art. 157,II), é critério distintivo não-vedado pelo texto constitucional vigente. Também pode se incluir como garantia salarial a norma constitucional que determina para o trabalho noturno remuneração superior à devida pelo diurno (inc. IX). Trata-se de regra complementável por legislação infraconstitucional, para que possa ser aplicada, quanto ao que se entende por trabalho noturno e o adicional de aumento para a atividade respectiva. Nestes dois pontos, o texto constitucional recepcionou o artigo 73, parágrafos 1º e 2º, da CLT. O inciso XXXIII veda o trabalho noturno, bem como o insalubre e parágrafos, para os menores de dezoito anos.

3.5. Garantia das jornadas

A garantia das jornadas objetiva a concessão de descansos, que têm, sem a menor dúvida, fundamentos higiênicos e sanitários. Organicamente, o descanso é necessário tanto para o prestador de trabalho como para o empregador. Quanto ao trabalhador, garante-lhe tempo para recuperação de energias e retorno à atividade laboral, com a mesma aptidão e condições físicas.. Para a empresa, é conveniente porque está comprovado que o trabalho contínuo e excessivo reduz a capacidade produtiva do trabalhador não só quantitativamente mas, da mesma forma, qualitativamente. Daí os descansos entre jornadas, os semanais e os anuais. Assim, embora apareçam como direito trabalhista a favor do trabalhador, tais descansos beneficiam ambas as partes do contrato de trabalho.

A jornada diária está indicada nos incisos XIII - "não superior a oito horas diárias e quarenta e quatro semanais"- e XIV - "seis horas para o trabalho realizado em turnos ininterruptos de revezamento". É garantia de jornada *normal*, visto que há permissão de serem prestadas horas extraordinárias, o que invade o período de descanso.

A Constituição não limita o número máximo de horas extras prestáveis, deixando a matéria ao entendimento do legislador ordinário que, dentro da razoabilidade de critérios, não pode se esquecer da finalidade de recuperação de todo descanso. Quanto ao adicional da hora extraordinária, há relativa disponibilidade das partes na contratação. A disponibilidade não é absoluta, porque a Constituição, cogentemente, garante um *minus* de adicional intocável pelas partes: cinqüenta por cento a mais que a remuneração da hora normal (inc. XVI).

Entre duas jornadas, há o descanso do trabalhador, sem remuneração. O descanso semanal, correspondente a um dia, é descanso remunerado e será gozado, com preferência, aos domingos (inc. XV). Relativamente à Constituição anterior, houve uma alteração normativa básica. Já não se fala mais, em sede constitucional, em repouso "nos feriados civis e religiosos, de acordo com a tradição local" (art. 165, VII, da CF de 1969). Contudo, como direito infraconstitucional, não desapareceu nem foi revogado. O que houve foi sua *desconstitucionalização*. A Lei nº 605, de 5 de janeiro de 1949, continua regulando o repouso remunerado nos feriados civis e religiosos. Passando a ser tema infraconstitucional, houve evidente diminuição da efetividade da garantia.

O descanso anual corresponde a férias anuais remuneradas (inc. XVII). A garantia das férias, como posta nas Constituições de 1934 (art. 121, § 1º, *f*), 1937 (art. 137, *a*), 1946 (art. 157, VII), 1967 (art. 158, VIII) e 1969 (art. 165, VIII), era exclusivamente garantia à remuneraçãao normal do descanso anual. A garantia do texto constitucional em vigor foi mais adiante, assegurando que a remuneração das férias se dará com um acréscimo: "remuneração com, pelo menos, um terço a mais do que o salário normal". Aqui, duas rápidas observações. O texto constitucional é um mínimo, podendo o contrato do trabalho ou lei infraconstitucional prever adicional maior. O objetivo, outrossim, do terço constitucional é facultar um melhor lazer ao trabalhador em férias.

3.6. Garantias acidentárias

Desnecessária a discussão ou comprovação de certas realidades que aparecem em conseqüência da prestação do trabalho. Uma das mais preocupantes é a referente à ocorrência infortunística. Com a presença de acidentes-tipo, cuja causa está no exercício laboral, ou de doenças mesopáticas ou tecnopatas, também com nexo de causa e efeito com a atividade do trabalho, temos uma causalidade que incapacita o trabalhador, ou mesmo reduz sua capacidade, ou lhe causa a morte. O Brasil, estatisticamente, é um dos países de maior incidência acidentária do mundo. Há, como se sabe, na área da indenizabilidade, formas de ressarcimento através da previdência social, visto que considerado o acidente do trabalho como contingência social.

Na área da reparabilidade, o sistema adotado é o da cobertura securitária obrigatória. Esta garantia está no inciso XXVIII, onde se lê: "seguro contra acidentes do trabalho a cargo do empregador...". Nos anos sessenta, houve a integração do acidente do trabalho na Previdência Social, o que se mantém até hoje. A garantia do inciso em causa diz respeito, então, à cobertura securitária do acidente do trabalho como seguro social obrigatório, isto é, na Previdência SocIal Federal, em relação de seguro que nasce por força da lei. Os trabalhadores contribuem para a Previdência Social, mas com a exclusiva finalidade de se garantir dos benefícios e prestação de serviços simplesmente previdenciários. A cobertura acidentária é feita com base em contribuições pagas unicamente pelo empregador, visto que, constitucionalmente, é *a seu cargo*.

Legislação brasileira já revogada (Dec.-Lei nº 7.036/44) exonerava o empregador, em caso de acidente do trabalho, do pagamento de indenização não-acidentária por responsabilidade civil, a não ser que agisse dolosamente. Mesmo que procedesse com culpa, em qualquer grau, não se formava a favor do acidentado direito de pedir indenização civil contra o empregador, com supedâneo no Código Civil. A ação ou omissão do empregador deveria ser dolosa. Caso contrário, o acidentado só receberia indenizações simplesmente acidentárias que, por tarifadas, eram mínimas e insuficientes à reparabilidade dos danos e prejuízos.

O Supremo Tribunal Federal editou uma Súmula: "A indenização acidentária não exclui a do direito comum, em caso de dolo ou culpa grave do empregador" (verbete nº 229). Ampliou, como se observa, o campo da reparabilidade civil. Não só em caso de dolo, mas também de *culpa grave*. Assim mesmo, estava distante da indenização do Código Civil. Neste, a responsabilidade aparece em qualquer espécie de culpa, em que alguém, agindo com imperícia, negligência ou imprudência, provoca evento danoso que era previsível. A modalidade de culpa ou seu grau não servem à exclusão da responsabilidade pelo ressarcimento. A Súmula, porém, a tanto não chegou porque limitada pelo Dec.-Lei nº 7.036/44. A exoneração, contudo, ocorrente culpa não-grave, restava inexplicável.

A Constituição de 1988 deu outra solução ao problema: "seguro contra acidentes do trabalho, a cargo do empregador, sem excluir a indenização a que este está obrigado, quando incorrer em dolo ou culpa". A indenização do Código Civil, em seu artigo 159, se aplica contra o empregador, em caso de acidente do trabalho, porque, bastando a *culpa*, não se a exige seja grave. Não se deve ver, todavia, neste inciso, conteúdo que ele não tem mesmo a *contrario sensu*. O inciso não trata da responsabilidade de *terceiro* no acidente do trabalho, mas esta responsabilidade sempre existiu com base no Código Civil, não havendo razão para constitucionalizá-la.

Área de acentuada importância em infortunística é a da prevenção. Previne-se para evitar o acidente ou a doença profissional ou atípica. Ação mais relevante que a de ressarcir. O Constituinte não se omitiu quanto à prevenção. O artigo 10, II, *a*, do ADCT, ao criar uma estabilidade temporária, enquanto não editada a lei complementar a que se refere, a "empregado eleito para cargo de direção de comissões internas de prevenção de acidentes", admitiu e qualificou de relevante as denominadas CIPAs, cuja instituição está direcionada ao prevencionismo infortunístico. O inciso XXII fala, em complemento, em "redução dos riscos inerentes ao trabalho, por meio de normas de saúde, higiene e segurança".

3.7. Demais garantias

Há outras garantias no texto constitucional. Entre elas, várias que atuam como normas *dependentes de complementação*, através de lei já existente ou a ser editada. Assim: participação nos lucros, ou resultados, desvinculada da remuneração, e na gestão da empresa (inc. XI); salário-família para os dependentes (inc. XII); licença-paternidade (inc. XIX); proteção ao mercado de trabalho da mulher, através de incentivos pertinentes (inc. XX); aviso-prévio em razão do tempo de serviço, mas não inferior a trinta dias (inc. XXI); adicional de remuneração na prestação de atividades penosas, insalubres ou perigosas (inc. XXIII); e proteção diante da automação (inc. XXVII).

Outras garantias são, desde logo, *auto-aplicáveis*: licença à gestante, durante cento e vinte e dias, sem prejuízo do emprego e do salário (inc. XVIII); décimo terceiro salário, tendo como base a remuneração integral ou o valor da aposentadoria (inc. VIII); os filhos e dependentes, na faixa etária de até seis anos de idade, terão assistência gratuita em creches e pré-escolas (inc. XXV); reconhecimento das convenções e acordos coletivos do trabalho (inc. XXVI);

vedação de distinção de trabalho manual, técnico e intelectual ou entre os profissionais respectivos (inc. XXXII); e direito de ação e sua prescrição, esta delineada constitucionalmente (inc. XXIX).

4. Artigo 8º

É livre a associação profissional ou sindical, observado o seguinte:
I - a lei não poderá exigir autorização do Estado para a fundação de sindicato, ressalvado o registro no órgão competente, vedadas ao Poder Público a interferência e a intervenção na organização sindical;
II - é vedada a criação de mais de uma organização sindical, em qualquer grau, representativa de categoria profissional ou econômica, na mesma base territorial, que será definida pelos trabalhadores ou empregadores interessados, não podendo ser inferior à área de um Município;
III - ao sindicato cabe a defesa dos direitos e interesses coletivos ou individuais da categoria, inclusive em questões judiciais ou administrativas;
IV - a assembléia geral fixará a contribuição que, em se tratando de categoria profissional, será descontada em folha, para custeio do sistema confederativo da representação sindical respectiva, independentemente da contribuição prevista em lei;
V - ninguém será obrigado a filiar-se ou a manter-se filiado a sindicato;
VI - é obrigatória a participação dos sindicatos nas negociações coletivas de trabalho;
VII - o aposentado filiado tem direito a votar e ser votado nas organizações sindicais;
VIII - é vedada a dispensa do empregado sindicalizado a partir do registro da candidatura a cargo de direção ou representação sindical e, se eleito, ainda que suplente, até um ano após o final do mandato, salvo se cometer falta grave nos termos da lei.
Parágrafo único. As disposições deste artigo aplicam-se à organização de sindicatos rurais e de colônias de pescadores, atendidas as condições que a lei estabelecer.

4.1. Aspectos históricos

Serve à compreensão inicial, visto que uma melhor categorização e qualificativos serão examinados mais adiante, o conceito de sindicato dado por Roberto Barreto Prado (1984, p. 20): "Sindicato é a associação que tem por objeto a representação e defesa dos interesses gerais da correspondente categoria profissional ou econômica e, supletivamente, dos interesses individuais dos seus membros". Na legislação infraconstitucional, o Dec.-Lei nº 979, de 6 de janeiro de 1903, possibilitou a sindicalização dos profissionais da agricultura e indústrias de qualquer gênero. A Lei nº 1.637, de 5 de junho de 1967, permitiu a existência de sindicatos das demais profissões e de profissionais liberais.

A Constituição de 1824 aboliu as corporações de ofício (art. 179, 25), mas nada falou em relação a sindicato. A Constituição de 1891 também se omitiu, embora permitisse a livre associação (art. 72, § 8º), onde poderia se admitir a constituição de sindicatos. A primeira Constituição brasileira a falar especificamente em sindicato foi a de 1934, em seu artigo 120: "Os sindicatos e as associações profissionais serão reconhecidos de conformidade com a lei". Contudo, no parágrafo único, indicava dois princípios referentes às entidades sindicais: a *completa* autonomia dos sindicatos, não obstante a desnecessidade da palavra *completa*, porque autonomia que não seja completa, autonomia não é; e a pluralidade sindical.

A Carta de 1937 voltou a falar em associação sindical, desfigurando fortemente a autonomia sindical (art. 138). As atribuições institucionais e funcionais da entidade sindical - direito de representação dos associados e integrantes das categorias profissional ou econômica, direito de defesa, estipulação de contratos coletivos de trabalho, etc. - passavam a depender do fato de o sindicato ser "regularmente reconhecido pelo Estado". Na verdade, não era um simples requisito formal. Estava na discricionariedade estatal o ato de reconhecimento. Feria-se de morte, assim, a autonomia sindical. Nesta época, editou-se a Consolidação das Leis do Trabalho, que, como é juridicamente lógico, se orientou dentro desta discricionariedade, nos artigos 512 e 558.

A Constituição de 1946 só trouxe uma novidade. Após dizer que "é livre a associação profissional ou sindical", entregou à lei ordinária a atribuição de regular a forma de constituição, a representação legal nas convenções coletivas do trabalho e o exercício de funções delegadas pelo poder público (art. 159). As Constituições de 1967 (art. 159) e 1969 (art. 166) repetiram a normatividade da Carta de 1946, mas, expressamente, afirmaram, entre as funções delegáveis, a de arrecadar contribuições para custeio das atividades sindicais e profissionais e para execução de programas que interessem à categoria (§ 1º). No parágrafo 2º, dispuseram ser "obrigatório o voto nas eleições sindicais".

Assim, antes do advento da Constituição de 1988, o sindicato, na normatividade constitucional, obedecia a três princípios: a) o da liberdade sindical, que era liberdade, nos termos da lei, de constituição e de ingressar como sócio e se manter como tal; b) o do voto obrigatório nas eleições sindicais; c) o de caber à legislação infraconstitucional regular a constituição do sindicato, a sua representação e o exercício das funções delegadas pelo poder público.

4.2. Personalidade jurídica

Questão relevante diz respeito à personalidade do sindicato. Numa primeira visão, se há personalidade jurídica e, numa segunda observação, se a personalidade jurídica que venha a se admitir é de direito público ou de direito privado. O artigo ora em comento, ao dizer "ressalvado o registro no órgão competente", não presta à solução da dúvida. Simplesmente é ressalva quanto ao Estado não poder exigir autorização para a constituição de um sindicato. Em outras palavras, há ampla autonomia na fundação de uma entidade sindical, não significando isto que se dispense o registro no órgão competente. O registro, porém, se essencializa - e outra não pode ser a conclusão a ser extraída da norma constitucional - para o reconhecimento da constituição sindical. O problema está em se omitir o texto constitucional em dizer qual o registro competente.

A Consolidação das Leis do Trabalho trata do registro da entidade sindical, afirmando, em seu parágrafo 1º, que o registro se dará nas "Delegacias Regionais do Ministério do Trabalho" ou nas "repartições autorizadas em virtude da lei". Seria este o *órgão competente* de que fala a Constituição? Como se sabe, há o princípio da unicidade sindical, isto é, um só sindicato na mesma base territorial (art. 8º, inc. II). Face a este princípio, o STF, no Mandado de Injunção nº 144/SP, decidiu, em 3 de agosto de 1992, Tribunal Pleno, Rel. Min. Sepúlveda Pertence, que "a função de salvaguarda da unicidade sindical induz a sediar, *sit et in quantum*, a competência para o registro das entidades sindicais no Ministério do Trabalho, detentor do acervo das informações imprescindíveis ao seu desempenho" (DJU de 28.5.93).

Entretanto, tal registro administrativo, que impede ofensa ao princípio constitucional da unicidade sindical, não tem qualquer eficácia de agregar personalidade jurídica à entidade sindical. Tem seu objetivo firmado no referido mandado de injunção para evitar que existam, na mesma base territorial, mais de uma organização sindical, o que seria ofensa à norma contida no inciso II do artigo ora em anotação. O tema referente à personalidade jurídica é tema estranho ao texto constitucional e tem solução na legislação infraconstitucional. Uma idéia, porém, é certa: o sindicato deve ter sua própria personalidade, distinguindo-o, assim, de seus associados. A legitimação que se concede à entidade sindical para certas ações (arts. 5º, LXX, *b*, e 8º, III, ambos da CF), impõe a necessidade de personalidade jurídica.

O artigo 18 do Código Civil normatiza que "começa a existência legal das pessoas jurídicas de direito privado com a inscrição dos seus contratos, atos constitutivos, estatutos e compromissos no seu registro peculiar", que é o Registro Civil de Pessoas Jurídicas (art. 114 da Lei nº 6.015/73). O sindicato, por sua estruturação e, notadamente, pela liberdade de sua constituição, em que prepondera a autonomia de vontade de pessoas físicas, não se categoriza como pessoa jurídica de direito público, o que dispensaria o registro. O STF já decidiu que "o sindicato brasileiro tem personalidade de direito privado" (RTJ, vol. 74, p. 13).

Deste modo, para que o sindicato adquira personalidade jurídica, ingressando no mundo jurídico como pessoa de direito privado, há necessidade do registro no Registro Público referido anteriormente. Com esta observação, dois são os registros essenciais: a) o no Ministério do Trabalho, registro simplesmente formal, para garantir o princípio da unicidade sindical; b) no Registro Civil das Pessoas Jurídicas para se lhe agregar personalidade e fazê-lo ingressar, com autonomia jurídica, no mundo do Direito. Há, porém, uma dúvida quanto à precedência. Os registros podem ser realizados sem obediência a uma ordem de prioridade ou deve haver precedência de um sobre o outro? A questão se nos afigura como de vital importância.

O primeiro registro será, necessariamente, o do Ministério do Trabalho. A questão concernente à unicidade sindical deve ser examinada com anterioridade à concessão da personalidade jurídica. Como há vedação constitucional de existência de dois sindicatos na mesma base territorial, sem que fique esclarecida a ocorrência da unicidade, não há como conceder ao sindicato personalidade jurídica. Só se fosse um registro condicional, sujeito a uma condição suspensiva, o que inexiste no ordenamento jurídico brasileiro. Esta idéia de ser o registro no Ministério do

Trabalho feito anteriormente ao registro público está conforme o extraível da Lei de Registros Públicos, em seu artigo 119, parágrafo único: "Quando o funcionamento da sociedade depender de aprovação da autoridade, sem esta não poderá ser feito o registro".

4.3. Princípios regentes

A *liberdade sindical*, princípio básico do sindicalismo brasileiro, é significativa de que não há obrigação de constituir ou deixar de constituir entidades sindicais; há liberdade de ação para fundar, deixar de fundar, manter ou extinguir sindicatos. Esta liberdade converge com outra, direcionada às pessoas físicas, que é a de ninguém ser "obrigado a filiar-se ou a manter-se filiado a sindicato" (inc. V). A obrigatoriedade de sindicalização, mesmo que por via indireta, não se coaduna com a liberdade sindical. Lei ordinária que obrigue a sindicalização, ou a crie como pressuposto de direitos, é lei inconstitucional.

Da liberdade sindical, nasce o princípio da autonomia dos sindicatos. Há a regerem a constituição dos entes sindicais, a auto-organização e o autogoverno sindicais. A Constituição de 1988 é clara neste sentido. Afora o registro no órgão competente - que, conforme já decidido pelo STF, no Mandado de Injunção nº 144/SP, já referido *retro*, é simples registro, ato vinculado, e não registro "de autorização ou de reconhecimento discricionários"-, a instituição de um sindicato independe de autorização estatal, sendo "vedadas ao poder público a interferência e a intervenção na organização sindical" (inc. I). Assim, as entidades sindicais nascem à margem da interferência do Estado e se mantêm fora do controle estatal, seja qual for o motivo.

De outro lado, a existência de sindicato único não consoa com o ser a sociedade brasileira pluralista, conforme acentuado no Preâmbulo. A regra do pluralismo sindical absoluto ou ilimitado é, porém, concentração de forças que pode significar prejuízo aos interesses de muitos integrantes de categorias não alcançados eficientemente pelos objetivos pretendidos. A solução encontrada pelo Constituinte brasileiro é aceitar o pluralismo e a unicidade sindicais, ambos relativos. Dentro da mesma base territorial, que não poderá ser inferior à área de um Município, não pode existir mais de uma organização sindical representativa da mesma categoria profissional ou econômica (inc. II). Afora esta unicidade, há pluralismo sindical. A Constituição admite, ainda, a existência de organização sindical por categoria profissional ou econômica, respectivamente de trabalhadores e empregadores, e de diverso grau. A leitura dos incisos II e III evidencia a existência de sindicato de empregados e de empregadores. A legislação infraconstitucional traz regras específicas (art. 511, §§ 1º e 2º, da CLT). O inciso II, outrossim, fala em "organização sindical, em qualquer grau". A lei subconstitucional admite, por isso, os sindicatos, as federações e confederações, numa organização vertical.

O artigo 8º em anotação dá um mínimo de atribuições ao sindicato: a) a defesa dos direitos e interesses coletivos ou individuais da categoria, na área judicial ou administrativa (inc. III). O STF, em decisão da II Turma, em 8.9.94, Rel. Min. Marco Aurélio, afirmou que o preceito incluído no inciso III do artigo 8º "não veda a possibilidade de o legislador ordinário incluir no cenário jurídico outras hipóteses em que é possível demandar em nome próprio na defesa de direito alheio" (DJ de 12.5.95); b) haverá participação obrigatória nas negociações coletivas do trabalho (inc. VI). No artigo 5º, LXX, da CF, há legitimidade da organização sindical para impetrar mandado de segurança coletivo.

Dizia, outrossim, o parágrafo 2º do artigo 540 da CLT que o associado do sindicato que fosse aposentado ficaria isento de qualquer contribuição, não perderia seus direitos sindicais, "não podendo, entretanto, exercer cargo de administração sindical ou de representação econômica ou profissional". Esta norma só foi recepcionada em parte pela Carta de 1988. O aposentado continua com seus direitos sindicais e não está sujeito a qualquer contribuição. Entretanto, o impedimento de exercer cargo de administração ou de representação não mais existe, porque houve revogação, e não recepção constitucional. Com efeito, "o aposentado filiado tem direito a votar e ser votado nas organizações sindicais" (inc. VII).

Em benefício da organização sindical e, notadamente, de sua autonomia, há a estabilidade temporária prevista no inciso VIII, vedando-se a dispensa arbitrária, sem justa causa, de empregado sindicalizado durante o tempo que medeia entre a data do registro da candidatura a cargo de direção ou representação sindical e, caso seja eleito, mesmo que suplente, até um ano após o término do mandato. A prática de justa causa é razão motivadora da dispensa, não havendo obstáculo à rescisão contratual, posto que justificada não no fato de ter exercido cargo ou representação sindical, ou ter sido candidato. A inexistência de justa causa serve como presunção absoluta de que o motivo foi a sindicalização nos termos constitucionais.

4.4. Contribuição confederativa

O inciso IV do artigo ora em anotação permite que a assembléia geral do sindicato fixe uma contribuição para custeio do sistema confederativo da representação sindical respectiva, independentemente da contribuição já prevista em lei. Houve, tão logo editada a norma, grande discussão a respeito, se a norma era auto-aplicável, ou não. Pela não-auto-aplicabilidade, dois eram os fundamentos: a contribuição tratar-se-ia de tributo e, por isso, havia necessidade de lei complementar, por força do artigo 146 da CF, e se trataria de norma *cheia*, a exigir a complementação da lei. Estes fundamentos se refletiram em parte da doutrina e em posicionamento pretoriano.

Em livro que publicamos em 1989 (Da Tributação e do Orçamento e a Nova Constituição, p. 63, Aide Editora, 1ª edição), sustentamos que "esta contribuição instituída e fixada pela associação sindical, não é tributo, pelo simples fato de não ser instituída e fixada por lei". Com efeito, os tributos referidos no artigo 145 da CF - impostos, taxas e contribuição de melhoria - só podem ser instituídos por ente federativo e por lei (art. 150, I, da CF). O mesmo relativamente a contribuições sociais (art. 149 da CF). O fato de a contribuição de que se trata ser fixada pela assembléia geral do sindicato, pessoa jurídica de direito privado, afasta a natureza de tributo e a necessidade de lei complementar.

Trata-se, de outro lado, de norma *cheia*, sem qualquer vazio a ser preenchido por lei a ser editada. Basta a leitura da norma constitucional. Há fixação por assembléia geral. A idéia não necessita de qualquer explicitação. O que é assembléia geral, sua composição, *quorum*, etc., não são matérias constitucionais ou legais. Têm solução estatutária. A finalidade está perfeitamente indicada: para custear o sistema confederativo da respectiva representação sindical. Nada mais há necessidade de se dizer. Afirma-se, por fim, que a contribuição será descontada em folha e que é outra que não a contribuição prevista em lei. Com estas afirmações, não se pode pensar que se trata de norma constitucional *em branco*. Trata-se, como conseqüência, de norma auto-aplicável.

Neste sentido, é a decisão tomada pela egrégia I Turma do STF, no Recurso Extraordinário nº 186747-7/RS, em 19 de dezembro de 1996, Rel. Min. Ilmar Galvão, afirmativa de que "norma cuja eficácia não depende de lei integrativa, havendo estabelecido, de pronto, a competência para fixação da contribuição, a destinação desta e a forma do respectivo recolhimento" (DJ de 4.4.97).

5. Artigo 9º

> É assegurado o direito de greve, competindo aos trabalhadores decidir sobre a oportunidade de exercê-lo e sobre os interesses que devam por meio dele defender.
> § 1º. A lei definirá os serviços ou atividades essenciais e disporá sobre o atendimento das necessidades inadiáveis da comunidade.
> § 2º. Os abusos cometidos sujeitam os responsáveis às penas da lei.

5.1. Norma constitucional limitada

O texto do artigo 9º da Carta de 1988 é, normativamente, limitado. Não trata de todos os aspectos envolventes dos movimentos paredistas. Muitos questionamentos ficam sem solução e, como conseqüência, algumas dúvidas podem aparecer. Com isto se afirma nosso entendimento de que é juridicamente impossível compreender os limites de uma greve, sem que se acrescente à norma constitucional a normatividade infraconstitucional. Sem este acréscimo normativo, o exame do instituto da greve sempre será incompleto. A Lei nº 7.783, de 20 de junho de 1989, que dispõe sobre o exercício de greve, define atividades essenciais e regula o entendimento das necessidades inadiáveis da comunidade, é fundamental à boa compreensão do direito de greve.

De logo, uma limitação conceitual. Toda greve leva à paralisação coletiva, de natureza temporária, total ou parcial, de uma determinada atividade, suspendendo-se, em conseqüência, a prestação de trabalho pelos empregados ao empregador. Este efeito que leva à parada da atividade laboral pode ser provocado por movimento voluntário de trabalhadores em busca de solução para seus contratos de trabalho, pode nascer do simples fato de os trabalhadores não comparecerem ao serviço por razões individuais, mas não vinculadas à solução de seus contratos laborais e pode ocorrer por ato ou conduta do empregador, ou empregadores, que paralisam, por algum tempo, o exercício do trabalho. Só a primeira situação é que se refere a movimento grevista, com tratamento constitucional.

A segunda situação, em que os trabalhadores faltam ao trabalho, sem que tenham a intenção de pressionar o empregador por melhores condições, havendo simples coincidência entre faltas individuais por motivos diversos, não se estrutura como greve. A Constituição não trata desta situação, e a solução, que é por lei infraconstitucional, se dá, caso a caso, empregado por empregado. A terceira situação retrata a paralisação parcial ou total da empresa por obra do próprio empregador, o que faz com que ela se desfigure como sendo movimento grevista. Pode se configurar, isto sim, como *locaute*. O *lockout* não é tratado pela Constituição, cabendo à lei ordinária entendê-lo possível ou não. Este tema será enfrentando mais adiante, em outro item.

A normatização constitucional da greve é limitada, conforme já salientado, a certos aspectos: o direito de fazer greve, a sua causalidade, a existência de serviços ou atividades essenciais, o atendimento de necessidades inadiáveis da comunidade durante a greve e a regularidade de seu exercício. Contudo, a extensão de cada um destes preceitos fica dependente do que dispuser a lei ordinária integrativa. Neste item, porém, só serão examinados os pontos enfrentados expressamente pela norma constitucional, certo de que, adiante, se completará o exame com as normas da lei integrativa, a já referida Lei nº 7.783/89.

O direito de greve está assegurado aos trabalhadores, competindo-lhes decidir acerca da oportunidade de exercê-lo. Este direito ingressou nos textos constitucionais de 1946 (art. 158), de 1967 (arts. 157, § 7º, e 158, XXI) e de 1969 (arts. 162 e 165, XX). As Cartas de 1824, 1891 e 1934 não trataram da matéria, omitindo-se a respeito. A Constituição de 1937, todavia, foi radical: "A greve e o *lockout* são declarados recursos anti-sociais nocivos ao trabalho e ao capital e incompatíveis com os superiores interesses da produção nacional" (art. 139, *segunda parte*). Não obstante não se negue o caráter anti-social de algumas greves, sua oportunidade se dá por ser o único instrumento de pressão que o trabalhador tem para garantir certos direitos.

Toda greve, no texto constitucional, deve ser motivada. Não se compreende uma parada coletiva do trabalho sem que haja uma motivação. Sem justificativa, restaria a anti-sociabilidade da greve e de sua inoportunidade. A medida e o conteúdo desta motivação são entregues à decisão dos trabalhadores. Cabe a eles decidirem "sobre os interesses que devam por meio dele (o direito de greve) defender" (art. 9º). A gramatical interpretação da norma e o livre talante dos trabalhadores levam a uma séria preocupação. Estaria se permitindo greve por razões simplesmente políticas, desligadas dos interesses dos trabalhadores e do trabalho? Não seria esta uma greve anti-social? A Constituição deixa em aberto a discussão.

A essencialidade e a necessidade de prestação de certos serviços e atividades, quanto à sua continuidade, é circunstância que se antepõe a paradas longas. As Constituições de 1967 (art. 157, § 7º) e de 1969 (art. 162) inadmitiam greves em "atividades essenciais, definidas em lei". A Carta de 1988 não proíbe. Após reafirmar que a lei dará definição aos serviços ou atividades essenciais, aduz que a normatividade infraconstitucional deverá dispor a respeito do "atendimento das necessidades inadiáveis da comunidade" (§ 1º do art. 9º). A questão por inteira, como se observa, se transfere à lei subconstitucional.

Complementa a Constituição que os abusos perpretados na greve responsabilizam seus agentes na forma da lei (§ 2º do art. 9º). Aqui, dois aspectos devem ser examinados. O *primeiro*, relativo à própria abusividade na instalação de uma greve. A lei ordinária indica, juntamente com o texto constitucional, os pressupostos para deflagração de um movimento paredista. Uma greve declarada pela Diretoria de um sindicato, sem oitiva dos trabalhadores interessados, é greve abusiva e, por isso, sujeita seus autores às penas da lei. O *segundo* aspecto, mesmo na hipótese de greve deflagrada não-abusivamente, é de que, na greve, há exercício de direito. Contudo, o exercício do direito deve ser *regular*. Onde houver a *irregularidade* do exercício, não há mais o ato lícito, nascendo a responsabilidade pelos danos provocados. O parágrafo 2º do artigo em anotação se refere a estas duas situações.

5.2. Normatividade infraconstitucional

Há, como já se viu, o direito de fazer greve, que é um direito coletivo. Mas não há o ônus de fazê-la ou a obrigação de aderir à que foi deflagrada. O fato de a maioria dos trabalhadores decidir pela realização do movimento paredista não obriga a fazer greve quem não quiser fazê-la. Tudo fica no campo do aliciamento e da persuasão de um trabalhador sobre o outro para alcançar maior número de adeptos. Este ponto está perfeitamente esclarecido na Lei nº 7.783/89. Os grevistas podem aliciar ou persuadir outros trabalhadores a aderir à paralisação, mas utilizando-se de meios pacíficos, sem violação, constrangimento ou ameaça a direitos e garantias fundamentais de quem quer que seja (art. 6º, §§ 1º e 3º, da Lei).

O artigo 10 da Lei arrola, modo exaustivo, os serviços e atividades considerados essenciais, entre os quais o de assistência médica hospitalar, funerários, transportes coletivos, telecomunicações, controle de tráfego aéreo, etc.

Nestes serviços e atividades é possível a greve (art. 13), utilizando-se de uma medida para evitar perigo iminente à sobrevivência, saúde ou segurança do povo, durante a paralisação: o atendimento, embora precário, das necessidades inadiáveis da comunidade, ou por acordo entre sindicatos, empregadores e trabalhadores ou, inexistente acordo, os serviços indispensáveis serão prestados pelo Poder Público. É forma de excluir do movimento grevista a anti-sociabilidade.

A deflagração da greve depende de alguns pressupostos fundamentais, seja nos serviços e atividades essenciais, seja nos demais. O texto constitucional já determina que compete "aos trabalhadores decidir sobre a oportunidade" (art. 9º) da greve. A decisão está entregue, havendo entidade sindical, à assembléia geral, na forma estatutária, ou, inexistente sindicato, à assembléia dos trabalhadores interessados. Como segundo passo, busca-se a negociação ou o recurso à via arbitral. Só na hipótese de se frustrarem a negociação e a via arbitral é que se pode partir para a cessação coletiva do trabalho. Da paralisação, serão os empregadores, ou sindicato patronal, comunicados com a antecedência de quarenta e oito horas ou setenta e duas horas, no caso de serviços e atividades essenciais e, nesta hipótese, a comunicação se dará também aos usuários.

O fenômeno da greve importa na cessação coletiva do trabalho e, obviamente, tem reflexos na obrigação principal nascida dos contratos individuais do trabalho. Nas relações trabalhistas, há uma correspondência inicial entre o que é a prestação de trabalho e o salário, sua contraprestação. Assim, seria lógico o argumento que sustente a obrigação de pagar salário como conseqüência de ter sido o trabalho prestado. A não-prestação laboral, em princípio, é causa justificadora do não-pagamento do salário. Deste modo, o fato de o trabalhador, por punição aplicada pelo empregador, ficar afastado do trabalho alguns dias, não dá direito ao salário destes dias, da mesma forma que faltar ao serviço, sem razão justificada. Mas há, como se verá, exceções.

A concessão, por exemplo, do benefício de auxílio-doença pela Previdência Social, face à enfermidade do trabalhador presumivelmente suscetível de cura, ou reabilitação, é a partir do décimo sexto dia do afastamento do trabalho. Os primeiros quinze dias são de responsabilidade do empregador, que pagará o salário integral correspondente (art. 60, § 3º, da Lei nº 8.213, de 24 de julho de 1991). Há a parada individual do trabalho com o pagamento do salário. É uma das exceções com base em legislação infraconstitucional. Nas férias, direito trabalhista com assento no texto constitucional, também há a parada na prestação do trabalho. Mas a remuneração correspondente é paga, por exigência contida na normatividade maior (art. 7º, XVII, da CF).

Poder-se-ia ver, como razão do pagamento nestas paradas da prestação laboral, o próprio direito do trabalhador. Se há garantia do emprego diante da contingência social doença e se há direito a férias, a eficácia de tais normas só se complementa com o pagamento do salário. Já na hipótese em que o afastamento se dá por punição ou por falta de serviço injustificada, não há direito que sirva de pressuposto para o pagamento da remuneração dos dias em que não houve prestação laboral. Diante desta idéia, dizendo a Constituição estar "assegurado o direito de greve", a paralisação, enquanto conforme a lei, é um direito e, por isso, deveria haver o devido pagamento dos dias em que houve o exercício da greve. A solução, porém, não se afigura de modo tão simples.

Na doutrina trabalhista, fala-se em *suspensão* e *interrupção* do contrato de trabalho, para se alcançar, ou não, o efeito do pagamento do salário nas hipóteses em que não há prestação laboral. Roberto Barreto Prado (1967, v. I, pp. 145 e 155) acentua que, na *interrupção*, "a ausência não acarreta, salvo casos excepcionais, a perda de salários", enquanto, na *suspensão*, "o empregado nenhum salário recebe". No mesmo sentido, Messias Pereira Donato (1981, pp. 297 e 305), ao dizer que, na *suspensão*, não há percepção de salário, enquanto na *interrupção* há. Esta diferenciação é aceita pela majoritária doutrina trabalhista e jurisprudência pertinente.

Com esta compreensão, a Lei nº 7.783/89 resolveu, normativamente, a questão do pagamento dos salários durante a paralisação grevista. No artigo 7º, regra que "a participação em greve *suspende* o contrato de trabalho, devendo as relações obrigacionais durante o período ser regidas pelo acordo, convenção, laudo arbitral ou decisão da Justiça do Trabalho" (o grifo é nosso). Assim, na regra geral, não há porque pagar os salários, afora dispositivo em sentido contrário no acordo ou convenção formalizados, no laudo pericial ou em decisão judicial. O problema de a greve ser um direito não altera, por si só, a conclusão pela não-percepção do salário.

5.3. Locaute

Lockout é a *greve* dos empregadores. Por razões que não importam no momento, os empregadores cessam a atividade econômica. Salienta-se, entretanto, que o *locaute* não é simples cessação coletiva de atividade pelos empregadores, ou empregador. Deve haver o escopo de pretender o empregador alcançar, pela coação da parada, reflexos nos contratos de trabalho individuais. A indagação que se faz é se o *lockout* é permitido no ordenamento jurídico brasileiro. Em texto constitucional, só a Constituição de 1937 foi que o vedou, considerando-o prática anti-social e incompatível "com os superiores interesses da produção nacional" (art. 139, 2ª parte). As demais silenciaram. Este silêncio, porém, em sede constitucional, não impede que legislação subconstitucional trate da matéria, seja para permitir, seja para proibir.

A Consolidação das Leis do Trabalho, que foi aprovada pelo Decreto-Lei nº 5.452, de 1º de maio de 1943, isto é, enquanto em vigor a Constituição de 1937, dizia no seu artigo 722 que "os empregadores que, individual ou coletivamente, suspenderem os trabalhos dos seus estabelecimentos, sem prévia autorização do tribunal competente...", estavam sujeitos a penalidades de multa e outras sanções indicadas. No parágrafo 3º, normatizava-se que "sem prejuízo das sanções cominadas neste artigo, os empregadores ficarão obrigados a pagar os salários devidos a seus empregados, durante o tempo de suspensão do trabalho". O artigo 722 acima referido estava na Seção que tratava do *lockout* e da greve. Não se tratava de reconhecimento jurídico do *locaute*, o que feriria a Constituição, mas da devida apenação pelo fato que importasse em *lockout*.

O Decreto-Lei nº 9.070, de 15 de março de 1946, ainda em vigor a Constituição estado-novista, veio permitir, observadas as prescrições nele contidas, tanto a greve como o *locaute*. No momento em que foi editado, ante a norma proibitiva da Carta de 1937, tinha o vício de inconstitucionalidade. Contudo, face à queda de Vargas e já se estar elaborando a Constituição de 1946, o referido Decreto-Lei não foi declarado inconstitucional. Ao contrário, o texto constitucional de 1946 o recepcionou, por não haver qualquer conflito normativo entre a norma subconstitucional e a normatividade e os princípios constitucionais que entravam em vigor. O artigo 11 do Decreto-Lei nº 9.070/46 permitiu o *locaute* que, inatendidas as exigências legais, importaria na obrigação de pagar os salários em dobro.

A Lei nº 4.330, de 1º de junho de 1964, revogou expressamente o Decreto-Lei nº 9.070/46 e passou a regular, com amplitude, o direito de greve, conceituando-o e dando-lhe a devida abrangência, indicando os pressupostos para haver paralisação do trabalho, etc. No artigo 30, normatizou se aplicarem "no que couber, as disposições desta Lei à paralisação da empresa por iniciativa do empregador (*lockout*)". Mantinha-se, assim, a admissibilidade do *locaute*, atendendo-se, logicamente, às regras existentes na lei. Inclusive, no artigo 29, tipificava-se como crime, com pena de reclusão de seis meses a um ano e multa, o "promover, participar ou insuflar *lockout* com desrespeito a esta lei".

A atual lei de greve (Lei nº 7.783/89), que revogou expressamente a Lei nº 4.330/64, tratou da matéria em seu artigo 17, vedando "a paralisação das atividades, por iniciativa do empregador, com o objetivo de frustrar negociação ou dificultar o atendimento de reivindicações dos respectivos empregados (*lockout*)". Para a infringência do artigo, ficou assegurado aos trabalhadores perceberem, durante o período de paralisação, seus salários (parágrafo único). Estas são as normas que estão, atualmente, em vigor. Em outras palavras, o *locaute* é admitido no ordenamento jurídico brasileiro, atendendo-se a alguns temperamentos legais.

6. Artigo 10

É assegurada a participação dos trabalhadores e empregadores nos colegiados dos órgãos públicos em que seus interesses profissionais ou previdenciários sejam objeto de discussão e deliberação.

6.1. Observações gerais

O direito de participação de segurados e empresas na administração da Previdência Social já existia no Brasil antes da Constituição de 1988. Basta a leitura da Lei nº 3.807, de 26 de agosto de 1960, Lei Orgânica da Previdência Social já revogada, e se verá que segurados e empresas tinham assegurada a participação no Departamento Nacional de Previdência Social (art. 90), no Conselho Superior de Previdência Social (art. 94), no Conselho Administrativo dos IAPs (art. 103), no Conselho Fiscal (art. 108), nas Juntas de Julgamento e Revisão (art. 111) e no Serviço de Alimentação da Previdência Social (art. 116). O Decreto-Lei nº 72, de 21 de novembro de 1966, unificou a Previdência Social, englobando os IAPs num só, o INPS (Instituto Nacional de Previdência Social), mas a participação de segurados e empresas se manteve (arts. 7º, 10, 13 e 20).

A Constituição de 1988, no artigo ora anotado, reafirmou esta participação, mas acrescentou duplo aspecto, novidade em termos constitucionais. Deu uma extensão mais ampla à normatividade, agora falando em "colegiado dos órgãos públicos", o que vai além dos orgãos administrativos da Previdência Social, desde que os interesses profissionais dos trabalhadores e empregadores sejam objeto de discussão e de deliberação. Deu à norma, em adendo, a categorização de norma constitucional, e não simplesmente infraconstitucional como era anteriormente. Como norma constitucional, não se fez presente nas outras Constituições. Esta qualificação, como é óbvio, dá mais força normativa ao preceito e obriga o legislador ordinário.

No Direito Comparado, a Constituição da Espanha, de 1978, trata da matéria em seu artigo 129, 1: "A lei estabelecerá as formas de participação dos interessados na segurança social e nas atividades dos organismos públicos cuja função afete diretamente a qualidade de vida ou o bem-estar geral". Esta norma é mais ampla que a da Constituição brasileira. É efetiva norma de participação democrática, em que os interessados participam da atividade governamental para atuarem na formulação de medidas que alcancem o bem-estar e a qualidade de vida do povo, que é princípio fundamental do Estado democrático. A norma do artigo 10, ora anotado, fica melhor situada nas relações de trabalho, como direito social.

Entretanto - e não há maior oposição a respeito de nossa parte -, estudiosos sustentam que a norma do artigo em comento "visa garantir uma democracia participativa, assegurando em princípio a participação dos trabalhadores e empregadores nos colegiados dos órgãos públicos, nos quais sejam objeto de discussão e deliberação os seus interesses profissionais e previdenciários" (Pinto Ferreira, *op. cit.*, p. 275). Esta participação democrática, que não vemos de forma nítida, ao contrário do que ocorre na Constituição espanhola, não nos parece ser ponto essencial do tema. O relevante é a participação em si e em que condições.

6.2. Pressupostos

De logo, no exame que se faz do artigo 10 da CF, duas idéias são extraíveis. Há, inicialmente, um direito público subjetivo em favor das classes econômica e profissional quanto à participação nos colegiados dos órgãos públicos que discutam ou deliberem acerca dos interesses profissionais ou previdenciários. Este direito público subjetivo, porém, é dependente de legislação infraconstitucional já existente ou que vier a existir. Com efeito, o artigo 10, quanto a quem se dará o direito à participação, forma de escolha, etc., é norma constitucional *em branco*, precisando de complementação. Por isso, pode-se concluir que a norma do artigo 10 é direcionada, principalmente, ao legislador infraconstitucional.

Contudo, algumas regras já estão dispostas no próprio texto constitucional, e o legislador não pode a elas desobedecer. A participação deverá ser em órgão coletivo, um colegiado de órgão público. A faculdade criada pelo artigo 10 em anotação não é para preencher cargo cujo titular decida isoladamente, ou seja, em órgão monocrático (Celso Ribeiro Bastos, *op. cit.*, p. 541). A participação do trabalhador e empregador é em órgão coletivo, ou seja, aquele em que não prevalece a vontade de um, mas a vontade coletiva, representada pela vontade majoritária. O trabalhador e empregador significam, simplesmente, uma parcela quantitativa da vontade do órgão.

Identicamente, a participação não é em todo órgão público. Ela só se justifica finalisticamente. Só naqueles órgãos em que se discuta ou delibere, *na área administrativa*, acerca de interesses profissionais e previdenciários que digam respeito a integrantes das classes econômica e profissional. A participação de vogais e de Juízes classistas na Justiça do Trabalho está a depender de outras normas constitucionais no Capítulo específico do Poder Judiciário. Acrescenta-se, em conseqüência, que a participação assegurada no referido artigo sob anotação não tem exclusivo escopo de fiscalização. Deve-se assegurar aos participantes o direito de influir nas deliberações do colegiado, discutindo e votando.

7. Artigo 11

Nas empresas de mais de duzentos empregados, é assegurada a eleição de um representante destes com a finalidade exclusiva de promover-lhes o entendimento direto com os empregadores.

7.1. Generalidades

O direito previsto no artigo ora enfocado, o do representante dos empregados perante o empregador, com o objetivo único de promover entendimento direto que importe às relações do trabalho, não tem nada a ver com a participação na gestão da empresa. São coisas diversas, completamente diferentes, sem possibilidade de gerar dúvida. Basta, como primeiro sinal distintivo, verificar-se que a participação na gestão da empresa, na conformidade com o artigo 7º, XI, da CF, além de depender de lei, sempre será excepcional. O próprio inciso XI usa o advérbio *excepcionalmente* e se trata, sob este aspecto, de norma constitucional dependente de complementação. O direito inscrito no artigo 11 em anotação está normativamente cheio, com aplicação e eficácia desde logo.

Como conteúdo, onde houver a participação na gestão da empresa, o trabalhador, ou trabalhadores, atuarão de forma a acrescentar à vontade coletiva da diretoria a parcela de sua vontade. Há representantes da classe dos empregados, mas que atuam, na gestão da empresa, votando, influenciando nas tomadas de posição, orientação e política da administração da empresa. O representante dos empregados é um co-gestor com atuação conjunta com os demais diretores. Na administração dos negócios da empresa, a participação dos empregados é direta. Neste sentido, sem dúvida, é que há a participação na gestão da empresa, visto que a palavra *gestão* está usada, na norma em causa, com o sentido semântico que tem.

A participação referida no artigo 11 em comento tem outro direcionamento e conteúdo. O representante dos empregados não age diretamente na gestão ou gerência da empresa. Vale, simplesmente, como um *porta-voz* das pretensões e interesses dos trabalhadores, levando-os ao conhecimento da empresa e buscando, através do entendimento pacífico, uma solução para os temas em discussão. O que se cria no artigo ora anotado é um negociador em nome dos empregados. Observe-se, outrossim, que não é representação da classe profissional perante a classe econômica. No âmbito da empresa é que se dá a representação e o escopo exclusivo para instrumentalizar entendimentos diretos e pacíficos.

Celso Ribeiro Bastos (*Op. cit.*, p. 543), embora entendendo que há alguma ligação entre a norma do artigo 11 e a participação na gestão da empresa, porque as duas matérias envolvem participação de empregados, afirma que, no artigo 11, "todavia, o objetivo é bem mais modesto". Roberto Barcellos de Magalhães (1988, v. I, p. 93), comentando o artigo 11 em exame, diz que "não se trata de participação dos empregados na gestão das empresas ou nos seus órgãos de deliberação coletiva". Trata-se de um empregado eleito como representante, na qualidade de *cabecel*.

A norma do artigo 11 não freqüentou jamais qualquer das Constituições brasileiras anteriores. A Constituição da Espanha, de 1978, tem um artigo que lembra o nosso: "Os Poderes Públicos promoverão eficazmente as diversas formas de participação na empresa e fomentarão, mediante legislação adequada, as sociedades cooperativas" (art. 129, 2). A Constituição de Portugal, de 1976, normatiza: "É direito dos trabalhadores criarem comissões de trabalhadores para defesa dos seus interesses e intervenção democrática na vida da empresa" (art. 54, I). Não obstante os dois artigos *retro* lembrem a normatividade brasileira, é de se ressaltar que a solução brasileira é mais tímida, não havendo equivalência normativa com as duas regras citadas.

7.2. Auto-aplicabilidade

O artigo 11 ora anotado é norma auto-aplicável ou, em outros termos, norma de eficácia plena. Todos os dados necessários à sua compreensão estão no preceito em exame. A representação ali prevista depende de um critério quantitativo. Só nas empresas que possuírem mais de duzentos empregados. Compreenda-se. Empresa não é cada estabelecimento, filial, matriz, departamentos que possam estar localizados em lugares diferentes. Empresa é uma só, englobando setores, seções, estabelecimentos, filiais, matriz, etc. Empresa é um conjunto finalístico que, em harmonia, assume o risco de uma atividade econômica, contratando empregados e fiscalizando a atividade laboral, através do trabalho subordinado. O número de empregados exigido pela norma diz respeito à empresa como um todo.

A representação não é plural, como não segue qualquer cálculo de proporcionalidade. Sejam duzentos e dez empregados, quinhentos ou mil, o representante é um só. A interpretação da norma não leva a outra conclusão, mesmo porque há clareza redacional - "nas empresas de mais de duzentos empregados, é assegurada a eleição de um representante destes". A forma de escolha está indicada no preceito constitucional: *eleição*. Como se vê, explicitado, na norma constitucional, o pressuposto básico-quantitativo para haver direito a representante; indicado, sem a menor dúvida, que o número de representante é *um*; garantida a escolha na forma de eleição - nada falta ao preceito constitucional para ser aplicado. Todo e qualquer outro questionamento é secundário, cabendo aos empregados decidir.

Capítulo III

DIREITOS DA NACIONALIDADE

1. Histórico

Nacionalidade é o *status* jurídico da pessoa humana que a vincula a determinado país. A Constituição de 1824 definiu, em seu artigo 6º, os que considerava como brasileiros, arrolando, inclusive, "todos os nascidos em Portugal e suas possessões que, sendo já residentes no Brasil na época em que se proclamou a independência nas províncias, onde habitavam, aderiram a esta, expressa ou tacitamente, pela continuação de sua residência" (inc. 4º). A Constituição de 1891 deu mais abrangência à condição de brasileiro no artigo 69, incisos 4º e 5º: "os estrangeiros que, achando-se no Brasil aos 15 de novembro de 1889, não declararam, dentro de seis meses depois de entrar em vigor a Constituição, o ânimo de conservar a nacionalidade de origem" e "os estrangeiros que possuirem bens imóveis no Brasil e forem casados com brasileiras ou tiverem filhos brasileiros, contanto que residam no Brasil, salvo se manifestarem a intenção de não mudar de nacionalidade".

Nestas três situações - uma de 1824 e duas de 1891 -, criaram-se pressupostos fáticos para a nacionalidade brasileira que seriam verificados em momento certo, sem incidência para o futuro. Ou deveriam residir no Brasil em 7 de setembro de 1822, ou se achavam no Brasil em 15 de novembro de 1889, ou residiam no Brasil em 1891, atendidos outros requisitos verificáveis no passado e um deles, supervenientemente. Deste modo, a não-repetição destas regras em outras Constituições brasileiras posteriores não alteraria qualquer nacionalidade já reconhecida. Entretanto, a Constituição de 1934, no artigo 106, a nosso ver desnecessariamente, disse serem brasileiros "os que já adquiriram a nacionalidade brasileira, em virtude do art. 69, nºs. 4 e 5, da Constituição de 24 de fevereiro de 1891" (letra c). O mesmo disseram as Cartas de 1937 (art. 115, letra c) e de 1946 (art. 129, III). A Constituição de 1967 (art. 140, II, a) repetiu a Carta de 1891, mas qualificou a situação como sendo de brasileiro naturalizado. O mesmo afirmou a Constituição de 1969 (art. 145, II, a).

A. de Sampaio Dória (1960, v. 3, p. 544) sustenta que, na grande naturalização da Constituição de 1891, só era de natureza transitória a de nº 4. A de nº 5 era permanente, podendo haver a nacionalidade não-brasileira por ato superveniente. Entretanto, afirma que "a Constituição de 1934, porém, respeitando os direitos adquiridos, fez cessar estas fontes de nacionalização". Assim, sem a menor dúvida, desde a Constituição de 1934, era brasileiro, na grande naturalização, quem já tivesse satisfeito todos os requisitos para tanto. Então, o que as demais Constituições - 1937, 1946, 1967 e 1969 - disseram a respeito assentou-se na desnecessidade. Isto parece demasiadamente claro.

A Constituição vigente, neste sentido, foi mais técnica, não fazendo remissão à grande naturalização do texto constitucional de 1891. Toda discussão que se pudesse formar a respeito já estava afastada pelo artigo 113, 3 da CF de 1934, ou seja, a declaração do direito adquirido. Sem dúvida, o direito adquirido fora reconhecido pela Constituição de 1934, porque, no mínimo, desde esta data, poderia ser exercida a nacionalidade de brasileiro, face ao cumprimento de todos os pressupostos. É verdade que não há direito adquirido contra novo texto constitucional. Mas foi a própria Constituição de 1934 que o reconheceu expressamente (art. 106, c).

Chama-se a atenção que a Constituição de 1988, como os demais textos constitucionais brasileiros anteriores, dispôs a respeito da garantia individual do direito adquirido que, na hipótese, se forma com base no artigo 6º, parágrafo 2º, da Lei de Introdução ao Código Civil (Decreto-Lei nº 4.657, de 4 de setembro de 1942). A vigente Constituição poderia excepcionar, negando a existência de direito adquirido. Contudo, seguiu a técnica de não valer o direito adquirido quando a exceção for expressa e não em seu silêncio. É o que se depreende do artigo 17 do Ato de Disposições Constitucionais Transitórias, em que as situações em que não há o reconhecimento do direito adquirido estão ali expressas.

1.2. Aferição da nacionalidade

Nem todos os Estados soberanos definem a nacionalidade no texto constitucional, como no Brasil. Alguns remetem à legislação ordinária a incumbência de ditar regras relativas à nacionalidade. A Constituição da República de Cabo Verde diz que "compete exclusivamente à Assembléia Popular legislar sobre as seguintes matérias: a) nacionalidade cabo-verdense..." (art. 59). No mesmo sentido, as Constituições da Espanha (art. 11), Portugal (art. 4º), França (art. 34), Coréia (art. 2,1), Suriname (art. 3,1), etc. Outros definem a nacionalidade no própria texto constitucional, como as de Cuba (arts. 28 a 33), Nicarágua (arts. 15 a 22), Costa Rica (arts. 13 a 17), etc.

Quer seja a definição dada pela Constituição, quer seja por lei infraconstitucional, dois elementos básicos servem para aferição da nacionalidade: o *jus sanguinis* e o *jus soli*, respectivamente direito de sangue e direito do solo. São os princípios fundamentais. Tem razão, porém, Pontes de Miranda (*Op. cit.*, p. 401), ao acrescentar outros elementos: "O *jus sanguinis*, o *jus soli* e o elemento afetivo-educacional, que por vezes aparece, permitem que os Estados busquem os sistemas de fórmulas que mais lhes sirvam. Outro dado, porém, se alia a este: a *vontade*". Examinemos todos os dados, notadamente os dois primeiros.

O *jus sanguinis* diz respeito à nacionalidade da família ou, mais propriamente, dos pais. O parentesco com a mãe e/ou com o pai é que, apoiado no vínculo de sangue, concede a alguém a cidadania do país. A Constituição da Finlândia, por exemplo, diz, no artigo 4º, que "terá a cidadania finlandesa toda pessoa nascida de pais finlandeses". A legislação de Angola, embora não dê exclusividade ao *jus sanguinis*, afirma ser cidadão angolano de pleno direito "os naturais de Angola, filhos de mãe ou de pai angolano" (Lei da Nacionalidade, art. 1º, 1). É de se ver que nem sempre basta o dado referido ao sangue para definir a nacionalidade. O *jus soli* tem como fato determinador da nacionalidade o elemento topográfico, ou territorial. O lugar onde nasceu é que lhe indica a nacionalidade. Como se sabe, elemento do Estado soberano é seu território, a base física onde o Estado exerce sua soberania. Um dos critérios de definição de cidadão angolano é ter nascido no território de Angola (Lei da Nacionalidade, art. 1º, 1), isto é, influência na formação da nacionalidade do direito do solo. A Constituição dos Estados Unidos, na Emenda nº XIV, diz que "todas as pessoas *nascidas* ou naturalizadas nos Estados Unidos, e sujeitas a sua jurisdição, são cidadãos dos Estados Unidos..." (o grifo é nosso).

Assim, relativamente ao *jus sanguinis* e ao *jus soli*, não há, ontologicamente, qualquer prevalência entre eles. A norma constitucional, ou a lei infraconstitucional, é que vai optar por um ou pelo outro, ou mesmo aceitando os dois, concomitantemente, como na Lei de Nacionalidade de Angola.. Neste tema, a relevância é ditada pela normatividade, ou preceito normativo existente. Como se viu, porém, outros elementos podem ser fundamentais na definição da nacionalidade: o afetivo-educacional ou a vontade. A denominada grande naturalização da Constituição de 1891 dependia da vontade da pessoa humana interessada, ao não optar pela nacionalidade estrangeira.

Modernamente, há a figura da naturalização voluntária vista individualmente. Adota-se outra nacionalidade por opção, diversa da nacionalidade de origem. Obedecidos critérios e requisitos expressos no ordenamento legal do país, passa o ser humano a ser naturalizado no Estado em que exercer a pretensão, com o cancelamento, ou não, da nacionalidade anterior. Nestas naturalizações é que preponderam o elemento *vontade* e/ou o afetivo-educacional. Assim, convivem neste século, como nacionais, os denominados *natos* - por força do direito de sangue ou do solo - e os *naturalizados* - por demonstração de vontade. Não há naturalização compulsória.

1.3. Dupla nacionalidade

Na regra geral, toda pessoa tem *uma* nacionalidade. Ou é francês, ou inglês, ou português, etc. A indagação que se faz é se seria possível a dupla nacionalidade na mesma pessoa, como fato lícito, ou, como se costuma cognominar, alguém poderia ser *polipátrida*? A resposta vai envolver questões e exemplos. Respondida esta primeira indagação, se ingressaria numa outra. Haveria possibilidade fático-jurídica de alguém ser *apátrida*, ou seja, não ter qualquer nacionalidade, sem vínculo com qualquer Estado? A questão também é percuciente e deverá ser desenvolvida, inclusive por exemplos, para uma resposta devidamente fundamentada. É o que se fará a partir de agora.

Conforme já se ressaltou no item anterior, a Finlândia segue o princípio do *jus sanguinis*. É nacional finlandês o que for nascido de pais finlandeses. Ao contrário, os Estados Unidos seguem o princípio do *jus soli*. Afora o naturalizado, só é norte-americano o que nascer no território, ou solo, norte-americano. O exemplo que se forma é o seguinte. Casal de finlandeses está a passeio nos Estados Unidos, quando a senhora finlandesa é sumetida a parto, nascendo uma criança. Esta é finlandesa ou norte-americana? Pelo *jus sanguinis* e com apoio no artigo 4º da Constituição da Finlândia, trata-se de criança da nacionalidade finlandesa. Todavia, em conseqüência do *jus soli* e da Emenda nº XIV, a criança também tem a nacionalidade norte-americana.

Não há como negar se estar diante de uma criança *polipátrida*, isto é, que detém a dupla nacionalidade. A reconhecida e indiscutível soberania dos dois Estados leva a esta conclusão. José Afonso da Silva (1990, p. 281) refere a possibilidade de dupla nacionalidade "com filhos de oriundo do Estado que adota o critério do *jus sanguinis*, quando nasce num Estado que acolhe o do *jus soli*". Não obstante aparentemente inusual, a dupla nacionalidade existe e não há como negá-la, juridicamente. Há outra hipótese possível de binacionalidade.

Tal ocorre naquelas hipóteses em que se acrescenta à nacionalidade de origem - *jus sanguinis* ou *jus soli* - a naturalização voluntária, não tendo esta a força de cancelar aquela. Nos termos do artigo 146, I, da CF de 1969, perde a nacionalidade brasileira o que "por naturalização voluntária, adquirir outra nacionalidade". No Brasil, na vigência da Constituição anterior, a dupla nacionalidade era impossível. Contudo, existem Estados em que tal é permitido. A Constituição da Espanha admite "concluir tratados de dupla nacionalidade com os países íbero-americanos" (art. 11,3). Nesta hipótese, "os espanhóis poderão naturalizar-se sem perder a sua nacionalidade de origem" (idem). Caso evidente de dupla nacionalidade.

Mais um exemplo e se esclarece outra situação. Um casal norte-americano está de viagem de férias na Finlândia. Lá nasce um filho. Não é criança de nacionalidade norte-americana, porque não presente o *jus soli*, elemento expresso na Emenda nº XIV. Identicamente, não é finlandês, porque falta a condição exigida pelo *jus sanguinis*. Nem norte-americana nem finlandesa, trata-se de criança *apátrida*. É lógico que se encontrarão outras soluções, ligadas à vontade dos pais ou a opções fáticas que darão ao recém-nascido uma nacionalidade. Contudo, no rigor dos textos constitucionais, haverá um ser humano sem nacionalidade.

2. Artigo 12

São brasileiros:
I - natos:
a) os nascidos na República Federativa do Brasil, ainda que de pais estrangeiros, desde que estes não estejam a serviço de seu país;
b) os nascidos no estrangeiro, de pai brasileiro ou mãe brasileira, desde que qualquer deles esteja a serviço da República Federativa do Brasil;
c) os nascidos no estrangeiro, de pai brasileiro ou de mãe brasileira, desde que venham a residir na República Federativa do Brasil e optem, em qualquer tempo, pela nacionalidade brasileira;
II - naturalizados:
a) os que, na forma da lei, adquiram a nacionalidade brasileira, exigidas aos originários de países de língua portuguesa apenas residência por um ano ininterrupto e idoneidade moral;
b) os estrangeiros de qualquer nacionalidade residentes na República Federativa do Brasil há mais de quinze anos ininterruptos e sem condenação penal, desde que requeiram a nacionalidade brasileira.
§ 1º. Aos portugueses com residência permanente no País, se houver reciprocidade em favor de brasileiros, serão atribuídos os direitos inerentes ao brasileiro, salvo os casos previstos nesta Constituição.
§ 2º. A lei não poderá estabelecer distinção entre brasileiros natos e naturalizados, salvo nos casos previstos nesta Constituição.
§ 3º. São privativos de brasileiro nato os cargos:
I - de Presidente e Vice-Presidente da República;
II - de Presidente da Câmara dos Deputados;
III - de Presidente do Senado Federal;
IV - de Ministro do Supremo Tribunal Federal;

V - da carreira diplomática;
VI - de oficial das Forças Armadas.
§ 4º. Será declarada a perda da nacionalidade do brasileiro que:
I - tiver cancelada sua naturalização, por sentença judicial, em virtude de atividade nociva ao interesse nacional;
II - adquirir outra nacionalidade, salvo nos casos:
a) de reconhecimento de nacionalidade originária pela lei estrangeira;
b) de imposição de naturalização, pela norma estrangeira, ao brasileiro residente em Estado estrangeiro, como condição para permanência em seu território ou para o exercício de direitos civis.

2.1. Conceito de nacionalidade e efeitos

Seja a nacionalidade o *status* jurídico de alguém que o vincula a determinado Estado, seja, conforme Pontes de Miranda (*Op. cit.*, p. 352), "o laço jurídico-político de direito público interno, que faz de uma pessoa um dos elementos componentes da dimensão pessoal do Estado", isto é, parte integrante do povo que, com o território e o governo soberano, compõe o Estado - o termo *nacionalidade* parece estranho. Como é notório, sua raiz está na palavra *nação*, que não se confunde com *Estado*. A terminologia exata a ser dada ao vínculo jurídico e político do ser humano com o ente estatal seria *estatalidade*.

Contudo, o termo *nacionalidade*, com a compreensão que se lhe dá atualmente, ingressou na Constituição de 1891, que a usou no artigo 69, 4º e 5º. Manteve-se-o na Constituição de 1934 (art. 106, letra *c*), na Carta de 1937 (arts. 115 e 116), na de 1946 (arts. 129 a 130) e nos textos constitucionais de 1967 (art. 141) e de 1969 (art. 146). Esta observação histórica dá à *nacionalidade* uma conotação tradicional, superior a cem anos. Para nós, a tradição, o uso constante do termo, opera acertos e precisões terminológicas, de modo a afastar a equivocidade de sua raiz. O sentido semântico estranho ao radical se notabilizou e é fato consumado: *tollitur quaestio*.

Antônimo de nacional é estrangeiro, sendo certo que o nacional se divide em nato e naturalizado, conforme se verá mais adiante. De momento, é de se ressaltar certos direitos que nascem, entre outros, dos textos constitucionais e que só tutelam os nacionais, natos e naturalizados. Primeiro, os nacionais se legitimam nos direitos políticos, sejam o de votar e o de ser votado. Não pode votar, visto que não pode se alistar eleitoralmente, o estrangeiro. Só o nacional é que tem aptidão eleitoral para se alistar e votar. Identicamente, o direito de ser votado, a condição de ser eleito, depende da existência da nacionalidade brasileira. A única exceção, a do português, que é estrangeiro (art. 12, § 1º, da CF), não destrói a regra geral, por ser exceção.

Os direitos e garantias individuais, outrossim, alcançam os brasileiros, mas também os estrangeiros residentes no País (art. 5º, *caput*). Entretanto, quando se trata de extradição a ser concedida pelo Brasil, três regras existem: a) uma de caráter absoluto, a de que nenhum brasileiro nato será extraditado; b) outra, de caráter relativo, visto que o brasileiro naturalizado só será extraditado "em caso de crime comum, praticado antes da naturalização, ou de comprovado envolvimento em tráfico ilícito de entorpecentes e drogas afins, na forma da lei"(art. 5º, inc. LI); c) a última, de caráter também relativo. O estrangeiro pode ser extraditado, salvo se se tratar de crime político ou de opinião.

O direito de propriedade é direito e garantia individual (art. 5º, XXII, da CF), tutelando brasileiros e estrangeiros aqui residentes. Todavia, quanto a estrangeiros, há uma restrição no direito. O artigo 190 da Carta de 1988 normatiza que "a lei regulará e limitará a aquisição ou arrendamento de propriedade rural por pessoa física ou jurídica estrangeira...". Idêntica restrição já existia na Constituição de 1969 (art. 153, § 34). Na área infraconstitucional, a Lei nº 5.709, de 7 de outubro de 1971, regula a matéria relativa à aquisição de imóvel rural por estrangeiro residente no País ou pessoa jurídica estrangeira autorizada a funcionar no Brasil.

Diante de todas estas observações, vê-se que o exame das situações de nacionalidade brasileira, para delas se distinguir os de nacionalidade estrangeira, não responde a um interesse xenófobo. Não há que se encontrar nesta distinção um sinal de brasileirismo extremado. Todo problema está em que a própria Constituição dá, em algumas situações, tratamento diferenciado a nacionais brasileiros relativamente a estrangeiros. Este tratamento, já examinado objetivamente no curso deste item, exige a diferenciação. Por isso, as questões que envolvem a nacionalidade se explicam pela finalidade, que é a busca da efetiva e limitada tutela constitucional.

2.2. Brasileiro nato

A existência de brasileiro nato depende do exame de alguns critérios básicos: a consangüinidade (*jus sanguinis*) e a territorialidade (*jus soli*). Outros critérios condicionantes a ser, às vezes, utilizados, são o relativo ao que se poderia denominar de circunstancial-finalístico e o de opção manifestada. O *jus sanguinis* já foi examinado anteriormente e diz respeito à nacionalidade dos pais do interessado. A idéia seria: A é brasileiro porque seus pais são brasileiros. É a nacionalidade por reflexo de parentesco. O *jus soli* respeita o local do nascimento, buscando-se determinar a nacionalidade a partir do fato de a que Estado pertence o território onde ocorreu o nascimento de alguém. B é brasileiro porque nasceu em território brasileiro.

O critério condicionante a que denominamos de *circunstancial-finalístico* é para as situações em que os pais se encontram fora do território do Estado a que estão vinculados, podendo estar nesta situação eventualmente, por estar viajando a passeio, ou por se encontrar em viagem a serviço de seu País. Nestas situações, este critério secundário deverá ser levado em conta para atuar no *jus soli* ou no *jus sanguinis*. O último critério, também condicionante, diz respeito à *opção*, manifestação de vontade que, somada a outras circunstâncias referidas no texto constitucional, pode significar se tratar de brasileiro nato.

A territorialidade necessária ao *jus soli* exige que se examine o que é território de um Estado, no caso o brasileiro. É, numa primeira visão, o espaço geográfico delimitador do Brasil e o espaço aéreo correspondente. Também o mar territorial, que é a faixa de duzentas milhas marítimas de largura, contando-se-a a partir da linha do baixa-mar do litoral continental e das ilhas, e o correspondente espaço aéreo. No denominado *mar alto*, mar que não é de ninguém, porque a nenhum Estado pertence, há o que pode se denominar de território *flutuante*: aviões e navios, mesmo que particulares, desde que brasileiros.

O fato jurídico que importa à nacionalidade é o *nascimento*. É verdade que o artigo 4º do Código Civil fala que "a lei põe a salvo desde a concepção os direitos do nascituro". Por duas fundamentais razões, desimporta o fato da *concepção*. Inicialmente, porque não se pode interpretar um texto constitucional considerando dizeres de uma lei infraconstitucional. O princípio da hierarquia das leis serve de obstáculo a esta pretensão hermenêutica. Em segundo lugar, uma lei hierarquicamente inferior não pode servir de fato derrogador de um texto constitucional. A Carta de 1988 apresenta três situações de existência de brasileiros natos e, em todas elas, se utiliza da palavra *nascidos*, incompatível com *concepção*. Fosse no terreno da convivência, assim mesmo o dado essencial seria o *nascimento*, porque elemento certo ao contrário da data da *concepção*.

A primeira configuração de brasileiro nato vai servir-se do *jus soli* (nascido em território brasileiro) e da inexistência de um dado circunstancial-finalístico (se os pais forem estrangeiros, não estiverem a serviço de seu país). Assim, só não será brasileiro se os pais aqui estiverem a serviço de seu Estado. Celso Ribeiro Bastos (*Op. cit.*, p. 552) enfatiza, com inteira razão, que a cláusula "não estejam a serviço de *seu país*" (os grifos são nossos) traz como conseqüência a seguinte hipótese: é "brasileiro o filho de diplomata de nacionalidade francesa mas a serviço de Gabão". Do mesmo sentir, Pontes de Miranda (*Op. cit.*, p. 463).

Questão que pode gerar alguma divergência de interpretação seria a do nascido no Brasil, em que um dos pais é estrangeiro a serviço de seu país, e o outro, de nacionalidade brasileira. Poder-se-ia negar a esta criança a nacionalidade brasileira? Entendemos que não. O inciso I, *a*, do artigo 12, em anotação, exclui a nacionalidade brasileira se *ambos* os pais forem estrangeiros. O *jus soli* que se acrescente de ser um dos pais brasileiro - o que estruturaria também o *jus sanguinis* -, é suficiente para reconhecer a nacionalidade de brasileiro nato à criança nascida nestas circunstâncias. Uma exceção não pode ter caráter tão ampliativo e muito menos analógico. Não comprovada a circunstância-finalística indicada no texto constitucional, vale a regra geral do *jus soli*.

A segunda situação configuradora de brasileiro nato no texto constitucional considera o *jus sanguinis* desde que acrescido de um dado circunstancial-finalístico. Não basta que um dos pais seja brasileiro. Como se trata de nascido em território estrangeiro, o pai ou a mãe brasileira deve estar a serviço do Brasil no Estado de nascimento da criança. Da mesma forma que na situação anterior, se o pai ou a mãe for diplomata, mas estiver a serviço de outro Estado, o suporte fático constitucional não se tem por satisfeito. Impensável se discutir se se trata de filho legítimo ou ilegítimo, ante a regra do parágrafo 6º do artigo 227 da CF.

Circunstância que exige exame mais acurado de seu significado é o estar um dos pais no estrangeiro, onde nasceu o filho, a serviço do Estado brasileiro. A atividade prestada no exterior para uma empresa pública ou uma sociedade de economia mista, ou outra qualquer entidade paraestatal, não equivale a estar a serviço do Brasil. Tais empresas não são estatais, regulando-se e disciplinando-se pelas regras pertinentes às empresas privadas (art. 173, § 1º, da CF). De outro lado, os atletas que participam de Olimpíadas mundiais e de Campeonatos do mundo, embora se fale em representantes do Brasil, não estão a serviço do país, na compreensão que lhe dá o texto constitucional. A representação é das confederações desportivas.

Questão percuciente é se saber se interessa à hipótese de brasileiro nato ora em exame o fato de se tratar de pai ou mãe brasileira no exterior a serviço de Estado Federado, Município ou Distrito Federal. Sem dúvida, estas três entidades políticas são entidades federativas, compondo, em união indivisível, a República Federativa do Brasil (art. 1º da CF). Se são integrantes da federação, poderiam, os que tivessem a seu serviço, estar satisfazendo o pressuposto de fato da norma constitucional? Esta interpretação, entretanto, está rejeitada pelo texto constitucional que fala em "esteja a serviço da República Federativa do Brasil" (art. 12, I, *b*). Além do mais, tais entes federativos só têm existência no plano interno. Neste sentido, Celso Ribeiro Bastos (*Op. cit.*, p. 553).

A terceira e derradeira situação de brasileiro nato é a por *opção*. Na redação originária, várias eram as condições para que tal ocorresse: a) nascimento no estrangeiro, sendo o pai ou a mãe brasileiro; b) ter sido o nascido registrado em repartição brasileira competente ou venha a residir no Brasil antes da maioridade; c) alcançada esta, opte, em qualquer tempo, pela nacionalidade brasileira (art. 12, I, *c*, da CF). Na Constituição de 1967, a opção deveria se manifestar no prazo de quatro anos da maioridade (art. 140, I, *c*), o que foi repetido na Constituição de 1969 (art. 145, I, *c*). O quadriênio se caracterizava como prazo decadencial, cuja passagem sem opção válida extinguia o direito à nacionalização.

A Emenda Constitucional de Revisão nº 3, de 7 de junho de 1994, alterou a redação da norma em exame, tornando os pressupostos mais simples. Assim, as condições passaram a ser: a) nascimento no estrangeiro de pai ou mãe brasileiros; b) venha a residir no Brasil; c) opte, em qualquer tempo, pela nacionalidade brasileira. A simplificação normativa passou a ser objetiva e claramente para tornar mais fácil a nacionalização. Passaram a desinteressar os fatos de ter sido a criança registrada em repartição brasileira competente, e a vinda para residir no Brasil ocorrer antes da maioridade.

2.3. Brasileiro naturalizado

Toda naturalização tem como um de seus pressupostos, certamente o essencial, a vontade manifesta do naturalizado. Não é como usualmente ocorre, salvo a hipótese de *opção*, com a brasilidade nata, em que se a adquire por força de lei, automaticamente. A naturalização jamais é compulsória. Pontes de Miranda (*Op. cit.*, t. IV, p. 474) diz: "A atribuição forçada da nacionalidade ao estrangeiro (nacional de outro Estado ou apátrida), sem colaboração positiva ou negativa dele, constitui procedimento contrário ao direito das gentes, que só admite tal incorporação compulsória, automática, em se tratando de nacionalidade de origem (*jus sanguinis, jus soli* e critérios mistos)."

A Constituição de 1891, no artigo 60, 4º, fez aquilo que a doutrina denomina de *grande naturalização*, ao dizer que eram cidadãos brasileiros "os estrangeiros que, achando-se no Brasil em 15 de novembro de 1889, não declararam, dentro de seis meses depois de entrar em vigor a Constituição, o ânimo de conservar a nacionalidade de origem". Argumentou-se, na época, que esta seria uma naturalização compulsória, em que, sem dependência da vontade do interessado, obrigava-se a uma naturalização não pretendida. Equívoco injusto da crítica. O que se fez foi formar, do silêncio do interessado, uma manifestação de vontade. Como se sabe, a omissão, quando há obrigação de não se omitir, vale como manifestação de vontade (Vicente Ráo, 1981, p. 142).

A Argentina tornou-se independente a 25 de maio de 1810, e sua terceira Constituição - as primeiras foram as de 1819 e de 1826 -, a mais antiga da América ainda em vigor, é de 1835. Nela também se operou uma grande naturalização de estrangeiros que residissem dois anos contínuos na Argentina (art. 20). Contudo, também não se pode qualificar tal espécie de naturalização como sendo compulsória, porque o referido artigo 20, ainda em vigor após a reforma constitucional de agosto de 1994, dizia que os estrangeiros "no están obligados a admitir la ciudadania".

O Brasil conheceu, porém, uma naturalização compulsória. A Constituição de 1824 dizia serem brasileiros "todos os nascidos em Portugal e suas possessões que, sendo já residentes no Brasil na época em que se proclamou a independência nas províncias, onde habitavam, aderiram a esta, expressa ou tacitamente, pela continuação de suas residências" (art. 6º, 4º). A adesão tácita à independência pela mantença da residência no Brasil, ou a adesão expressa, não significavam concordância com a naturalização. Se fosse, seria manifestação coagida, porque, para não se naturalizar, deveriam se afastar do território brasileiro. Coação evidente.

Modernamente, não há que se pensar em naturalização compulsória, ou automática. A vontade do pretendente à naturalização deve ser expressa. Em qualquer dos dois casos indicados na Constituição (art. 12, II, *a* e *b*), a vontade manifestada é fundamental. No primeiro caso, a naturalização se fará *na forma da lei*, e esta não poderá dispensar o elemento vontade do naturalizando. No segundo caso, há a cláusula *desde que requeiram nacionalidade brasileira*. Salienta-se, porém, que não é suficiente a vontade. As normatividades constitucional e infraconstitucional exigem a satisfação de outros requisitos.

Objetivamente, a naturalização, que sempre será de eficácia *ex nunc* do ato de naturalização, se dará de um dos três modos abaixo indicados. *Primeiro*, dos originários de países, cuja língua seja o português, exigindo-se, como requisitos, a residência por um ano ininterrupto no Brasil e a idoneidade moral, conforme definida em lei subconstitucional. Esta maior facilitação no se naturalizar não se dirige só aos portugueses, mas a todo oriundo de Estado que tenha, como língua oficial, o português, ao contrário do que dispunham a Constituição de 1967 (art. 140, II, *b*, 3) e a de 1969 (art. 145, II, *b*, 3) que exigiam, ainda, a nacionalidade portuguesa e sanidade física.

Segundo, dos demais estrangeiros, se residentes no Brasil há mais de quinze anos ininterruptos e sem condenação penal. O requisito da condenação penal leva a uma indagação. É impeditiva da naturalização a simples condenação penal ou a já com trânsito em julgado? De um lado, há o benefício da dúvida, que é garantia constitucional, de que "ninguém será considerado culpado até o trânsito em julgado da sentença penal condenatória" (art. 5º, LVII). De outro lado, que não é causa de cancelamento o ter sido penalmente condenado (§ 4º, I, do artigo em anotação). Diante destas circunstâncias e em interpretação sistêmica, a condenação penal impeditiva é a com trânsito em julgado.

A *terceira* situação da naturalização é dos estrangeiros em geral, ou apátridas, que não possam se beneficiar com as duas anteriores. Diz a Constituição que será naturalização *na forma da lei*, isto é, conforme lei infraconstitucional. A Lei que interessa é a 6.815, de 19 de agosto de 1980, que define a situação jurídica do estrangeiro no Brasil, onde a naturalização é tratada nos artigos 111 a 124.

2.4. Tratamento diferenciado

Tanto o nato como o naturalizado são brasileiros. Em regra, têm tratamento normativo igual. Como exceção, pode haver tratamento diferenciado. O exame acerca de quando pode haver a diferenciação leva a uma observação inicial. As regras que possibilitam a diferenciação de tratamento entre brasileiros natos e naturalizados seguem o princípio da reserva constitucional. Só há diferenciação quando o texto constitucional expressamente a prevê. Nenhuma lei infraconstitucional pode regrar diferenciação entre brasileiros natos e naturalizados. Se tal fizer, em desconformidade com o texto constitucional, se estará diante de lei inconstitucional. O princípio da reserva constitucional não existia na Constituição de 1969.

A Constituição de 1967 dizia, no parágrafo 2º do artigo 140, que "além das previstas nesta Constituição, nenhuma outra restrição se fará a brasileiro em virtude da condição de nascimento". Pontes de Miranda (*Op. cit.*, t. IV, p. 505), anotando este parágrafo, dizia que "nem as leis - mesmo complementares à Constituição de 1967 - quer federais, quer locais, nem as Constituições estaduais podem criar exceções". Embora sendo redação diferente da ora anotada da Constituição de 1988, o conteúdo normativo era o mesmo. Entretanto, a Emenda Constitucional nº 1/69, que resultou no texto constitucional de 1969, não repetiu a norma, que foi retirada do ordenamento constitucional brasileiro.

A reserva constitucional relativamente a brasileiros está expressa no parágrafo 2º do artigo em anotação. No parágrafo 3º, são indicados, em seis incisos, os cargos privativos de brasileiros natos. A reserva constitucional significaria a taxatividade ou *numerus clausus* das situações ou existiriam outras hipóteses no texto constitucional? Não temos qualquer dúvida em afirmar que há outras situações, não obstante poucas, distribuídas na Carta. Assim, no artigo 89, VII, na composição do Conselho da República, órgão consultivo do Presidente e de grau superior, seis dos cidadãos nomeados devem ser brasileiros *natos*. *Naturalizados* não podem.

No elenco ditado pelas Constituições de 1967 e de 1969, havia significação xenófoba. Ministro de qualquer Tribunal Superior, Senador, Deputado Federal, Governador e Vice-Governador de Estado Federado, de Território e substitutos, Ministro do Tribunal de Contas da União, Procurador-Geral da República, Governador do Distrito Federal, etc. só podiam ser brasileiros natos. O elenco atual abandonou o brasileirismo extremado e limitou o rol de forma mais razoável: Presidente da República; os que lhe podem substituir na vacância ou impedimento: Vice-Presidente, Presidente da Câmara dos Deputados e Presidente do Senado Federal; Ministro do Supremo Tribunal Federal; cargo da carreira diplomática; e oficial das Forças Armadas (§ 3º do art. 12).

2.5. Perda da nacionalidade

A perda da nacionalidade brasileira, seja a nata seja a por naturalização, sempre é conseqüencial. Declara-se-a por efeito de presença de causa que torna, nos termos constitucionais, incompatível a mantença da nacionalidade. Assim, ninguém perde a nacionalidade brasileira por simples requerimento, onde se manifeste a intenção de seu cancelamento. Ninguém se torna apátrida voluntariamente. A declaração de perda da nacionalidade tem causalidade especificada no texto constitucional e, na formação da causa, pode atuar a vontade do ser humano. Mas vontade diretamente direcionada à perda do *status* jurídico vinculativo a um Estado não existe no Brasil.

A nacionalidade, qualquer das duas, quando se forma, tem pretensão à vitaliciedade. É o que normalmente ocorre. Quem é brasileiro nato morre brasileiro e quem é naturalizado tem intenção, ao se naturalizar, de fazer vitalícia a naturalização, e morre nesta condição. O que se quer salientar é que, em termos de nacionalidade, ela não está sujeita a condições resolutivas ou a termos. No entanto, por causas constitucionais que se apresentam supervenientemente, ela é resolúvel, podendo significar o seu cancelamento antes da morte. Aqui, portanto, em sede de perda da nacionalidade, deve-se estudar a causalidade da desfiguração do *status* jurídico em exame.

As causas cancelatórias da nacionalidade seguem o princípio da reserva constitucional, taxativamente previstas no texto constitucional. Pinto Ferreira (1989, v. 1, p. 282) diz que a Constituição Federal arrola as causas em *numerus clausus*, que tem o mesmo sentido de taxatividade. Assim, nem lei ordinária, nem lei complementar ou mesmo as Constituições estaduais podem prever motivos de perda da nacionalidade. Tal matéria está circunscrita no ordenamento constitucional federal e, não é demais repetir, modo exaustivo.

A primeira causa de perda da nacionalidade se refere ao naturalizado: a *atividade nociva ao interesse nacional*. Esta perda depende de processo judicial e de sentença com trânsito em julgado, o que equivale dizer que será assegurada ao naturalizado a ampla defesa, em processo de natureza dialético e, por isso, obediente ao princípio do contraditório (art. 5º, LV, da CF). A causa justificadora do processo não tem e nem poderia ter uma definição em lei. Cabe ao julgador pesquisar nas condutas do naturalizado aquelas ações ofensivas ao interesse nacional, porque a nocividade é conseqüência da ofensa.

A segunda causa é a aquisição de outra nacionalidade. O objetivo é nítido, ou seja, de evitar a dupla ou polinacionalidade. Esta causa esteve nas Constituições de 1824 (art. 7º, 1º), 1891 (art. 71, § 2º, *a*), 1934 (art. 107, *a*), 1937 (art. 116, *a*), 1946 (art. 130, I), 1967 (art. 141, I) e 1969 (art. 146, I). A Constituição de 1988, em sua redação original, dizia a mesma coisa, sem ressalvas: perdia-se a nacionalidade com a aquisição de outra. Entretanto, a Emenda Constitucional de Revisão nº 3, de 1944, trouxe alterações ao tema da perda da nacionalidade, possibilitando, em alguns casos, a dupla nacionalidade.

Nas duas ressalvas previstas na Constituição, não se encontra qualquer incompatibilidade entre as nacionalidades diversas. Assim, se houver reconhecimento da nacionalidade originária por lei estrangeira, a nacionalidade brasileira se mantém. A razão parece óbvia. Como a nacionalidade estrangeira será compulsória por ser originária, nenhuma incompatibilidade existe com a vontade já manifestada na naturalização ou com a compulsoriedade da nacionalidade nata brasileira. A segunda hipótese é a do brasileiro que se naturaliza por residir no Estado onde se naturalizou, lá residindo, seja para garantir sua permanência no território do Estado em que esteja, seja para exercer seus direitos civis. Na situação, trata-se de inexigibilidade de outra conduta ou de estado de necessidade, razão pela qual não haverá perda da nacionalidade brasileira.

A perda da nacionalidade brasileira pela aquisição de outra depende de processo administrativo, instaurado e julgado por autoridade competente, obediente ao devido processo legal e onde serão assegurados o contraditório e a ampla defesa. Estas exigências são facilmente compreensíveis. Se há ressalvas em que se permite a plurinacionalidade, deve se oportunizar ao interessado prová-las. O descumprimento das garantias constitucionais (art. 5º, LV) leva à nulidade do cancelamento, decretável pelo Poder Judiciário.

2.6. Portugueses

Português, na área da nacionalidade brasileira, ou é naturalizado ou é estrangeiro. Como naturalizado, é tratado identicamente a qualquer outro em idêntica situação. Sob este aspecto, a matéria já foi tratada nos itens anteriores. Não sendo naturalizado, pode ter tratamento diferenciado dos demais estrangeiros. A matéria é versada no parágrafo 1º do artigo em comento e já foi por nós examinada em outro trabalho (*Lineamentos de Direito Eleitoral*, Porto Alegre: Síntese Editora, 1996, pp. 75/84), para onde remetemos o leitor. Contudo, face à autonomia editorial deste volume, há necessidade de serem examinados alguns aspectos, que se mostram fundamentais.

O natural de Portugal, para ter os mesmos direitos inerentes ao brasileiro - direitos civis e políticos -, deve requerer, provando os seguintes requisitos essenciais: a) residência permanente no Brasil; b) haja em Portugal reciprocidade de tratamento em favor de brasileiros. O que se deve ter por residência *permanente* nada tem a ver com quantidade mínima de anos ou meses em território brasileiro. Tem a ver com o *visto*, sem o qual não pode entrar no território nacional. Não basta o *visto* de trânsito, de turista, temporário, diplomático, etc. O *visto* tem que se qualificar como *permanente*. Mas o que é *visto* permanente?

A Lei 6.815/80 assim o define, no artigo 16: "O visto permanente poderá ser concedido ao estrangeiro que pretenda se fixar definitivamnte no Brasil". O ânimo definitivo, a intenção de residir até a morte, é que dão à residência o qualificativo de permanente. Permanência, portanto, não é critério observável temporalmente, embora possa o tempo de residência servir de elemento indiciário. A permanência é critério subjetivo, verificável pela intenção. Deste modo, o residir o português no Brasil por um ano, ou menos, pode significar residência permanente pela intenção de residir definitivamente. Ao contrário, o tempo de residência maior, o de diplomata por exemplo, não é permanente.

A *reciprocidade* é o outro dos requisitos exigidos. O artigo 15,3 da Constituição portuguesa de 1976, já com as reformas de 1982 e 1989, tem normatividade semelhante. Reciprocidade assim se resume: tratamento idêntico, em dois países, a nacionais respectivos. A Constituição lusitana exige a formalização de Convenção Internacional. A Convenção já existe entre Brasil e Portugal, firmada em Brasília em 7 de setembro de 1971 e já cumpridas todas as formalidades para sua eficácia.

3. Artigo 13

A língua portuguesa é o idioma oficial da República Federativa do Brasil.
§ 1º. São símbolos da República Federativa do Brasil a bandeira, o hino, as armas e o selo nacionais.
§ 2º. Os Estados, o Distrito Federal e os Municípios poderão ter símbolos próprios.

3.1. Idioma oficial

Nenhuma das Constituições anteriores do Brasil teve norma que definisse a língua portuguesa como idioma oficial. A Carta política atual foi a primeira. Outras até *indiretamente* falavam em português como sendo a língua nacional, o que era até implícito. Norma expressa, só a atual. Celso Ribeiro Bastos (*Op. cit.*, p. 567) é forte na crítica: "Este artigo, de fato, não avança nada em termos constitucionais e só serve para alongar o Texto". Na verdade, a norma em anotação, quanto ao idioma oficial, não veio definir rumos, evitar polêmicas ou solucionar dúvidas. Nunca houve outro pensamento de que o português era a língua oficial. Entretanto, tecnicamente em nada ficou prejudicada a Constituição em se *constitucionalizar* o que já era norma sociocultural.

Nossa vigente Constituição não foi a primeira a tratar questão de idioma oficial. A Constituição de Costa Rica, no artigo 76, regra que "el español es el idioma oficial de la Nación". No mesmo sentido, o Texto Maior de Nicarágua, em seu artigo 11. A Constituição das Filipinas, no artigo XIV, 6, diz que o idioma nacional é o filipino. A Carta da Espanha, no artigo 3º, 1, normatiza ser o castelhano a língua espanhola oficial e que todos os espanhóis têm o dever de conhecer. A Finlândia tem duas línguas oficiais: o finlandês e o sueco (art. 14 da Lei Constitucional). A Áustria e a Iugoslávia adotaram vários idiomas como oficiais, respectivamente: "todos os idiomas usuais no país" (art. 19 da Lei Constitucional anexa à Constituição), sendo que o cidadão iugoslavo pode, com liberdade, "servir-se de sua própria língua e escritura"(art. 170 da Constituição).

O fato de ser o português língua oficial do Brasil não defere ao idioma exclusividade absoluta, que signifique obstáculo para qualquer outra língua. No denominado ensino fundamental, a ministração se dará, necessariamente, em língua portuguesa, "assegurada às comunidades indígenas também a utilização de suas línguas maternas" (art. 210, § 2º, da CF). Outras línguas, não sendo em atos oficiais, podem ser utilizadas, inclusive em escolas e universidades. O que deve se ler no artigo em anotação é que o português, oficialmente ou na vida social, deve ser utilizado. Este regramento, porém, não impede que, *a latere*, outras línguas sejam usadas.

Caso interessante ocorreu no *Habeas Corpus* nº 72391/DF, julgado pelo STF, em Tribunal Pleno, em 8.3.95, Rel. o Min. Celso de Mello, em que a petição era redigida em espanhol. O *habeas* não foi conhecido, argumentando-se da seguinte forma: "A imprescindibilidade do uso do idioma nacional nos atos processuais, além de corresponder a uma exigência que decorre de razões vinculadas à própria soberania nacional, constitui projeção concretizadora da norma inscrita no art. 13, *caput*, da Carta Federal" (*A Constituição na Visão dos Tribunais*, v. I, São Paulo: Saraiva, 1997, pp. 251/252).

3.2. Símbolos

São símbolos do Brasil a bandeira, o hino, as armas e o selo nacionais. Esta norma é comum em Constituições de outros países. No Brasil, a nível constitucional, se elencou os símbolos, mas não se os definiu, informando as características fundamentais. Fala-se em bandeira, mas não se diz sua configuração, cores, lema, etc. Constituições de outros Estados especificam tais informações: Portugal (art. 11), URSS (art. 170), Espanha (art. 4º, 1), França (art. 2º), Angola (art. 80), Cabo Verde (art. 20, 2), Moçambique (art. 77), São Tomé e Príncipe (art. 2, 2), etc. No Brasil, lei ordinária é que definirá.

No que concerne ao hino, também nada se informa. A norma constitucional diz que o hino é um símbolo, mas não se nominou qual é o hino. O hino nacional, o hino da independência, o hino da bandeira, qual deles? Por conhecimento vulgar, sabe-se que é o Hino Nacional. Mas a Constituição não diz, permitindo que se mude o hino por lei infraconstitucional, deixando de lado a tradição. Outras Constituições são mais específicas. Na de Portugal, é *A Portuguesa* (art. 11); na da França, é a *Marselhesa* (art. 2º); na de Angola, é *Angola Avante* (art. 82); na de Cabo Verde, é *Esta é a Nossa Pátria Amada* (art. 20, 4), na de São Tomé e Príncipe, é *Independência Total* (art. 2, 3), etc.

A legislação subconstitucional brasileira é que vai especificar e caracterizar os símbolos da República. Assim, a Lei nº 5.700, de 1º de setembro de 1971, em seu artigo 3º, é que dá todas as características da *Bandeira Nacional*, inclusive alertando que é aquela adotada pelo Decreto nº 4, de 19 de novembro de 1889, com as modificações feitas pela Lei nº 5.443, de 23 de maio de 1968. O *Hino Nacional* é o composto pela música de Francisco Manoel da Silva e do poema de Joaquim Osório Duque Estrada, conforme já dispunham os Decretos nº 171, de 20 de janeiro de 1890, e nº 15.671, de 6 de setembro de 1922. A Lei nº 5.700/71 se faz acompanhar de anexos com desenhos da Bandeira

Nacional, com o poema do Hino Nacional e diversas partituras correspondentes.

A mesma lei define as *armas nacionais*, também com o respectivo desenho. Neste tema de símbolos, tudo busca se apoiar na tradição, o que obedece a critério de conveniência. Na verdade, as armas nacionais, é a própria lei que diz (art. 7º), são as que foram instituídas pelo Decreto nº 4, de 19 de novembro de 1889, com a alteração realizada pela Lei nº 5.443/68. O *selo nacional*, de conformidade com o artigo 9º da Lei de 1971 e desenho anexo, configura-se "por um círculo representando uma esfera celeste, igual ao que se acha no centro da Bandeira Nacional, tendo em volta as palavras República Federativa do Brasil".

3.3. Demais entes federativos

A Constituição de 1937, embora afirmasse o Brasil como um Estado Federal, coexistindo com outros entes federativos autônomos, regrava, no artigo 2º, que "a bandeira, o hino, o escudo e as armas nacionais são de uso obrigatório em todo o país. Não haverá outras bandeiras, hinos, escudos e armas. A lei regulará o uso dos símbolos nacionais". O regramento era explícito. Nem os Estados-membros, nem o Distrito Federal e nem os Municípios poderiam ter símbolos próprios. O pensamento que apoiava esta orientação normativa se prendia ao fato de que os símbolos atuavam psíquica e civicamente, podendo sustentar idéias separatistas, ofensivas à unidade nacional advinda da Federação, que sempre foi união indissolúvel.

A Constituição de 1946 se orientou diversamente: "Os Estados e os Municípios podem ter símbolos próprios"(parágrafo único do art. 195). A. de Sampaio Dória (*Op. cit.*, v. 4, p. 834) afirma que "a unidade nacional não se desmerece com os cultos regionais, o apego às tradições locais". Contudo, inexplicável a exclusão do Distrito Federal. O acréscimo veio pela Constituição de 1967 (art. 1º, § 3º), mantendo-se na Carta de 1969 (art. 1º, § 3º). A atual Constituição consolidou o entendimento de que todos os entes federativos - União, Estados Federados, Municípios e Distrito Federal - podem ter símbolos próprios.

Capítulo IV

DIREITOS POLÍTICOS

1. Escorço histórico

Os direitos políticos, numa maior ou menor extensão, menos ou mais limitados quanto a seu exercício, foram previstos em todos os textos constitucionais brasileiros. Na Constituição de 1824, havia o artigo 8º, que elencava as causas que suspendiam o exercício dos direitos políticos, afirmação certa de que eles se continham em seu texto. A limitação de tais direitos era indiscutível. Não havia a soberania popular, mesmo porque o Imperador, que detinha os Poderes Executivo e Moderador, era sucedido hereditariamente, afastado o povo de sua escolha. Mesmo no referente à eleição para o Poder Legislativo, os direitos de votar e de ser votado eram limitados e com exclusões, inclusive relativas à capacidade econômica mínima. Os direitos políticos, assim, tinham pouca abrangência.

A Constituição de 1891, adotando a República como forma de Governo acrescida do sistema representativo, ampliou o direito dos cidadãos brasileiros, o que significava uma maior abrangência dos direitos políticos. Os Poderes Executivo e Legislativo eram eleitos pela vontade do povo, embora ainda não se pudesse afirmar a existência do sufrágio universal, porque não tinham direito a voto, por exemplo, os analfabetos e os mendigos (art. 70, § 1º). Comparativamente com a Constituição anterior, o regime de democracia representativa e as eleições periódicas configuravam uma amplitude no exercício dos direitos políticos. Do texto constitucional se concluía pela existência da soberania popular.

A Carta Política de 1934 afirmou, expressamente, a existência da soberania popular, fazendo ingressar em seu texto a norma do artigo 2º: "Todos os poderes emanam do povo, e em nome dele serão exercidos". Incluiu um Capítulo encimado com a epígrafe *Dos Direitos Políticos* (arts. 106 a 112), nele se integrando os direitos de nacionalidade. Dispôs sobre inelegibilidades, sob a perda de direitos políticos e excetuando da condição de eleitores, *v.g.*, os que não sabiam ler ou escrever e os mendigos. Assim, havia a soberania popular, os direitos de votar e de ser votado, mas o sufrágio continuava a não se desenhar como universal, face às exceções contidas.

A Constituição de 1937, quanto aos direitos políticos, foi contraditória, conscientemente contraditória, criando uma desarmonia forte entre o que dispunham algumas de suas normas e outras e, principalmente, a prática. Normatizou, no artigo 1º, que "o poder político emana do povo e é exercido em nome dele", o que significaria soberania popular. Previa, expressamente, eleições e existência de direitos políticos, participando o povo na formação dos Poderes Executivo e Legislativo. Entretanto, dissolveu os Poderes Legislativos de todos os entes federativos (art. 178), renovou o mandato do Presidente da República (art. 175), o que, na prática, garantiu o exercício da Presidência até a queda de 1945. Conclusão: durante toda vigência da Constituição, não ocorreram eleições, e a soberania popular ficou limitada ao papel.

Esta é a observação que se pode fazer, longe dos fatos e com embasamento técnico. Dizendo o artigo 72 da Carta de 1937 que o Presidente da República é a "autoridade suprema do Estado", a ele entregue "o poder de expedir decretos-leis sobre todas as matérias da competência legislativa da União" (art. 179), o que significava substituir-se ao Poder Legislativo, não participando o povo na formação de qualquer dos Poderes, a única conclusão a que se pode chegar é a de que, até a deposição de Vargas em 1945, não havia exercício de direitos políticos pelo povo, e as previsões constitucionais eram simplesmente retóricas, sem aplicabilidade, só para efeito externo. A Carta Magna de 1946 fez retornar ao Brasil a democracia e, na forma das Constituições de 1891 e 1934, democracia exclusivamente indireta, representativa. Depois de, em seu artigo 1º, preceituar que todo poder emanava do povo e em seu nome seria exercido, tratou dos direitos políticos sob o título de direitos da cidadania (arts. 131 a 140). Regrou, expressamente, os direitos de votar e de ser votado, indicou inelegibilidades, elencou causas de suspensão dos direitos políticos e, mais que os outros textos constitucionais, se aproximou da universalidade do voto. O mendigo não estava mais impedido de votar. Com isto, se retirou do texto constitucional qualquer resquício de influência da capacidade econômico-financeira na capacidade eleitoral.

A Constituição de 1967 tratou dos direitos políticos em Capítulo próprio, trazendo regras explícitas sobre o alistamento eleitoral, indicando os inalistáveis com a mesma aproximação da universalidade do sufrágio da Carta de 1946, ao não incluir os mendigos. Elencou as situações de perda e suspensão dos direitos políticos, arrolou diversas inelegibilidades e delegou à lei complementar estabelecer outros casos de inelegibilidades para preservação do regime democrático, da probidade administrativa e da normalidade e legitimidade das eleições contra o abuso do poder econômico e da administração pública. A Emenda Constitucional nº 1/69, que resultou na Constituição de 1969, repetiu as normas.

1.2. Compreensão dos direitos políticos

Direitos políticos são espécies do gênero direitos e garantias individuais, assim como também são os direitos individuais e coletivos, os direitos sociais e os direitos de nacionalidade, já devidamente examinados, e os partidos políticos. São aqueles direitos atribuídos aos cidadãos que têm a capacidade de participar na formação dos Poderes do Estado, com exceção do Judiciário. Poderes que envolvem o direito de manifestação de escolha em eleições e o direito de se candidatar a cargos públicos. Por isso, atribuem-se aos cidadãos o direito de votar e de ser votado. A estes básicos direitos se resumem os direitos políticos.

J. J. Gomes Canotilho (1996, pp. 519/520) fala que o cidadão pode estar diante do direito em relação ao Estado como *status negativus* ou como *status positivus* (= *status activus*). Na primeira situação, há a titularidade dos direitos denominados de civis e, na segunda, "os direitos ligados ao *status activus* salientam a participação do cidadão como elemento ativo da vida política (direito de voto, direito aos cargos públicos). Aqui radicam expressões como *direitos políticos*..."

Direitos políticos, portanto, numa visão genérica, são aquelas faculdades que se integram e se refletem da capacidade eleitoral. O detentor desta capacidade tem, como direitos reflexos, o de votar e o de ser votado. Em resumo, estas são as duas básicas atribuições compreendidas nos direitos políticos. São as que instrumentalizam a democracia representativa, em que se elegem os representantes do povo que integrarão os corpos legislativos e a chefia dos Poderes Executivos. Tudo, a final, emanando da soberania popular, visto que o poder dela emana e por ela será exercido.

José Afonso da Silva (*Op. cit.*, pp. 299/300) diz que "a Constituição emprega a expressão *direitos políticos* em seu sentido estrito, como conjunto de regras que regula os problemas eleitorais, quase como sinônima de direito eleitoral. Em acepção um pouco mais ampla, contudo, deveria incluir também as normas sobre partidos políticos". Em nota de rodapé, acentua que, na normatividade infraconstitucional, as regras que se referem a direitos políticos são encontradas no Código Eleitoral. Todavia, em nossa opinião, na categorização e classificação feitas pelo texto constitucional de 1988, a nosso ver em obediência à técnica, os partidos políticos, embora a aproximação e a interação de certas regras, não fazem parte dos direitos políticos. A Carta permite a autonomia do Direito Eleitoral e do Direito Partidário.

Os direitos de votar e de ser votado, suficientes para a democracia representativa, não preenchem, na integralidade, o conteúdo dos direitos políticos. A soberania popular também se compatibiliza com o exercício da democracia direta, em que a manifestação dos detentores dos direitos políticos independe de representatividade; é exercício de democracia sem intermediários. Isto está muito claro na Constituição de 1988. Daí, os *plebiscitos* e os *referendos*, em que há a utilização do voto, e a *iniciativa popular*, em que a manifestação não tem forma de voto; sim, de adesão. O parágrafo único do artigo 1º da CF dá esta orientação: "Todo poder emana do povo, que o exerce por meio de representantes eleitos ou *diretamente*, nos termos desta Constituição" (o grifo é nosso).

Esta observação, quanto ao exercício da democracia direta, não se continha nas Constituições anteriores. A previsão nelas era de democracia representativa, embora o referendo do sistema parlamentar de 1961/1962, que foi adotado num momento de crise institucional. No direito comparado e com objetivo simplesmente de exemplificar, a Constituição da França de 1958 diz, em seu artigo 3º: "A soberania nacional pertence ao povo, que a exerce através dos seus representantes e através de referendos". Em Portugal, face às revisões de 1982 e 1989, há os referendos *locais, políticos e legislativos* (J. J. Gomes Canotilho, *op. cit.*, p. 424). O que se quer acentuar é que, na compreensão dos direitos políticos, ingressam as ações relativas ao exercício da democracia, seja a direta, seja a indireta.

2. Artigo 14

A soberania popular será exercida pelo sufrágio universal e pelo voto direto e secreto, com valor igual para todos, e, nos termos da lei, mediante:
I - plebiscito;
II - referendo;
III - iniciativa popular.
§ 1º. O alistamento eleitoral e o voto são:
I - obrigatórios para os maiores de dezoito anos;
II - facultativos para:
a) os analfabetos;
b) os maiores de setenta anos;
c) os maiores de dezesseis e menores de dezoito anos.
§ 2º. Não podem alistar-se como eleitores os estrangeiros e, durante o período do serviço militar obrigatório, os conscritos.
§ 3º. São condições de elegibilidade, na forma da lei:
I - a nacionalidade brasileira;
II - o pleno exercício dos direitos políticos;
III - o alistamento eleitoral;
IV - o domicílio eleitoral na circunscrição;
V - a filiação partidária;
VI - a idade mínima de:
a) trinta e cinco anos para Presidente e Vice-Presidente da República e Senador;
b) trinta anos para Governador e Vice-Governador de Estado e do Distrito Federal;
c) vinte e um anos para Deputado Federal, Deputado Estadual ou Distrital, Prefeito, Vice-Prefeito e juiz de paz;
d) dezoito anos para Vereador.
§ 4º. São inelegíveis os inalistáveis e os analfabetos.
§ 5º. O Presidente da República, os Governadores de Estado e do Distrito Federal, os Prefeitos e quem os houver sucedido ou substituído no curso dos mandatos poderão ser

reeleitos para um único período subseqüente.

§ 6º. Para concorrerem a outros cargos, o Presidente da República, os Governadores de Estado e do Distrito Federal e os Prefeitos devem renunciar aos respectivos mandatos até seis meses antes do pleito.

§ 7º. São inelegíveis, no território de jurisdição do titular, o cônjuge e os parentes consangüíneos ou afins, até o segundo grau ou por adoção, do Presidente da República, de Governador de Estado ou Território, do Distrito Federal, de Prefeito ou de quem os haja substituído dentro dos seis meses anteriores ao pleito, salvo se já titular de mandato eletivo e candidato à reeleição.

§ 8º. O militar alistável é elegível, atendidas as seguintes condições:

I - se contar menos de dez anos de serviço, deverá afastar-se da atividade;

II - se contar mais de dez anos de serviço, será agregado pela autoridade superior e, se eleito, passará automaticamente, no ato da diplomação, para a inatividade.

§ 9º. Lei complementar estabelecerá outros casos de inelegibilidade e os prazos de sua cessação, a fim de proteger a probidade administrativa, a moralidade para o exercício do mandato, considerada a vida pregressa do candidato, e a normalidade e legitimidade das eleições contra a influência do poder econômico ou o abuso do exercício de função, cargo ou emprego na administração direta ou indireta.

§ 10. O mandato eletivo poderá ser impugnado ante a Justiça Eleitoral no prazo de quinze dias contados da diplomação, instruída a ação com provas de abuso do poder econômico, corrupção ou fraude.

§ 11. A ação de impugnação de mandato tramitará em segredo de justiça, respondendo o autor, na forma da lei, se temerária ou de manifesta má-fé.

2.1. Soberania popular

Soberania é qualificação de um poder supremo que, como conseqüência, não vê, por inexistir, qualquer outro a ela superior. No plano universal, cada Estado é soberano, exercendo a soberania em seu próprio território e nos tratados, convenções, organizações e associações internacionais. A soberania estatal é sugerida em vários artigos do texto constitucional, notadamente no artigo 1º, I. A soberania estatal não é origem; já é conseqüência da formação do Estado, qualificação que se dá ao governo independente. A indagação que se faz se localiza em saber onde a origem da soberania que, a um determinado momento, se transfere ao governo e ao próprio Estado, que se formou. Quem, originariamente, detém este Poder superior?

Já tivemos época em que a titularidade se justificava pela compreensão teocrática do Poder, tudo nascendo do Ser divino. O poder emanava de Deus, que tinha seus representantes (Rei, Imperador, etc.) na terra. J. J. Gomes Canotilho (*Op. cit.*, p. 99) diz que "a teoria do direito divino pretende...justificar a existência de um vicário de Deus no plano temporal". A Constituição de 1824 tem esta orientação. Daí o Imperador, Defensor Perpétuo do Brasil. A soberania era poder que vinha de Deus e se concentrava na dinastia de D. Pedro I. Entretanto, desde a Constituição de 1934 (art. 2º), passando por todas as demais e, inclusive, pela atual (art. 2º), ficou regrado que todo poder emana do povo e em seu nome é exercido.

A titularidade da soberania, hoje ponto tranqüilo na doutrina constitucionalista brasileira, é do *povo*. Por isso no artigo que iniciamos a comentar, fala-se em *soberania popular*, o que significa que o Poder vem do povo e por ele é exercido, direta ou indiretamente. A origem da soberania, portanto, reside no povo. O conceito de povo, acrescenta-se, é quantitativo: o conjunto de pessoas humanas sob a jurisdição de um governo independente, dentro do território estatal. Contudo, em se tratando de soberania popular, em específica visão dos direitos políticos, povo equivale a eleitorado, o conjunto de eleitores, os que têm a capacidade de votar, após o alistamento eleitoral.

O povo exerce a soberania, normalmente através do voto, em modalidade de democracia direta, sem intermediação de ninguém, o que ocorre em situações específicas facultadas no texto constitucional, ou em modalidade de democracia indireta, representativa, elegendo representantes que exercerão a democracia em nome do povo (art. 1º, parágrafo único, da CF). No artigo em anotação, em seu *caput*, qualifica-se o sufrágio como universal e o voto como direto, secreto e de valor igual para todos, matéria que será enfrentada mais adiante. No que importa de momento, o artigo elenca os instrumentos usáveis para o exercício da democracia direta: plebiscito, referendo e iniciativa popular.

Tanto o *plebiscito* como o *referendo* são formas de pronunciamento popular, através do voto, configurantes da democracia direta. A dificuldade aparente está em distingüi-los. Um dos critérios diferenciativos seria que, no plebiscito, se estaria decidindo sobre ponto que ainda não está definido constitucionalmente, enquanto, no referendo, é a confirmação ou desaprovação de algum tema que já consta na Carta. No primeiro, a decisão acerca da matéria ainda não definida no texto constitucional; no segundo, concorda-se ou desaprova-se o que o Constituinte, mesmo o derivado, definiu. Assim, os plebiscitos referidos no artigo 18, parágrafo 4º, da CF, e no artigo 2º do ADCT, estão em conformidade com sua natureza. Identicamente, o referendo relativo ao sistema parlamentar de 1961/1962.

A *iniciativa popular* não depende de voto e equivale à propositura de uma lei. Daí, o termo *iniciativa*. Os pressupostos para utilização desta medida estão no processo legislativo constitucional, no artigo 61, parágrafo 2º: "A iniciativa popular pode ser exercida pela apresentação à Câmara dos Deputados de projeto de lei subscrito por, no mínimo, um por cento do eleitorado nacional, distribuído pelo menos por cinco Estados, com não menos de três décimos por cento dos eleitores de cada um deles". Trata-se de simples iniciativa não-vinculante da opinião do Legislativo, quanto ao mérito. Ives Gandra Martins (1995, v.4, t. I, p. 422) demonstra que os pressupostos para a iniciativa popular praticamente a inviabilizam.

Há, outrossim, uma diferença entre *sufrágio* e *voto*. Sufrágio representa a manifestação popular, no exercício da democracia indireta e, excepcionalmente, na democracia direta. O sufrágio é o direito do universo do eleitorado se manifestar, sendo o voto, direito público subjetivo individual, o seu instrumento, caracterizado *uti singuli*, individualmente. O direito de voto é do cidadão, e o sufrágio é a manifestação conjunta do eleitorado. O artigo ora em anotação propõe a diferença: *sufrágio universal* e *voto direto, secreto e com valor igual para todos*. O artigo 60, parágrafo 4º, da CF, entretanto, fala em voto direto, secreto, *universal* e periódico, criando uma sinonimia.

O voto é *universal* porque, em tese, todos do povo têm direito de votar. É a regra geral. Todavia, há restrições: menores, loucos, os que não se alistaram eleitoralmente, etc., de conformidade com o disposto no parágrafo 1º do artigo ora anotado. Esta observação de ser constitucional a universalidade do voto e haver exceções serve para afirmar que, em matéria de exceções, há reserva constitucional. A universalidade, assim, se efetiva em todos poderem votar, afora as situações excepcionais encontradiças na própria Lei Maior. Esta matéria será melhor explicitada no próximo item.

A opção do eleitor por um candidato é assegurada pelo fato de o voto ser *secreto*. Entenda-se: ninguém e nem mesmo o Poder Público, o juiz, o governo, etc., podem exigir a quebra da sigilosidade do voto. Entretanto, para o eleitor, o voto ser secreto é um direito, mas não uma obrigação. Nada impede que ele exteriorize sua opção expressamente e até faça, por cima disto, campanha eleitoral. Todavia, o fundamento lógico do princípio da sigilosidade está em duas idéias: buscar a tranqüilidade do eleitor pelo fato da escolha e garantir a liberdade da manifestação do votante.

Além disto, o voto é *direto*. Há uma imediatez entre a manifestação do voto e a pessoa em que se vota. Voto indireto, ao contrário, é quando se escolhe alguém que exercerá pelo eleitor o direito de votar. Esta imediatez não só obstaculiza o voto por procuração; também a formação de colégios eleitorais como intermediários do voto do eleitor. Já existiu no Brasil o voto indireto, quando cabia ao Colégio Eleitoral, eleito pelo povo, eleger o Presidente da República (art. 76 da CF de 1967). Na Constituição de 1937 (art. 82), também havia Colégio Eleitoral para o mesmo fim. Tais possibilidades estão, hoje, inadmitidas pela atual Carta. O voto, em sua amplitude, é direto, sem qualquer intermediação.

Voto *igual para todos* é voto igualitário, numericamente. Com norma constitucional expressa exigente de igualdade, inadmissível que lei eleitoral possa pluralizar o voto de uns relativamente ao de outros, que signifique unidade. Nenhuma razão é suficiente para dar peso diferenciado ao voto. É verdade que há exemplos de diferenciada ponderação no Direito Comparado. Na Bélgica, houve o *voto familiar*: o eleitor, se pai de família, pluralizava seu voto considerando o número de filhos menores existentes no grupo doméstico. O voto pluralizado viola, intensamente, a isonomia perante a lei. *Um voto valendo um só voto* é compatível com os ordenamentos que se apóiam no princípio da igualdade.

Por fim, a circunstância de se viver numa República, em que os mandatos políticos são temporários, renovando-se de tempos em tempos, faz aparecer um qualificativo do voto que não está no artigo ora enfocado. As eleições são periódicas, em conseqüência da periodicidade dos cargos eletivos. Isto traz uma certeza de que o voto se qualifica de *periódico*, o que é expressamente afirmado no parágrafo 4º, II, do artigo 60 da CF. Em outras palavras, o eleitor passa a ter direito público subjetivo ao exercício do voto, passados certos períodos. Nenhum voto tem eficácia para sempre, ou vitaliciamente.

2.2. Direito de votar

O direito de votar, que é capacidade eleitoral ativa, é um dos direitos políticos. É direito que se reflete do fato da cidadania, em sua compreensão restrita. Elemento básico e fundamental do direito de votar é, previamente, se alistar eleitoralmente. Sem alistamento eleitoral não há que se pensar em exercer o direito de voto. O ato de alistamento se dá em cartório eleitoral, após um rápido e eficiente processo administrativo. A matéria é regulamentada por lei infraconstitucional, no caso, o Código Eleitoral. Seu procedimento, outrossim, segue o princípio da demanda. O interessado é que tem que tomar, por iniciativa própria, as medidas necessárias ao alistamento. Este não pode ser realizado de ofício. Mesmo quando obrigatório, depende da manifestação de vontade do interessado.

A Constituição, e neste ponto a matéria lhe é normativamente reservada, qualifica o alistamento como inadmitido em alguns casos, facultativo em outros e obrigatório nos demais. A inadmissão é situação de obstáculo, de impedimento, que leva ao inalistamento e, como conseqüência, à inexistência do direito público de votar. A facultatividade tem a significação de entregar ao interessado a faculdade de se alistar, ou não. Passam o alistamento e o voto a depender do talante da pessoa, que se alista e vota se quiser. São situações especialíssimas arroladas exaustivamente no texto constitucional. O ato de se alistar será obrigatório em outros tantos casos, porque, nas diversas hipóteses, há direito cívico *imposto*. Como regra geral, no Brasil, não há a liberdade de se alistar e votar.

Quando se fala em liberdade de votar, a idéia que se forma é que o eleitor, já capacitado para votar, pode optar em quem votar, ou em branco ou em anular o voto, etc. A liberdade se circunscreve à escolha no momento do exercício do voto. Entretanto, não há liberdade de ir, ou não, às urnas, isto é, a opção entre exercer o direito de votar e não exercê-lo. O não-comparecimento para votar, sem motivo justificado (doença, *v.g.*), nos casos em que o alistamento e o voto são obrigatórios, leva a sanções indicadas em lei infraconstitucional. Assim, onde houver a obrigatoriedade do alistamento e do voto, há obrigação pública de exercer o direito cívico do ato de votar. O direito de votar, além de direito cívico, se desenha como ônus público, obrigação a ser cumprida.

A Constituição portuguesa, no artigo 49(2), diz que "o exercício do direito de sufrágio é pessoal e constitui um dever cívico". J. J. Gomes Canotilho (*Op. cit.*, p. 434) afirma que "na falta de preceito constitucional a admitir o voto como um dever fundamental obrigatório, tem de considerar-se a imposição legal do voto obrigatório como viciada de inconstitucionalidade (cfr. art. 49/2, no qual se considera o voto como *dever cívico*, e não como *dever jurídico*)". Assim, em Portugal, na orientação interpretativa do referido doutrinador, o voto é, na regra geral, facultativo, não podendo a lei subconstitucional se orientar diferentemente. O Direito Comparado apresenta outro exemplo: o da Constituição da Itália, artigo 48, onde se diz que o exercício do voto é dever cívico.

No Brasil, a regra é o voto obrigatório. Só são *facultativos* o alistamento eleitoral e o voto em situações específicas elencadas taxativamente no texto constitucional. São três os casos. O *analfabeto* tem a faculdade de se alistar e votar. A ele cabe a opção. Como conseqüência da escolha, a lei não poderá prever quaisquer penalidades ou restrições. Os *maiores de setenta anos*, identicamente. Aqui, como na imposição de aposentadoria compulsória na mesma idade, a Carta Política resta sem justificativa lógica. Por último, os *maiores de dezesseis e menores de dezoito anos*. Esta possibilidade de se titular no direito de se alistar e votar é um momento alto dos direitos políticos no Texto Maior. Tais pessoas, nesta faixa etária, estão devidamente capacitadas para exercer o direito cívico de votar.

Outra situação é a dos *inalistáveis*. Daqueles que estão impedidos de se alistar e, conseqüentemente, não têm direito de voto, por falta de capacidade eleitoral. O parágrafo 2º do artigo em anotação indica os que não podem se alistar: os conscritos e os estrangeiros. A estas duas situações, soma-se outra por interpretação sistêmica: a dos absolutamente incapazes (menores de dezesseis anos, loucos de todo gênero, etc.). Com efeito, quem não tem capacidade de discernimento suficiente para gerir seus atos na vida civil também não tem capacidade para exercer o direito de voto, que é escolha consciente. Daí, o inalistamento. Tal idéia está evidenciadamente escrita no artigo 15, II, da CF.

O *estrangeiro* inalistável não é o que nasceu estrangeiro e adotou tal nacionalidade. É o estrangeiro que não veio a adquirir a nacionalidade brasileira. Em outras palavras, o brasileiro naturalizado, que na origem era estrangeiro, é alistável e deverá obrigatoriamente se alistar. Os mesmos direitos que tem o brasileiro nato, afora as exceções do parágrafo 3º do artigo 12 da CF, terá o brasileiro naturalizado, não podendo a lei infraconstitucional criar qualquer distinção, inclusive eleitoral (art. 12, § 2º, da CF). Só uma espécie de estrangeiro é que, sem naturalizar-se, pode se alistar e votar: o português referido no parágrafo 1º do artigo 12 da CF, desde que presente a reciprocidade em favor de brasileiros.

O *conscrito* também é inalistável. Trata-se daquele que for convocado para o serviço militar obrigatório. Enquanto na atividade militar resultante da convocação, se denomina de conscrito e, via de conseqüência, não pode se alistar. A regra constitucional é clara: a impossibilidade de alistamento se dá "durante o período de serviço militar obrigatório" (§ 2º do artigo em comento). Em outro livro (*Lineamentos de Direito Eleitoral*, p. 47, Editora Síntese, 1996), dissemos: "Se cumprido o prazo do serviço militar a que está obrigado o convocado, houver manutenção da prestação de serviço, deixa, por isso, de ser obrigatório. Admite-se o alistamento..."

Tirante todas estas exceções do alistamento facultativo e reafirmada a inalienabilidade dos casos retrocitados, todo o maior de dezoito anos deve se alistar obrigatoriamente, obrigatoriedade que se estende também ao voto. Chama-se a atenção, entretanto, que a situação de alistado e de titular do direito ativo de votar não é, necessariamente, vitalícia. Certos fatos podem influir na perda dos direitos políticos, com reflexo no alistamento e no direito de votar, tema que será objeto de exame nas anotações ao artigo 15.

2.3. Direito de ser votado

Sem estar eleitoralmente alistado, ninguém pode pretender possuir capacidade eleitoral passiva, o que não significa dizer que todo alistamento sustenta o direito de ser, validamente, votado. O parágrafo 4º do artigo em anotação, por exemplo, deixa clara esta idéia, ao dizer que "são inelegíveis os inalistáveis e os analfabetos". Estes últimos, utilizando-se da faculdade instituída pela Constituição, podem se alistar e, mesmo alistados, não têm direito de receber votos. O que se afirma como regra fundamental é que não há capacidade de ser votado sendo inalistável ou, mesmo que alistável, faticamente não tenha se alistado em tempo oportuno.

A mesma situação dos analfabetos, em certo sentido, ocorre com os militares alistáveis. Alistando-se, não estarão, só por isso, na situação de elegíveis. Têm que atender, afora as condições normais para todo que pretenda exercer a capacidade eleitoral passiva, uma das duas condições indicadas no parágrafo 8º do artigo em anotação: "I- se contar menos de dez anos de serviço, deverá afastar-se da atividade; II- se contar mais de dez anos de serviço, será agregado pela autoridade superior e, se eleito, passará, automaticamente, no ato de diplomação, para a inatividade".

O parágrafo 3º do artigo ora anotado indica as condições de elegibilidade. Trata-se de um rol mínimo e, por isso, há outras situações de inelegibilidade na própria Constituição ou em lei complementar (§ 9º), como se verá mais adiante. De momento, serão examinadas as condições mínimas que são em número de seis. Uma delas já foi sugerida: o *alistamento eleitoral*. Sem alistameto eleitoral, seja por ser inalistável, seja porque regularmente não se alistou, podendo, não há que se pensar na capacidade eleitoral passiva. A condição está expressa, de forma absoluta, no referido parágrafo 3º, inciso III. Seria ilógico que o texto constitucional permitisse o direito de ser votado a quem descumprira a obrigação de se alistar.

O ser de *nacionalidade brasileira*, como condição de elegibilidade, é explicitação de condição já prevista implicitamente. Sendo só elegível quem estiver eleitoralmente alistado e só podendo se alistar o brasileiro (§§ 2º e 4º do artigo em anotação), o fato de aparecer como condição o alistamento eleitoral é circunstância já impeditiva de ser o estrangeiro titular de capacidade eleitoral passiva, afora a exceção já referida (art. 12, § 1º). O brasileiro de que fala o inciso I do parágrafo 3º do artigo em comento, é o nato e o naturalizado, situações que só permitem diferenciação normativa se com assento no texto constitucional, visto estar impedido à lei subconstitucional estabelecer distinções.

A Constituição só cria uma exceção. Para qualquer mandato eletivo, basta ser brasileiro, o que inclui o naturalizado. Todavia, para os cargos de Presidente e de Vice-Presidente da República, é condição de elegibilidade o ser brasileiro nato. Assim, para os demais cargos, não há esta distinção. O deputado, senador, Governador, Prefeito, etc. podem ser brasileiros naturalizados. Nem sempre foi assim. As Constituições de 1967 (art. 140, § 1º) e de 1969 (art. 145, parágrafo único) tinham rol bem mais extenso, que exigia ser brasileiro nato. Os brasileiros naturalizados só poderiam ser deputados estaduais, vereadores, Prefeitos e Vice-Prefeitos.

Outra condição de elegibilidade é o *pleno exercício dos direitos políticos*. Em princípio, todo brasileiro, mesmo o naturalizado, é detentor dos direitos políticos. Há, porém, situações de perda e suspensão de tais direitos, referidos no artigo 15, o que será, oportunamente, objeto de anotações.

De momento, é de se enfatizar que só tendo o brasileiro perdido os direitos políticos, ou os tendo suspenso, é que não satisfará a condição ora em estudo. A perda, impedindo-o de ser eleito a qualquer tempo, e a suspensão, só durante o período em que durarem seus efeitos. Cessada a suspensão, forma-se a condição de elegibilidade ora enfocada.

O *domicílio eleitoral na circunscrição* também é condição de elegibilidade. Este requisito necessita de melhor preenchimento por lei subconstitucional. O que é circunscrição eleitoral, o que é domicílio eleitoral e as condições temporais em que a condição se satisfaz devem ser buscadas em leis infraconstitucionais. Em princípio, o Código Eleitoral responde a estas questões. O domicílio eleitoral se define no momento do alistamento eleitoral ou de sua transferência. Em regra, é o local da residência ou domicílio do eleitor. A zona de alistamento sempre estará localizada em determinado e específico município.

De outro lado, circunscrição eleitoral é a base física territorial onde são, finalisticamente, recepcionados os votos e computados para o resultado final de cada eleição. Assim, nas eleições para vereadores e Prefeitos, a circunscrição eleitoral é o território de cada Município. Nas eleições para deputados federais, estaduais ou distritais, senadores e Governadores, a circunscrição eleitoral corresponde à base física de cada Estado, ou Distrito Federal. Nas eleições para Presidente e Vice-Presidente da República, a circunscrição eleitoral é o território brasileiro. Estas idéias estão contidas no artigo 86 do Código Eleitoral e preenchem satisfatoriamente as expressões da norma constitucional, para adequação e aplicação da condição em exame.

Deste modo, quem estiver eleitoralmente alistado no município A tem o domicílio eleitoral neste município, onde terá capacidade eleitoral passiva. Não poderá ser, por isso, candidato a vereador em outro município, porque é outra circunscrição eleitoral. Identicamente, não pode ser candidato a deputado estadual ou federal, senador ou Governador, em outro Estado da Federação, face à diversidade de circunscrição eleitoral. A idéia que sustenta esta condição de elegibilidade é lógica. Um dos requisitos que o candidato deve apresentar é conhecer o ente federativo, suas questões sociais, econômicas, culturais, etc., onde exercerá o mandato político e proporá soluções legislativas ou não. Vinculá-lo, através do domicílio eleitoral, à circunscrição eleitoral persegue o objetivo pretendido.

No Brasil, outrossim, há o princípio do monopólio das candidaturas pelos partidos políticos. Nenhum candidato, neste sentido, pode ser *free lancer*, lançando-se livremente, sem vincular sua candidatura a qualquer partido. Em outros países, há candidatos avulsos, sem patrocínio ou vinculação com qualquer partido político. Diferentemente, aqui, condição de elegibilidade é a *filiação partidária*. Diz a Constituição que esta filiação se dará *na forma da lei*. A Lei dos Partidos Políticos (Lei nº 9.096/95) dá o procedimento para filiação do eleitor ao Partido e o fornecimento deste dado à Justiça Eleitoral (art. 19), para fiscalização.

A condição constitucional é quanto à vinculação a partido político. A Lei nº 9.096/95 categoriza a filiação partidária como dado temporal. O artigo 18 indica: "Para concorrer a cargo eletivo, o eleitor deverá estar filiado ao respectivo partido pelo menos um ano antes da data fixada para as eleições, majoritárias ou proporcionais". Esta regra, extraída da lei, é o mínimo, mas não se trata da regra cogente. Os estatutos partidários podem estabelecer outros prazos, desde que *superiores* ao fixado em lei (art. 20). Havendo esta fixação estatutária, é ela que vale para a hipótese.

A última condição é a da *idade mínima*. Esta idade se diferencia e é fixada considerando-se o cargo eletivo pretendido: dezoito anos para vereador; vinte e um anos para deputado federal, estadual ou distrital, prefeito, vice-prefeito e juiz de paz; trinta anos para Governador e Vice-Governador de Estado e do Distrito Federal; e trinta e cinco anos para Presidente e Vice-Presidente da República e Senador. Ressalta-se que é condição de elegibilidade identicamente às demais, e não de registro de candidatura. Por isso, a idade mínima a ser considerada é a do momento em que a eleição se realizará (Pedro Henrique Távora Niess, 1994, p. 33).

2.4. Inelegibilidades

Inelegibilidade é a circunstância descrita em norma jurídica, constitucional ou complementar, impeditiva do exercício da capacidade eleitoral passiva, ou seja, que obsta alguém de ser candidato, embora satisfeitas as demais condições de elegibilidade. José Afonso da Silva (1990, p. 334) não discrepa desta compreensão: "Inelegibilidade revela impedimento à capacidade eleitoral passiva (direito de ser votado). Obsta, pois, a elegibilidade..." Contudo, as causas de inelegibilidade obedecem a um específico princípio de legalidade.

Em matéria de inelegibilidades, há dois pontos que devem ser enfocados de imediato, porque fundamentais. As inelegibilidades seguem o princípio da previsão exaustiva, uma espécie de *numerus clausus*. Em outros termos, ou há tipificação expressa da inelegibilidade ou ela inexiste. De outro lado, porque a inelegibilidade é restrição a direito político e toda restrição à liberdade pública é excepcional (Antonio Carlos Mendes, 1994, p. 110), sua previsão só pode constar ou do próprio texto constitucional (§ 7º) ou de lei complementar (§ 9º). É reserva legal qualificada.

As observações acima sustentam, na área da interpretação das causas de inelegibilidade, algumas conclusões. A interpretação deve ser *restritiva*; jamais extensiva. Há a modelação legal e a necessidade de exata adequação com a situação fática em exame. Como efeito, não há que se pensar em interpretação analógica. O entendimento deve ser no sentido de que o legislador não instituiu a tipificação com a natureza de *aberta*. O que deixou de ingressar no preceito positivado, mesmo presente a analogia, está fora da normatividade excepcional. Por fim, a interpretação não pode alcançar conclusão que conflite com princípio constitucional.

Um exemplo é esclarecedor. Sempre se utilizou a interpretação de um determinado parâmetro: a irreelegibilidade dos cargos do Poder Executivo, nos diversos entes federativos. Era uma idéia paramétrica tradicional. Qualquer interpretação de causa de inelegibilidade não podia se incompatibilizar com este parâmetro. Hoje, após a edição da Emenda Constitucional nº 16, de 4 de junho de 1997, o princípio paramétrico é outro: a reelegibilidade de tais cargos, para o mandato subseqüente. Toda interpretação que se atrite com este novo parâmetro é interpretação viciada e, se a previsão estiver em lei complementar, é inconstitucionalidade.

A Súmula nº 8 do TSE tem o seguinte enunciado: "O Vice-Prefeito é inelegível para o mesmo cargo". A referência é feita à antiga redação do artigo 14, § 5º, da CF, e ao artigo 1º, § 2º, da Lei Complementar nº 64/90. Com base nesta última referência, também seriam inelegíveis, para o mesmo cargo, o Vice-Presidente ou o Vice-Governador. A Súmula, quando editada, estava corretíssima, porque se compatibilizava com a irreelegibilidade para os cargos do Executivo. Porém, agora que não mais vige este princípio e, ao contrário, a reelegibilidade é a regra, não se pode mais colocar, no parágrafo 2º do artigo 1º da LC nº 64/90, a interpretação da Súmula, porque conflitante com o novo princípio constitucional.

As causas de inelegibilidade, conforme já acentuado, estão no texto constitucional e na Lei Complementar nº 64/90. No que importa, em sede de comentários específicos à Constituição Federal, é de se examinar tal espécie de causalidade que tenha assento na Lei Maior. Neste sentido, duas são as arroláveis: a pelo fato de ser cônjuge ou parente e a por falta de desincompatibilização. A primeira é a referida no parágrafo 7º do artigo ora anotado. A redação do referido parágrafo é de fácil compreensão, e a interpretação que se deve dar à norma constitucional deve ser restritiva, sem apego a possíveis analogias. Daí nosso entendimento de que a Súmula nº 6 do TSE - "É inelegível para o cargo de Prefeito (ou Presidente ou Governador) o irmão da concubina do atual titular do mandato" - contém um equívoco, porque o irmão da concubina não é parente por afinidade do concubino, mesmo presente a regra do artigo 226, § 3º, da CF.

A outra causa, falta de desincompatibilização, está no parágrafo 6º do artigo ora comentado. Os titulares do Poder Executivo de qualquer dos entes federativos, se quiserem concorrer para outros cargos que não os detidos, "devem renunciar aos respectivos mandatos até seis meses antes do pleito". A renúncia tempestiva é a desincompatibilização. A compreensão, portanto, é fácil. *Desincompatibilizar-se* é afastar-se o obstáculo que levaria à inelegibilidade. A questão que se forma é lógica. Só se pode falar em desincompatibilização onde possa haver inelegibilidade. Esta sendo inocorrente, não se faz campo para aquela.

2.5. Reelegibilidade

A tese da reelegibilidade dos cargos eletivos para o Poder Legislativo sempre foi admitida em nosso ordenamento jurídico constitucional. No concernente à reeleição para cargos do Poder Executivo, a orientação normativa sempre foi diversa, inadmitindo a reeleição; assim, nas Constituições de 1891 (art. 43), de 1934 (art. 52), de 1946 (art. 139, *a*), de 1967 (art. 146, I, *a*), de 1969 (art. 151, § único, *a*) e na redação original do parágrafo 5º do artigo ora em anotação. O fato de a solução pela não-reeleição se afigurar como tradicional no ordenamento constitucional pátrio não é impeditivo de outra solução por emenda constitucional, porque tudo girará em volta do critério de conveniência, ou não.

No Direito Comparado, as soluções são diferenciadas. Na Argentina, a Constituição de 1853 dizia em seu artigo 77 que a reeleição era inadmitida. A Reforma Constitucional de 1994 permitiu a reeleição (art. 90). A Emenda nº XXII da Constituição dos Estados Unidos também admite a reeleição. Na Constituição da República Popular da China, que é de 1982, lê-se que "o Presidente e o Vice-Presidente não podem cumprir *mais* de dois mandatos consecutivos" (*o grifo é nosso*). Idêntica é a orientação da Constituição de Portugal: "não é admitida a reeleição para um terceiro mandato consecutivo" (art. 126, I).

A Emenda Constitucional nº 16/97 deu nova redação ao parágrafo 5º do artigo em exame, permitindo a reeleição "para um único período subseqüente", da mesma forma que todas as Constituições citadas anteriormente. Desnecessário se dizer que a reeleição dos cargos do Executivo não conflita com qualquer princípio constitucional e respeita regramentos democráticos, porque A ou B reelegerem-se, sempre dependerá da manifestação livre do eleitorado. Fica preservada a democracia representativa, em todas suas linhas. A conveniência, ou não, da possibilidade de reeleição foge aos limites científicos, que se dá a estes comentários. Juridicamente, a reeleição serve ao Estado Democrático de Direito. E é o que basta ao exame que fazemos.

A questão que pode vir a se tornar polêmica diz respeito a prazo de desincompatibilização para permitir a reeleição. De logo, nosso pensamento técnico. Qualquer restrição a direito político deve estar expressa no texto constitucional ou em lei complementar. Não se pode neste tema, como já salientado no item anterior, se fazer interpretação ampliativa ou analógica para alcançar situação que o legislador não previu. O não haver necessidade de desincompatibilização, inclusive, está em conformidade com o que, no Direito Comparado, diz a Emenda nº XXII da Constituição dos EEUU: "não podendo impedir qualquer pessoa, que seja Presidente, ou esteja desempenhando o cargo de Presidente, durante o período dentro do qual esta emenda entrar em vigor, de ser Presidente ou agir como Presidente *durante o resto do período*" (os grifos são nossos).

Assim, não há necessidade de desincompatibilização na área da normatividade constitucional. Contudo, a Constituição permite que lei complementar estabeleça casos de inelegibilidade e prazos de sua cessação, desde que por uma das finalidades indicadas na norma constitucional. No que importa, para proteger "a normalidade e legitimidade das eleições contra a influência do poder econômico ou o abuso do exercício da função, cargo ou emprego na administração direta ou indireta" (§ 9º do artigo ora anotado). Utilizando-se de lei complementar, o legislador federal pode criar situação de desincompatibilização. Incidiria, na hipótese, a regra do artigo 16 da CF, exigente de que lei alterante do processo eleitoral seja editada mais de ano antes da eleição? A matéria será examinada quando das anotações ao artigo 16, mais adiante.

2.6. Ação de impugnação de mandato eletivo

A ação referida tem como causa de pedir a circunstância de ter havido eleição e posterior diplomação de determinado candidato, face à ocorrência de abuso de poder econômico, corrupção ou fraude. A pretensão do demandante é alcançar uma sentença que importe, em desfazendo a diplomação, na perda do mandato do réu. Categoriza-se a ação, por isso, como sendo constitutiva negativa, porque desconstitui a relação jurídico-eleitoral que significava o reconhecimento da titularidade do mandato eletivo. No silêncio do texto constitucional, tem-se entendido que o procedimento desta ação deve ser o ordinário do Código de Processo Civil.

Com efeito, nos termos do artigo 1211 do CPC, o Código "regerá o processo civil em todo território brasileiro". Trata-se, a toda evidência, de processo de conhecimento. Não se adequando a qualquer das hipóteses que permitiriam o procedimento sumário (art. 275), a hipótese é de procedimento ordinário (art. 272), mesmo porque não se trata de procedimento especial, de execução ou cautelar. Esta orientação procedimental tem sido afirmada em várias decisões do Tribunal Superior Eleitoral, havendo, por isso, a respeito, matéria tranqüila, sem qualquer polêmica.

A indagação inicial é quanto à legitimação ativa. Sem dúvida, qualquer candidato, eleito ou não, os partidos políticos e o Ministério Público têm legitimação *ad causam*. Exigindo o CPC que, para propor a ação, o proponente apresente interesse jurídico, os demais candidatos o têm pela pretensão a uma eleição normal e livre, sem corrupção ou fraude. O mesmo ocorre com os partidos políticos, mesmo porque a normalidade do processo eleitoral é a própria razão de ser de tais entidades. Quanto ao interesse do Ministério Público, encontra-se-o no próprio texto constitucional, ao se incumbi-lo da defesa do regime democrático e demais interesses indisponíveis (art. 127).

No que concerne aos legitimados acima, não há divergência doutrinária ou jurisprudencial. A discordância se situa relativamente ao *apenas* eleitor. Joel José Cândido (1996, p. 233) inadmite a legitimidade ativa do eleitor, por causa da celeridade do Direito Eleitoral, porque enfraqueceria os partidos políticos, dificultaria a manutenção do segredo de justiça, permitindo o ajuizamento de ações temerárias. Tito Costa (1996, p. 187) tem posição diametralmente oposta, porque vê no eleitor interesse jurídico para propor a ação. Do mesmo sentir, Pedro Henrique Távora Niess (*Op. cit.*, p. 179).

A tese do ilustre publicista gaúcho já teve o apoio do egrégio TSE, no Recurso nº 11.835 (Julgados do TSE, 5-7-1994, p. 27) e já tivemos oportunidade de defendermos a mesma opinião (*Aspectos Constitucionais na Legislação*

Eleitoral, in Cadernos de Direito Constitucional e Eleitoral, 32, p. 30). Hoje, ponderando argumentos, estamos revisando nossa orientação para admitir a legitimidade ativa do eleitor. Trata-se de democracia representativa, em que o eleitor tem o interesse jurídico de se representar por quem validamente se elegeu. A corrupção, a fraude e a anormalidade no processo eleitoral conspurcam a representação reconhecida ao impugnado. O interesse do eleitor é fazer valer a legitimidade de quem o representa.

A ação de que estamos tratando deverá ser ajuizada, ante a Justiça Eleitoral, no prazo de quinze dias, tendo como termo inicial a data da audiência pública de diplomação. Este prazo seria prescricional ou decadencial? O critério diferenciativo básico entre os dois institutos jurídicos é o de que a *prescrição tem por objeto a ação*, e a *decadência tem por objeto o direito* (A. L. da Câmara Leal, 1982, p. 348). Na hipótese, o transcurso dos quinze dias in albis faz desaparecer o próprio direito material de impugnar o mandato eletivo, e não somente a perda do exercício de ação sem tocar no próprio direito. Deste modo, trata-se de prazo decadencial, que é o afirmado pela doutrina.

O entendimento que se formara tradicionalmente de que a prescrição podia ser interrompida enquanto a decadência não podia sofrer qualquer interrupção, correndo o prazo ininterruptamente, sofreu alteração parcial com a edição do Código de Processo Civil. O exame conjunto de seus artigos 219 e 220 leva às seguintes conclusões: a) a citação válida, mesmo a ordenada por Juiz incompetente, interrompe a prescrição e qualquer prazo extintivo, isto é, decadencial; b) com a citação, a interrupção da prescrição ou da decadência retroage à data da propositura da ação. Assim, decai do direito de impugnação de mandado eletivo se não houver propositura da ação no prazo de quinze dias.

Contudo, não basta ingressar com a ação. Há necessidade de que a parte interessada promova a citação do réu em dez dias ou até o máximo de noventa dias, se o juiz prorrogar o prazo. De qualquer forma, a teor do parágrafo 2º do artigo 219, a parte não restará "prejudicada pela demora imputável exclusivamente ao serviço judiciário". A Súmula nº 106 do Superior Tribunal de Justiça torna plácito este entendimento: "Proposta a ação no prazo fixado para o seu exercício, a demora na citação, por motivos inerentes ao mecanismo da Justiça, não justifica o acolhimento de argüição de prescrição ou decadência".

Diz, outrossim, o parágrafo 10 do artigo ora anotado, dever ser "instruída a ação com provas do abuso do poder econômico, corrupção ou fraude". Esta prova, sem dúvida, é essencial à propositura da ação, para evitar lides temerárias. O que se propõe à discussão é quanto à dimensão, ou juízo de convencimento, da prova apresentada. Deverá ser prova que se qualifique de definitiva, sem o menor resquício de dúvida, ou bastarão provas indiciárias, que levem a um convencimento em cognição provisória, suficientes para ser a ação admitida?

A jurisprudência, inclusive do Tribunal Superior especializado, o TSE, tem se apoiado em duas circunstâncias. A *primeira*, a de que a prova exigida não é prova pré-constituída definitiva, assim como há inaceitação de meras alegações sem conforto num mínimo de prova. A *segunda*, a de que, na etapa da propositura da ação, serve começo de prova, conjunto de indícios, donde se extraia a fumaça do bom direito. Basta à ação o *fumus boni juris*. O direito definitivo, concreto, baseado na convicção final, só virá com a sentença e os pronunciamentos judiciais posteriores, conseqüentes a recursos interpostos.

A ação de impugnação de mandato eletivo está acobertada pelo segredo de justiça. Sua tramitação, necessariamente, por exigência de norma constitucional, deverá atender a esta sigilosidade. Em princípio, se o demandante tiver a ação julgada improcedente, não há condenação nas verbas da sucumbência: custas e honorários advocatícios. Excepciona a norma constitucional, no entanto: "respondendo o autor, na forma da lei, se temerária ou de manifesta má-fé". A lei é o Código de Processo Civil, inclusive com a possibilidade de fixação de indenização pela litigância de má-fé (art. 18 do CPC).

3. Artigo 15

É vedada a cassação de direitos políticos, cuja perda ou suspensão só se dará nos casos de:
I - cancelamento da naturalização por sentença transitada em julgado;
II - incapacidade civil absoluta;
III - condenação criminal transitada em julgado, enquanto durarem seus efeitos;
IV - recusa de cumprir obrigação a todos imposta ou prestação alternativa, nos termos do art. 5º, VIII;
V - improbidade administrativa, nos termos do art. 37, § 4º.

3.1. Observações gerais

A Constituição de 1969, assim como outras anteriores, previu casos de perda e suspensão de direitos políticos. Trazia, porém, uma regra nova: "Lei Complementar disporá sobre a especificação dos direitos políticos, o gozo, o exercício, a perda ou suspensão de todos ou de qualquer deles e os casos e as condições de sua reaquisição" (§ 3º do art. 149). Em conseqüência da previsão de lei complementar, formou-se idéia de que as normas constitucionais atinentes à perda e suspensão de direitos políticos poderiam não ser auto-aplicáveis, dependentes que ficavam da regulamentação por lei complementar. Inclusive, o Supremo Tribunal Federal, em diversas decisões, entendeu que o *sursis* não acarretava a suspensão dos direitos políticos, por falta de lei complementar. No mesmo sentido, jurisprudência do Tribunal Superior Eleitoral.

A vigente Constituição, ao indicar os casos de perda e suspensão de direitos políticos no artigo ora anotado, não faz nenhuma referência à lei complementar ou outra. Forma-se o pensamento, por isso, de que o artigo 15 da CF é norma constitucional de eficácia plena e imediata, norma *self executing*, auto-aplicável. Esta afirmação deve ser bem compreendida. Não há necessidade, para entrar em vigor o artigo em anotação, que haja complementação por lei infraconstitucional. Referida norma entrou em vigência na mesma data em que a Constituição entrou em vigor. Contudo, certas causas de suspensão e perda deixam um vazio a ser preenchido pela legislação subconstitucional, como a relativa à incapacidade civil absoluta. Este preenchimento, que não tem nada a ver com a eficácia temporal da norma constitucional, será examinado caso a caso.

Com a Revolução de 1964, houve a possibilidade de suspensão de direitos políticos por interesse do Poder Executivo, como se lia nos Atos Institucionais nºs 2 (art. 15), 5 (art. 4º) e 10 (art. 1º), etc. Não havia, por isso, tipicidade de causa para a perda ou suspensão. O Executivo tinha discricionariedade absoluta. O Ato Institucional nº 13 permitiu fosse brasileiro banido, desde que, comprovadamente, se tornasse inconveniente, nocivo ou perigoso à Segurança Nacional. Pelo Ato Institucional nº 14, a pena de banimento foi permitida "nos casos de Guerra Externa, Psicológica Adversa ou Revolucionária ou Subversiva", passando a norma a integrar o parágrafo 11 do artigo 150 da CF de 1967. Como se sabe, a pena de banimento está inadmitida na atual Constituição (art. 5º, XLVII, *d*).

O artigo 15 da Constituição atual se orientou, objetivamente, em dois pontos básicos, rompendo completamente com a normatividade constitucional anterior, que se demonstrava autoritária. Assim, expressamente declarou incabível a cassação de direitos políticos, admitindo, simplesmente, as hipóteses de perda e suspensão. Na lição de Pinto Ferreira (*Op. cit*, pp. 315/316), "a cassação dos direitos políticos foi vedada na Constituição Federal de

1988, tomando rumo diferente do Estado autoritário instalado em 1964, que repetiu com prazo mais longo a tendência de 1930 e 1937 de proscrição dos inimigos políticos do regime autoritário".

O segundo ponto é o que se extrai, por conclusão, da expressão *só se dará nos casos de* contida no artigo ora comentado. Afirma-se, sem a menor sombra de dúvida, que as causas de perda e suspensão de direitos políticos são exclusivamente as arroladas em texto constitucional. Com isto está se afirmando a taxatividade, ou exaustividade, do elenco da Carta em vigor. Não há que se buscar em qualquer lei infraconstitucional, lei complementar ou ordinária, outras causas que levem à perda ou suspensão dos direitos de que se trata. Diante desta compreensão, pode-se afirmar a existência de *numerus clausus* constitucional, ou princípio de reserva legal hierarquicamente superior. O Executivo não tem mais qualquer atribuição de criar, discricionariamente, causa para justificar perda e suspensão de direitos políticos de quem quer que seja. A atividade nociva ao interesse nacional de brasileiro *naturalizado* pode importar em cancelamento da naturalização por sentença judicial. Via de conseqüência, por voltar à situação de estrangeiro, não tem mais direitos políticos.

O artigo 146, parágrafo único, da CF de 1969, dizia que "será anulada por decreto do Presidente da República a aquisição de nacionalidade obtida em fraude contra a lei". Aqui não se tratava de perda ou suspensão de direitos políticos. Este efeito existia, mas era conseqüencial. Deixando de ser brasileiro, não há que se pensar em titularidade de direitos políticos. A Constituição atual não fala nesta causa e nem, em nosso entendimento, precisaria falar. A fraude à lei concomitante e causa da naturalização é vício de ato jurídico com ocorrência anulável. Isto está nas fontes de direito, desnecessitando constar do texto constitucional.

Todas as causas arroladas no artigo que estamos anotando são supervenientes ao fato formativo da titularidade dos direitos políticos. Algumas delas contêm em si a circunstância de impedir o exercício dos direitos políticos durante algum tempo, com efeito provisório. Por isso, são causas de *suspensão*. Transcorrido o tempo, tudo retorna à situação anterior com a eficácia do exercício de tais direitos. Outras, ao contrário, são ontologicamente definitivas. Não são para serem aplicadas durante certo e determinado tempo. A pretensão é que o obstáculo seja para sempre. A estas dá-se o nome de *perda*. Isto não significa que, por ocorrência de outros fatos, o exercício não possa se refazer.

A compreensão do que seja *perda* ou *suspensão* está vinculada ao efeito natural da causa, isto é, se ela contém um efeito presumivelmente definitivo e vitalício ou se a sua conseqüência é, em tese, para durar algum tempo. Assim, para aviventar a idéia, a condenação criminal transitada em julgado causará o desaparecimento do exercício dos direitos políticos "enquanto durarem seus efeitos" (inc. III). Ao contrário, o cancelamento da naturalização por sentença transitada em julgado (inc. I) é, em princípio, para todo sempre, por não haver previsão de temporariedade. Por isso, é perda. Desimporta que *outros* fatos posteriores alterem a eficácia da perda ou suspensão.

3.2. Cancelamento da naturalização

A causa prevista no item I do artigo 15 precisa ser interpretada sistemicamente, utilizando-se da regra contida no parágrafo 4º do artigo 12 já anotado. Não se cancela a naturalização, a não ser motivadamente. Na hipótese, deve haver comprovação em processo judicial, em que se assegurem as garantias do contraditório e da ampla defesa, de atividade nociva ao interesse nacional. Só se executa o pronunciamento judicial com a sentença transitada em julgado. O mesmo ocorrerá se o naturalizado adquirir outra nacionalidade, ressalvada a exceção do inciso II, *a*, do mesmo parágrafo 4º.

O depender a perda dos direitos políticos de sentença transitada em julgado leva o réu da ação, o que é muito natural, a se utilizar de todas as medidas processuais possíveis, mesmo que infundadas, para protelar o trânsito em julgado. Diante desta circunstância, não seria cabível uma cautelar ou uma antecipação de tutela? O artigo 273 do CPC admite a antecipação total ou parcial da tutela se ficar "caracterizado o abuso do direito de defesa ou o manifesto propósito protelatório do réu" (inc. II). A questão, porém, não obstante tenha a aparência de fácil solução, deve ser melhor examinada porque se trata de matéria constitucional.

Na hipótese, garante-se o exercício dos direitos políticos até que, na forma do texto constitucional, haja o trânsito em julgado da decisão cancelatória da naturalização. A concessão de qualquer liminar que signifique antecipação de tutela entra em conflito com o pressuposto da Lei Maior. O argumento é simples. Se nem a sentença sem trânsito em julgado, resultante de cognição profunda e definitiva que o Juiz fez do conjunto probatório, serve para a perda dos direitos políticos, não se compreenderia que, em fase de cautelaridade, se desse maior valor a uma cognição provisória e não-definitiva, que significaria "perigo de irreversibilidade do provimento antecipado"(art. 273, § 2º, do CPC).

O brasileiro nato também pode perder a nacionalidade brasileira, em uma exclusiva hipótese: o fato de naturalizar-se estrangeiro. É verdade que a Constituição atual está admitindo a binacionalidade do brasileiro, se a causa for a "imposição de naturalização, pela norma estrangeira, ao brasileiro residente em Estado estrangeiro, como condição para permanência em seu território ou para o exercício de direitos civis" (art. 12, § 4º, II, *b*). Tratando-se de plurinacionalidade, mantêm-se os direitos políticos. Contudo, fora da ressalva feita, há perda da nacionalidade do brasileiro que adquire a nacionalidade estrangeira. Como conseqüência, por ser estrangeiro, não tem o direito de votar nem de ser votado. A causa indireta, por isso, não consta do artigo 15, sem qualquer ofensa à taxatividade.

3.3. Incapacidade civil absoluta

A incapacidade civil absoluta é a segunda causa que se configura como suspensão dos direitos políticos. A expressão *constitucional* (art. 15, II) remete ao artigo 5º do Código Civil, onde são indicados os absolutamente incapazes. Dúvida enorme se tem quanto ao *ausente*. Nos termos da norma constitucional combinada com a da legislação civil codificada, "os ausentes, declarados tais por ato do juiz" (art. 5º, IV, do Cód. Civil) são civilmente incapazes e, por isso, ocorre suspensão de seus direitos políticos. Socialmente, há um problema. *Ausente* é quem, sem deixar notícias ou representante, desaparece de seu domicílio onde tem bens a serem administrados (art. 463 do Cód. Civil). Mas o ausente encontra-se presente em outro domicílio e neste pode estar até alistado. Este é o problema parajurídico.

Orlando Gomes (1979, p. 186) acentua que os ausentes "tecnicamente, não se deve considerá-los incapazes". Caio Mário da Silva Pereira (1980, p. 239) argumenta que "a linguagem legal, de 1916, é, porém, inadequada, pois não existe uma incapacidade por ausência, mas uma necessidade de resguardo dos interesses do que se ausenta, assentada em razão lógica irrecusável: a *impossibilidade material* de cuidar este de seus bens e de seus interesses..." Contudo, onde o declarado ausente estiver presente, ele cuida de seus bens, interesses e, capaz, responde, inclusive, ressarcitoriamente por atos ilícitos cometidos (Pontes de Miranda, 1967, t. I, p. 208). Isto não é incapacidade civil.

Toda a questão está em se aceitar uma simples ficção jurídica que diz que o ausente é absolutamente incapaz ou se admitir, num exame de maior profundidade, que o referido ausente não tem incapacidade civil absoluta, terminologia usada pela Constituição Federal. Optamos pela segunda alternativa, reconhecendo a capacidade eleitoral do ausente, mesmo porque a norma do Código Civil visa a beneficiá-lo, garantindo seus bens com nomeação de curador, e não deve servir para lhe retirar os direitos políticos que o cidadão detém. A matéria, porém, está aberta à discussão.

Os *surdos-mudos* têm capacidade eleitoral, e a deficiência que apresentam não é incompatível com o exercício dos direitos políticos. Ou votando no sistema tradicional ou através de urna eletrônica, podem manifestar com tranqüilidade sua opção ao votar. Não obstante a deficiência, inexiste impossibilidade funcional que os impeça de cumprir mandato eletivo, para o qual forem eleitos. Um Parlamento não é somente nem necessariamente para servir de palco de discursos. A capacidade eleitoral que têm é idêntica a dos cegos. Surdo-mudo, para se categorizar como absolutamente incapaz, é o que *não puder exprimir a sua vontade*. Entenda-se: a vontade se manifesta em escritas, com gestos, etc. O não poder se exprimir tem outro sentido.

Diz Clóvis Beviláqua (1940, p. 183) que "a surdo-mudez congênita resulta, em regra, de uma lesão nos centros nervosos, que aproxima o paciente do alienado". Por este último aspecto, alienação mental é que se estabelece a incapacidade civil absoluta e a suspensão dos direitos políticos. Se tiver capacidade de conhecer os fatos da vida, entre eles os sociopolíticos, e de se manifestar satisfatoriamente de acordo com seu conhecimento, não é absolutamente incapaz e, via de conseqüência, mantém a capacidade eleitoral e seus direitos políticos.

Quanto aos *loucos de todo gênero*, houve muita discussão no referente à denominação, o que envolvia questão de abrangência da expressão e compreensão de seu conteúdo. A idéia inicial estava vinculada ao entendimento de que seria alteração grave das faculdades mentais. Objetivamente, uma alteração suficiente para deformar o conhecimento acerca dos fatos e, principalmente, o agir livre e normal de conformidade com o conhecimento alcançado. Tudo se centralizava na área da vontade, cuja opção por esta ou aquela conduta estivesse prejudicada seriamente pela alteração das faculdades mentais. Em linhas gerais, estes são os loucos de todo gênero que, na área eleitoral, não têm normais condições de escolha na hora da manifestarem a vontade através do voto.

Nos atos da vida civil, os loucos são representados por seus curadores (art. 84 do Cód. Civil), após o devido processo de interdição (art. 446, I, do Cód. Civil). Esta representação é incabida na área eleitoral, da mesma forma que no caso dos surdos-mudos que não possam exprimir sua vontade, porque o voto é *direto*, o que significa, identicamente, pessoal, cujo exercício se dá pelo próprio eleitor, sem qualquer representação. E aqui se forma a primeira indagação. A suspensão dos direitos políticos se dá por força da constatação psiquiátrica da enfermidade mental ou só como conseqüência do fato da interdição?

A interdição não incapacita; declara a incapacidade, que é anterior. O que incapacita é a gravidade da modificação do comportamento mental. Pontes de Miranda (*Op. cit.*, v. I, p. 208) é conclusivo: "A respeito de tais pessoas, a interdição não é criativa da incapacidade absoluta: preexiste essa, e a interdição contém elemento de eficácia declarativa". A suspensão dos direitos políticos pelo fato da loucura de todo gênero não é simples criação discricionária do Constituinte. Como, notadamente, o exercício do voto se acrescenta da vontade livre e normalmente manifestada, no instante em que esta vontade se descaracteriza aparece a incapacidade eleitoral. O Constituinte atendeu a esta circunstância.

A nosso ver, embora seja de mais difícil constatação e comprovação em data certa, a incapacidade eleitoral, com a suspensão dos direitos políticos, se dá com a grave deficiência mental, independentemente de ter havido, ou não, interdição. Nenhuma dúvida existe que são incompatíveis a mantença de direitos políticos e a interdição. Esta é suficiente porque já é afirmativa de incapacidade por alteração das faculdades mentais. Não há necessidade de prova complementar. Todavia, a alteração preexiste à sentença de interdição, antecedendo-a. Por isso, antes da interdição, o fato da alteração mental deve ser comprovado para significar suspensão dos direitos políticos.

3.4. Condenação criminal

A *terceira* causa refere-se à "condenação criminal transitada em julgado, enquanto durarem seus efeitos" (art. 15, III). A expressão *durarem seus efeitos*, além de definir a hipótese como de suspensão de direitos políticos, serve para explicitar melhor a causa. Quando a condenação importa em pena privativa de liberdade a ser executada, qualquer que seja o regime, os direitos políticos estão suspensos até mesmo quando do livramento condicional da pena. A medida de suspensão está ligada à permanência dos efeitos da pena, que se mantém durante o livramento condicional, certo de que o único efeito não é a privação da liberdade.

Tem que se atentar que a suspensão dos direitos políticos não se dá pela circunstância da impossibilidade física de, recolhido ao presídio, o preso não poder votar. O recolhido à prisão pelo fato da não-prestação de alimentos, por ser depositário infiel, ou o preso em flagrante ou preventivamente, enquanto não houver sentença condenatória com trânsito em julgado, conserva seus direitos políticos. A específica razão da suspensão dos direitos políticos é o juízo de procedência da ação, sujeito à condição básica de haver trânsito em julgado da decisão. Esta compreensão é que explica a suspensão dos direitos políticos, mesmo durante o benefício do livramento condicional da pena.

Na hipótese de suspensão condicional da pena, os direitos políticos ficam suspensos durante o prazo do *sursis*? É de se ver que, durante este prazo, "o condenado ficará sujeito à observação e ao cumprimento das condições estabelecidas pelo juiz" (art. 78 do Código Penal), considerando-se somente extinta a pena quando expirado o prazo sem revogação (art. 82 do Código Penal). Na concessão de suspensão condicional da pena, o que se impede é o recolhimento do condenado ao presídio, mas os efeitos da pena permanecem até extinto o prazo.

O tema não tem, porém, a tranqüilidade que pode aparentar. Em nossa opinião, durante o prazo do *sursis* os direitos políticos estão suspensos. Entretanto, no Recurso nº 11.589, julgado em 1994, o Colendo TSE, por escassa maioria, ementou que o *sursis* não leva à suspensão dos direitos políticos. E os argumentos da tese vencedora eram três: a condenação criminal com trânsito em julgado só importa na suspensão dos direitos políticos quando significa privação de liberdade, face à impossibilidade fática de se locomover para votar; o artigo 15, III, da CF, não é auto-aplicável, dependendo de regulamentação infraconstitucional; e a extinção da pena, pelo cumprimento do *sursis*, não obstante posterior ao registro e eleição do recorrente, tem eficácia retroativa, para não cassar o mandato de vereador, hipótese em julgamento.

Esta decisão foi objeto de Recurso Extraordinário, que tomou o nº 179502-6, São Paulo, julgado a 31 de maio de 1995 pelo STF. Também, por escassa maoria, o recurso foi conhecido e provido, ementando-se: "Em face do disposto no artigo 15, III, da Constituição Federal, a suspensão dos direitos políticos, se dá ainda quando, com referência ao condenado por sentença criminal transitada em julgado, esteja em curso o período de suspensão condicional da pena". Os argumentos da orientação majoritária assim se resumiam: a razão da suspensão de direitos políticos não é a efetiva privação da liberdade e, sim, razão de ordem ética; e o artigo 15, III, da CF, é auto-aplicável, inexigindo lei complementar.

A cláusula *sentença transitada em julgado*, que consta do inciso III do artigo ora anotado, é incompatível com necessidade de haver privação de liberdade efetiva para que haja a suspensão de direitos políticos. Se a restrição à liberdade de locomoção fosse essencial, sem sentido a necessidade de trânsito em julgado. Bastaria a prisão preventiva, a prisão em flagrante, ou qualquer prisão, para que os direitos políticos ficassem suspensos. Visível a necessidade lógica de a causa ter fundamentação ética, como sustenta Pontes de Miranda (*Op. cit.*, t. IV, p. 569).

Conforme já ressaltado anteriormente, o artigo 15 da CF é auto-aplicável, norma de eficácia plena. Não há, como na Constituição de 1969, necessidade de lei complementar (art. 149, § 3º). A leitura do inciso não é demonstrativa de estar a norma requisitando qualquer adendo de lei infraconstitucional. É norma *cheia* e, por isso, *self executing*. Assim, somando-se a plenitude da norma com o fundamento ético da condenação, o intérprete, que não é Constituinte e nem lhe cabe discutir conveniências do preceito, é levado à conclusão de que, na regra geral da norma em enfoque, durante o prazo do *sursis*, qualquer que seja o crime, há suspensão de direitos políticos.

A causa em exame, seja a sentença criminal transitada em julgado, seja o *sursis*, não tem o mesmo rigorismo relativamente a deputados federais, estaduais, distritais e senadores. O artigo 55, VI, combinado com os artigos 27, § 1º, e 32, § 3º, todos da CF, regra a perda do mandato daquele que "sofrer condenação criminal em sentença transitada em julgado". A perda, entretanto, não é automática. Diz o parágrafo 2º do mesmo artigo 55 que, na hipótese em exame, a perda do mandato será decidida pelo Colegiado a que pertencer o interessado. Em outras palavras, a condenação criminal pode não importar em perda do mandato, o que equivale à manutenção dos direitos políticos.

Deste modo, na regra geral, a suspensão condicional da pena, o livamento condicional e enquanto não houver o pagamento da multa, os efeitos da pena perduram e há suspensão dos direitos políticos. De outro lado, a extinção da punibilidade, para recuperação dos direitos políticos, ocorre nas hipóteses do artigo 107 do Código Penal. E mais: o cumprimento efetivo da pena, a expiração do prazo do *sursis* sem revogação (art. 82 do Cód. Penal), o término do livramento condicional também sem revogação (art. 90 do Cód. Penal) e o pagamento da multa. Enquanto não ocorrerem estas causas, perduram os efeitos da sentença condenatória. A indagação que pode ser feita concerne a se especificar quais são os efeitos que, enquanto durarem, suspendem os direitos políticos?

Os artigos 91 e 92 do Código Penal elencam efeitos genéricos e específicos da condenação criminal. Uns dependem de ser motivadamente declarados na sentença, posto que não automáticos e, pela simples leitura deles, vê-se que não têm interesse ao que, no momento, se examina. São os efeitos específicos da condenação. Outros são genéricos, efeitos automáticos da pena, aqueles que toda condenação faz surgir. A perda, em favor da União, de instrumentos do crime, de produtos do crime ou de qualquer outro bem e valor, não tem qualquer relevância na suspensão dos direitos políticos. Entretanto, o efeito da condenação de *tornar certa a obrigação de indenizar o dano causado pelo crime* (art. 91, I) pode, inadimplido, perdurar no tempo. Este efeito se inclui no inciso III do artigo 15 da CF?

Pontes de Miranda (*Op. cit.*, p. 571) refere-se somente aos efeitos *penais* da condenação: "Enquanto se está fazendo cumprir a pena, ou enquanto é possível exigir-se o cumprimento da pena, da sentença criminal irradiam-se efeitos e estão suspensos os direitos políticos". Os efeitos *civis* da condenação, entre os quais se inclui a obrigação de indenizar o dano causado pelo crime, não são alcançados pela norma constitucional. Neste sentido, a Súmula nº 8 do

TSE: "A suspensão de direitos políticos decorrentes da condenação criminal transitada em julgado cessa com o cumprimento ou a extinção da pena, independendo de reabilitação ou de prova de reparação de danos".

3.5. Escusa de consciência

Vivemos numa sociedade pluralista, conforme referido no Preâmbulo e no artigo 1º, inc. V, da CF. O direito e garantia individual indicado no inciso VI do artigo 5º - liberdade de consciência e de crença - é conseqüência do pluralismo. A situação que pode se formar é o Estado instituir obrigação legal imposta a todos da coletividade e o cumprimento desta obrigação se atritar com a crença religiosa ou com a convicção política ou filosófica de alguém. O que deve preponderar? O direito e garantia individual para efeito do inadimplemento da obrigação direcionada a todos ou o interesse público informado pela obrigação instituída? Outro direito e garantia individual soluciona o problema da prioridade.

É possível a escusa, não modo absoluto, mas relativo. Escusa-se o indivíduo de cumprir a obrigação referida à coletividade desde que venha a cumprir obrigação alternativa imposta pela lei. Em outras palavras, há substituição de obrigação. Permite-se o descumprimento da obrigação incompatível com a crença religiosa ou com a convicção política ou filosófica. Em substituição, aparece outro ônus: o fixado como alternativo legalmente. O inciso VIII do artigo 5º da CF é a norma pertinente: "ninguém será privado de direitos por motivo de crença religiosa ou de convicção filosófica ou política, salvo se as invocar para eximir-se de obrigação legal a todos imposta e recusar-se a cumprir prestação alternativa, fixada em lei".

Existe outra escusa de consciência. A Constituição de 1891 instituiu, no artigo 86, o serviço militar obrigatório. A norma foi repetida pelas Constituições de 1934 (art. 163), de 1937 (art. 164), de 1946 (art. 181), de 1967 (art. 93), de 1969 (art. 92) e de 1988 (art. 143). A atual Constituição, no parágrafo 1º do artigo 143, permitiu, aos *após alistados*, "alegarem imperativo de consciência, entendendo-se como tal o decorrente de crença religiosa e de convicção filosófica ou política, para se eximirem de atividades de caráter essencialmente militar". Contudo, a lei deve atribuir serviço alternativo substituto, que deverá ser satisfeito, a fim de que a escusa se tenha por devidamente justificada e aceita. É o que se lê na norma constitucional.

Como se observa, a escusa de consciência não significa nem o direito de não cumprir obrigação legal a todos dirigida, por qualquer motivo - o motivo deve ser o específico da incompatibilidade da obrigação com a crença religiosa e a convicção filosófica ou política - nem a simples recusa sem se obrigar à prestação alternativa. Cumprida esta, porém, a escusa da inicial obrigação encontra-se justificada, sem que se possa pensar em qualquer sanção. Entretanto, o não-cumprimento da obrigação alternativa significará, como efeito, a suspensão dos direitos políticos.

3.6. Improbidade administrativa

A prática de improbidade administrativa traz como efeito a suspensão de direitos políticos. O inciso V do artigo ora anotado é explícito, fazendo remissão ao parágrafo 4º do artigo 37 do mesmo ordenamento constitucional. O parágrafo referido regra que "os atos de improbidade administrativa importarão a suspensão dos direitos políticos". A normatividade dos dois preceitos forma uma objetiva equação: *improbidade administrativa - suspensão dos direitos políticos*. Entretanto, o exame das duas normas constitucionais deixa em aberto certos questionamentos. O que é improbidade administrativa? Quais os sujeitos ativos desta prática ofensiva à moralidade administrativa? Quais pessoas poderiam ser vítimas da improbidade administrativa? O efeito suspensão dos direitos políticos se dá em que momento? A resposta a tais questões é entregue à lei infraconstitucional.

Pode se definir improbidade administrativa como a conduta comissiva ou omissiva que (*a*) busca o enriquecimento ilícito na administração pública, sem prejuízo patrimonial desta ou (*b*) que lhe cause prejuízo ou (*c*) viole princípios da administração pública, como a imparcialidade, a legalidade, etc. O que é perseguido, para fins de suspensão dos direitos políticos, em qualquer das três espécies de improbidade, é o que se extrai, como irregular, da conduta individualizada impulsionada por valores antiéticos. As responsabilidades civil e penal, que podem existir, desimportam de momento. O relevante é a conduta que, por ser anti-social e anticívica, traz como efeito a negativa de capacidade eleitoral.

A Lei nº 8.429, de 2 de junho de 1992, que serve de complementação da norma constitucional, define o ato de improbidade administrativa em três preceitos diferentes. No artigo 9º, diz constituir "ato de improbidade administrativa importando enriquecimento ilícito auferir qualquer tipo de vantagem patrimonial indevida em razão do exercício de cargo, mandato, função, emprego ou atividade" na administração direta, indireta ou fundacional de qualquer dos entes federativos. No artigo 10, define-se, como ato de improbidade administrativa, o que cause dano aos cofres públicos, ensejando qualquer espécie de perda patrimonial. No artigo 11, é o que atenta contra os princípios da administração pública, que cita.

Todo ato de improbidade administrativa é contrário à administração pública. O que é abrangido pela expressão *administração pública*? É a administração pública direta, indireta (autarquias, entes paraestatais, sociedades de economia mista e empresas públicas) e fundacional (fundações públicas). A abrangência é mais ampla para se estender a empresas incorporadas ao patrimônio público ou entidade em que o erário haja participado ou participe, para criação ou custeio, com mais de cinqüenta por cento do patrimônio ou da receita anual (art. 1º). A conduta perseguida deve ser realizada pelo agente em uma das atividades nas entidades já indicadas.

O parágrafo único do artigo 1º da Lei nº 8.429/92 dá uma maior extensão ao que se tem por entidade alcançada pela lei e pela normatividade referente a atos de improbidade administrativa. A lei é aplicável em relação aos atos praticados "contra o patrimônio de entidade que receba subvenção, benefício ou incentivo, fiscal ou creditício, de órgão público, bem como daquelas para cuja criação e custeio o erário haja concorrido ou concorra com menos de cinqüenta por cento do patrimônio ou da receita anual".

Definidos o conceito de ato de improbidade, de bem jurídico tutelado com a indicação dos sujeitos passivos e a abrangência das possíveis vítimas, a indagação se volta ao estudo do sujeito ativo desta infração administrativa, que é quem vai sofrer os efeitos da suspensão dos direitos políticos. Agente público não é somente o com vínculo estatutário, ou de natureza trabalhista, prestando trabalho remunerado para a administração pública abrangente. Também é o que exerce a atividade transitoriamente ou até sem remuneração, seja "por eleição, nomeação, designação, contratação ou qualquer outra forma de investidura ou vínculo, mandato, cargo, emprego ou função"(art. 2º).

O ato de improbidade administrativa não só responsabiliza o agente público que teve a ação ou omissão infringente. Há a questão da co-autoria, a colaboração prestada por terceiros, tecnicamente não-agentes públicos. Tais pessoas, embora não se categorizem como agentes públicos, são alcançados pela lei. Basta a estes a conduta de *induzir* ou *concorrer* para a realização do ato de improbidade ou de se *beneficiar* com o ato praticado, mesmo que de forma indireta (art. 3º). A tese é correta. Não basta punir o corrupto; deve-se penalizar, identicamente, o agente da corrupção. No nexo de causa e efeito do enriquecimento ilícito, ou do prejuízo patrimonial das entidades tuteladas, ou da violação de princípios da administração pública, o terceiro - que induz, concorre ou se beneficia - é agente público por extensão.

A questão final e mais relevante diz respeito ao momento em que haverá a suspensão dos direitos políticos ou, em outras palavras, o termo inicial da suspensão. Será na data em que o ato de improbidade administrativa é cometido, no instante em que há a indisponibilidade dos bens do agente pela ação cautelar de seqüestro, no momento do ingresso da ação principal em que se objetiva a declaração de improbidade administrativa, no dia em que houver a prolação da sentença de procedência, ou só no trânsito em julgado da decisão? Entendemos, de logo, que a solução deve se situar após ser prolatada a sentença de procedência da ação principal, porque, até então, deve imperar o benefício da presunção de inocência. A dúvida, porém, persiste quanto a haver necessidade de trânsito em julgado da sentença.

Analogicamente, em duas situações previstas no próprio artigo ora anotado, exige-se a sentença com trânsito em julgado: no cancelamento da naturalização (inc. I) e na condenação criminal (inc. III). Não há motivo lógico suficiente para, ao se tratar de improbidade administrativa, não se exigir a mesma estabilidade do ato sentencial. A interpretação no caso é sistêmica. Além do mais, a suspensão dos direitos políticos, como desaparecimento do direito de votar e de ser votado, é a mais grave sanção política que pode alcançar o ser humano, no Estado Democrático. A segurança da cidadania impõe, no instante em que se vai feri-la, o trânsito em julgado da decisão. Inclusive, a possibilidade de suspender os direitos políticos com a simples prolação da sentença, é ofensa visível à ampla defesa, porque desconsidera recurso ainda admissível.

Esta orientação de haver sentença com trânsito em julgado está na Lei Complementar nº 64/90, ao tratar das inelegibilidades. É o que se pode ler no artigo 1º, I, letras *d*, *e*, *h*, etc. Não há razões mínimas para, no campo específico de suspensão de direitos políticos, se dispensar o trânsito em julgado. Pedro Henrique Távora Niess (1994, p. 26) diz que a suspensão depende de sentença transitada em julgado. O prazo de suspensão depende da sentença, no que concerne a seu *quantum*. Em ação ordinária movida contra o agente ao qual se imputa a prática do ato de improbidade administrativa, assegurados os princípios do contraditório e da ampla defesa, a sentença, se procedente, fixará o prazo de suspensão dos direitos políticos, considerando a regra do parágrafo único do artigo 12 da Lei nº 8.429/92 - "Na fixação das penas previstas nesta Lei o juiz levará em conta a extensão do dano causado, assim como o proveito patrimonial obtido pelo agente"- e os prazos mínimo e máximo indicados nos artigos 9º, 10 e 11 da mesma Lei, respectivamente, oito a dez anos, cinco a oito anos e três a cinco anos.

4. Artigo 16

A lei que alterar o processo eleitoral entrará em vigor na data de sua publicação, não se aplicando à eleição que ocorra até 1(um) ano da data de sua vigência.

4.1. Observações gerais

Quando editada a Constituição de 1988, o artigo 16, novidade no constitucionalismo brasileiro, tinha a seguinte redação: "A lei que alterar o processo eleitoral só entrará em vigor um ano após sua promulgação". A norma era de fácil entendimento. A *vacatio legis* de toda lei eleitoral alterante do processo eleitoral era de um ano. A lei tinha existência desde a data de sua publicação, mas só entraria em vigor passado o ano. O objetivo também era evidente. Dar uma certa garantia ao processo eleitoral, impedindo que fosse alterado a qualquer tempo, com possíveis prejuízos ao próprio sistema eleitoral. Na verdade, onde se buscam eleições normais e legítimas, sem influências antidemocráticas na escolha do voto pelo eleitor, com garantia de liberdade de votar em candidatos e partidos, toda lei sobre processo eleitoral de *última hora* pode trazer regramentos direcionados a alterar as regras do certame eleitoral, com prejuízo de uns ou de muitos.

O Supremo Tribunal Federal, na Ação Direta de Inconstitucionalidade nº 353/DF, Rel. Min. Celso de Mello, Tribunal Pleno, em decisão de 5 de setembro de 1990, teve oportunidade de explicitar a finalidade do artigo 16 em comento: tal norma "foi enunciada pelo constituinte com o declarado propósito de impedir a deformação do processo eleitoral mediante alterações casuisticamente nela introduzidas, aptas a romperem a igualdade de participação dos que nele atuam como protagonistas principais: as agremiações partidárias e os próprios candidatos" (*A Constituição na Visão dos Tribunais*. v. I. São Paulo: Saraiva, 1997, p. 258). E o objetivo ficava mais evidenciado porque a *vacatio legis* se referia à lei sobre processo eleitoral.

A Emenda Constitucional nº 4, de 14 de setembro de 1993, deu nova redação ao artigo 16, que importou na substituição da *vacatio legis* de um ano pela regra da anualidade. A lei eleitoral modificadora do processo eleitoral passa a entrar em vigor na data de sua publicação, mas só se aplica à eleição que ocorra após um ano de sua vigência. Sem necessidade de só se conceder eficácia à lei após algum tempo, visto que ela entra em vigor na data da publicação, alcançou-se o mesmo objetivo pretendido: impedir que a lei fosse editada e publicada com o possível fim de prejudicar uns e beneficiar outros no certame eleitoral. Evitou-se o mesmo que a anterior redação pretendia evitar, mas de maneira mais simples.

Observa-se, porém, inicialmente, que nem toda lei eleitoral deve obediência ao princípio da anualidade. Só aquela cuja normatividade específica se refira a processo eleitoral. Lei eleitoral estranha à temática do processo eleitoral entra em vigor na data de sua publicação e se aplica à eleição superveniente, sem interessar o princípio da anualidade. O texto constitucional não fala em *lei eleitoral*; sim em *lei que alterar o processo eleitoral*. Não há como confundir as situações. O bom entendimento da norma ora anotada passa pelo prévio exame e compreensão do que seja *processo eleitoral*. Encontrar uma definição, com seu conteúdo e limitações, é essencial, por isso, à interpretação adequada do referido artigo 16.

Na ADIN nº 733-5-MG, Relator o Ministro Sepúlveda Pertence, discutiu-se matéria relativa à incidência do artigo 16 nos processos de emancipação de municípios. O STF entendeu inaplicável, assim se lendo da ementa: "No contexto normativo do art. 16, da CF que impõe a *vacatio* de um ano às leis que o alterem, processo eleitoral é parte de um sistema de normas mais extenso, o Direito Eleitoral, matéria reservada privativamente à competência legislativa da União; logo, no sistema da Constituição de 1988, onde as normas gerais de alçada complementar, e a lei específica de criação de municípios foi confiada aos Estados, o exercício desta competência estadual explícita manifestamente não altera o processo eleitoral, que é coisa diversa e integralmente da competência legislativa federal" (DJU de 16.6.95).

4.2. Processo eleitoral

O impedimento objetivo diante do princípio da anualidade é o relativo à lei que altere o processo eleitoral. O que é este processo? Tivemos oportunidade de desenvolver o tema em nosso livro *Lineamentos de Direito Eleitoral*, pp. 85/94, Síntese Editora, 1996: "Entende-se como fases do processo eleitoral todas aquelas etapas que vão das providências preliminares para a realização do pleito eleitoral até os candidatos serem proclamados eleitos e diplomados". Pedro Henrique Távora Niess (*Op. cit.*, p. 194) afirma que "a expressão *processo eleitoral*, utilizada no texto do art. 16, engloba todos os atos cuja prática de qualquer modo projete efeitos sobre a eleição cogitada".

Analiticamente, em conseqüência, entendemos que são normas pertinentes ao processo eleitoral as relativas à fase *preparatória* (formação do eleitorado, registro de candidatos, composição de mesas receptoras de votos, etc.), à fase de *votação* (locais de votação, polícia dos trabalhos de votação, impugnação de votos e seus efeitos, o ato de votar, etc.), à fase de *apuração* (validade e regularidade da votação, nulidades do ato de votar, etc.) e à fase de *diplomação* (em que, antecedentemente, há o ato de proclamação dos eleitos, etc.). Assim, a norma que altere qualquer das etapas e as circunstâncias fático-jurídicas que as integram é norma acerca do processo eleitoral e, por isso, deve obediência, para aplicação, ao princípio da anualidade, considerando a data da eleição a ser realizada.

Em tese, portanto, lei eleitoral alterante de qualquer normatividade categorizada como integrante do processo eleitoral, por significar casuismo eleitoral, quebrando a normalidade e legitimidade do certame eleitoral, deve cumprir, para sua incidência, o prazo ânuo. O que se traz à discussão é se o simples fator temporal - prazo inferior a um ano - significa presunção *absoluta* do casuismo e de ter havido a anormalidade e ilegitimidade, como se poderia concluir num exame perfunctório das normas constitucionais, ou se a alteração vier, ao contrário, para normalizar e legitimar a eleição, admite-se sua aplicação de imediato?

Há outro aspecto vinculado à finalidade da norma. O princípio da anualidade tem o objetivo de garantir que as eleições, o certame eleitoral em si, transcorram normalmente e com legitimidade na forma do artigo 14, parágrafo 9º, da CF. E aqui a indagação. Mesmo se tratando de lei sobre processo eleitoral, mas que tenha o indiscutido objetivo de depurar o processo eleitoral, evitando anormalidades e ilegitimidades, a lei que for editada deverá cumprir o princípio da anualidade? Não seria o caso de, pela evidente finalidade, afastar-se a regra do artigo 16, conseguindo desta forma o objetivo maior que é o certame eleitoral limpo, normal e legítimo? Ou, preso às palavras, e não ao espírito da lei, se fazer incidir o artigo 16, com evidente prejuízo de uma eleição?

Sem dúvida alguma, as questões que envolvem inelegibilidades, desincompatibilizações, etc., por estarem vinculadas ao registro de candidatos, têm a natureza de se localizar no processo eleitoral. Admitido o artigo 16 em anotação, tais regramentos, que devem constar de lei complementar, só se aplicariam após a anualidade, como se significassem casuismos que poderiam anormalizar o pleito eleitoral. Entretanto, a leitura do parágrafo 9º do artigo 14 da CF deixa claro que disposição acerca de inelegibilidades e desincompatibilizações tem o "fim de proteger ... a normalidade e legitimidade das eleições". A presunção, por isso, não se forma contra os termos da regra constitucional e cede diante dela.

O Supremo Tribunal Federal já teve oportunidade de decidir sobre a matéria, embora por maioria. No Recurso Extraordinário nº 129392-DF, sendo Relator o Min. Sepúlveda Pertence, houve decisão em 17 de junho de 1992, da qual se extrai da ementa a seguinte passagem: "prevalência da tese, já vitoriosa no TSE, de que, cuidando-se de diploma exigido pelo art. 14, § 9º, da Carta Magna, para complementar o regime constitucional de inelegibilidades, à sua vigência imediata não se pode opor o art. 16 da mesma Constituição" (*A Constituição na Visão dos Tribunais*, p. 255). Não obstante com argumento diferenciado - lei complementar à Constituição -, lei de inelegibilidades e desincompatibilizações não está sujeita, para fins de aplicação, ao artigo 16 em comento. Entendemos que a finalidade da lei também deve ser considerada.

Outro exemplo é esclarecedor. A Lei nº 9.100, de 29 de setembro de 1995, que estabeleceu normas para as eleições municipais de 1996, cumpriu o prazo da anualidade e dispôs no artigo 75 que, no ato de votar, o eleitor deveria apresentar seu título eleitoral, "acompanhado de documento público em que conste sua fotografia". A exigência de apresentar documento público com fotografia desenhou-se como preocupante e gerou a certeza de que tal exigência seria responsável por grande número de eleitores que não votariam, por não terem o documento referido pela Lei. A conseqüência desta certeza iria, sem dúvida, anormalizar a eleição, grande quantidade do eleitorado não podendo ir às urnas, tornando ilegítimo o certame eleitoral. Houve, por isso, grande movimento social que redundou na edição de uma lei dispensando a apresentação de referido documento, no ato de votar.

A matéria, sem dúvida, dizia respeito ao processo eleitoral, porque concernente às condições para exercer o direito de voto. A lei que dispensou o documento com fotografia era, a nosso sentir, de conteúdo relativo ao processo eleitoral. No entanto, embora não tivesse cumprido o princípio da anualidade, foi aplicada nas eleições de 1996, sem qualquer dúvida dos Tribunais especializados, dos partidos e dos estudiosos. A explicação é simples: a dispensa do documento com fotografia não objetivava casuismos, trazendo prejuízo a quem quer que seja. Visando à normalidade, inaplicou-se o artigo 16 ora em comentário. A base da interpretação que permitia sua aplicação estava na finalidade da norma que se incluía no espírito do artigo 14, parágrafo 9º, da CF.

Capítulo IV

PARTIDOS POLÍTICOS

1. Compreensão

No Brasil, a primeira Constituição a tratar de partido político foi a de 1946. Paulo Bonavides (1996, p. 31) diz que "a constitucionalização do partido político no Brasil ocorreu pouco depois da queda do Estado Novo, com a promulgação da Constituição de setembro de 1946". Antes, existiram partidos políticos; inclusive, no Império, mas não com base normativa constitucional. Apoiavam-se ou em legislação infraconstitucional ou na experiência política, utilizando-se de exemplos encontrados no direito comparado.

A CF de 1946, no entanto, não normatizou a organização, o regime ou o funcionamento destas entidades políticas, mas continha uma vedação. O programa partidário não podia contrariar "o regime democrático, baseado na pluralidade dos partidos e na garantia dos direitos fundamentais do homem" (art. 141, § 13). Era a tríplice conformidade: com a democracia, com o pluralismo político e com os direitos e garantias individuais. Explicáveis as proibições. O partido político deveria estar em consonância com as novas regras que vigiam no País e editadas após a queda de Vargas e do *estado-novismo*, em 1945. Buscou-se, com a orientação constitucional, estabilizar-se a democracia brasileira, em pretendida direção ao progresso do País. A prática pretérita deveria ser rejeitada.

Não é fácil conceituar, mas a explicitação das linhas identificadoras de um instituto jurídico ou social tem importância. Assim, pode-se dizer, inicialmente, que todo partido político é um agrupamento de homens em volta de razões ideológicas que servem de motivação ao ato de se agrupar. É a junção pela ideologia. Contudo, nem todo agrupamento humano em volta de idéias é, necessariamente, partido político. Há o sindicato, o órgão de classe, o clube esportivo, etc. Partido político tem que ter um *plus*, que é sua identificação finalística. A regra do artigo 5º, XVII, da CF - "É plena a liberdade de associação para fins lícitos, vedada a de caráter paramilitar" -, serve a qualquer agrupamento social não-esporádico. Partido político, sem dúvida, satisfaz este primeiro aspecto, que é o envolvimento social por força da aceitação das mesmas idéias. Todavia, sempre se definirá por uma finalidade específica.

A atuação do partido político deixa mais evidenciada sua finalidade. O partido político age por interações, fenômenos sociológicos em que se busca influenciar, ou se influencia, o eleitorado ou parte dele, através do programa político, que deverá ser difundido em propaganda partidária. Como se sabe, é o eleitorado que elege os representantes do povo que irão imprimir, no exercício de seus mandatos, a política governamental. Em outros termos, é o objetivo atuante sobre a democracia representativa. De outro lado, os representantes eleitos são filiados a partidos e trazem, para o exercício do governo, as idéias colhidas no programa partidário. Deste modo, a influência do partido político na política dos governos é acentuada. Daí a reconhecida importância dos partidos políticos nos países democráticos.

Os aspectos ideológico e finalístico dos partidos políticos são essenciais à sua definição. São pressupostos positivos, sem os quais não há que se falar em partido. Há o aspecto ideológico, que une os homens em volta de uma idéia, e, identicamente, o aspecto finalístico, que é o de participar na formação da representatividade democrática. Outra coisa são os elementos negativos que, existentes, descaracterizam o agrupamento humano como partido político. Tais dados negativos, que terminam degradando a relação partidária, desfiguram politicamente o agrupamento social. São eles a ministração de instrução militar ou paramilitar, a utilização de organização da mesma natureza e a adoção de uniforme para seus membros. Dois fatos dentre outros nortearam a legislação apoiada na Constituição de 1946 para que não voltassem a ocorrer. O extraído da II Guerra Mundial, no que concerne ao nazismo alemão e às atrocidades conhecidas mundialmente e o que ocorreu durante a ditadura Vargas. Os elementos negativos, que degradam e desfiguram os partidos políticos, foram buscados na prática partidária nestes dois momentos. No III Reich, o partido que dominou a Alemanha de Hitler se baseava, para suas práticas até criminosas, na utilização de organizações militares e paramilitares. No Brasil, o conhecido *partido integralista*, de Plínio Salgado, adotou uniformes, buscando, pelo menos neste aspecto, uma parecença com o nazismo hitleriano. Os elementos degradantes elencados em lei tinham sua origem nestes dois fatos históricos, que se tentava evitar a repetição.

Definido o conceito, havia a questão da categorização jurídica, mais propriamente a natureza jurídica de tais entidades: pessoas jurídicas de direito público ou pessoas jurídicas de direito privado? A Constituição de 1967 tinha uma regra quanto à organização partidária. A da personalidade jurídica dos partidos, "mediante registro dos estatutos" (art. 149, II). Mais adiante, no artigo 130, fazia incluir, na competência da Justiça Eleitoral, a atribuição do registro dos partidos políticos (inc. I). A Constituição resultante da EC nº 1/69 manteve idêntica normatização nos artigos 152, II, e 137, I. Nos dois textos constitucionais, delegou-se à lei federal a regulamentação dos partidos políticos, que deveriam obedecer aos princípios básicos indicados constitucionalmente. Durante a vigência da Constituição de 1969, foi editada a Lei nº 5.682, de 21 de julho de 1971, a denominada Lei Orgânica dos Partidos Políticos (LOPP).

A LOPP de 1971 buscou a sintonia normativa com o texto constitucional, dispondo objetivamente serem os partidos políticos pessoas jurídicas de direito público interno (art. 2º), personalidade esta que adquiriam "com o registro de seu estatuto no Tribunal Superior Eleitoral" (art. 4º). De logo, esclarecida uma idéia. A personalidade jurídica concedida aos partidos políticos nada tinha a ver com a personificação jurídica alcançada por associações ou sociedades, na órbita do direito privado (art. 18 do Código Civil). A juridicização da personalidade era no âmbito da Justiça Eleitoral. A EC nº 25/85, de 15 de maio de 1985, dentro da mesma idéia, regrou que "o partido político adquirirá personalidade jurídica mediante registro dos seus estatutos no Tribunal Superior Eleitoral"(redação dada ao art. 151, IV).

1.2. Pluralismo partidário e bipartidarismo

A Constituição de 1946, no artigo 141, § 13, vedava organização política que contrariasse o regime democrático, *baseado na pluralidade dos partidos*. Princípio básico e constitucional, portanto, era o pluralismo partidário. A. de Sampaio Dória (*Comentários à Constituição de 1946*, Vol. 4º, p. 635, Max Limonad, 1960) tem procedente crítica: "É também inaceitável o fundamento do regime democrático ali declarado. Não é na pluralidade de partidos que se baseia o regime democrático: a pluralidade de partidos é conseqüência do regime democrático". A idéia, porém, que interessa está perfeitamente evidenciada. Há compatibilização necessária entre o regime democrático e o pluralismo partidário. Daí a existência de vários partidos, entre os quais o PTB, PSD, PL, UDN, PRP, etc.

A Constituição de 1967, ao tratar dos partidos políticos, elencou diversos princípios a serem obedecidos, entre eles o "regime representativo e democrático, baseado na pluralidade de partidos..." (art. 149, I). O mesmo princípio norteador e paramétrico da Carta de 1946. Pontes de Miranda (*Op. cit.*, t. IV, p. 615) afirmou que "os partidos políticos não podem, hoje em dia, ser apenas dois". E argumentava: "A existência de pequenos partidos mostra que o Povo já exprime ou quer exprimir vontade que *não cabe* nos dois partidos", mesmo porque "o Povo quer mais: quer *programas novos*". A idéia do pluralismo, conseqüência democrática, estava inscrita, aparentemente assentada, na Carta de 1967.

O pluralismo partidário sem limites tem aspecto negativo. Oportuniza-se a existência de partidos nanicos, sem a menor representatividade popular, pulverizando, inclusive, as forças ideológicos por simples divergências. Pelo menos é o que se constata num primeiro momento, sendo que os certames eleitorais vão, com seus resultados que definem a recepção popular pelos partidos, pouco a pouco, dando uma adequada e razoável configuração numérica ao pluralismo. De qualquer forma, seja na irregularidade numérica inicial, seja na adequação posterior, o pluralismo partidário é superior ao que seria o bipartidarismo, dois únicos partidos, comparando-se as situações diante dos princípios que regem o regime democrático.

O bipartidarismo divide as doutrinas, as idéias e os pensamentos, que são multifários por natureza, em dois campos. Baseia-se na compreensão de só existirem duas ideologias. Termina por se inadequar à realidade fático-social, cada partido compondo doutrinas incompatíveis entre si. Além do mais, diante das liberdades de pensar e de se associar, que devem ser inatas nas democracias, atrita-se com aquelas e com estas. Não obstante todos estes aspectos negativos e inconciliáveis com a realidade democrática brasileira, o Brasil conheceu o bipartidarismo, em que a vontade política estava adstringida a dois e exclusivos partidos políticos.

Não obstante o que se continha da Constituição de 1967 e, identicamente, da Carta de 1969 (art. 152, I), a realidade era outra. O Ato Institucional nº 2, de 27 de outubro de 1965, declarou ficarem "extintos os atuais partidos políticos e cancelados os respectivos registros" (art. 18). Como conseqüência, deu-se o fenômeno ressaltado por Roberto Rosas (1996, p. 134): "A vida partidária brasileira tem sofrido nestes últimos cinqüenta anos tais transformações legais e constitucionais, principalmente após 1964. Saímos do pluripartidarismo e a volta ao bipartidarismo com o Ato Institucional nº 2, de 1965, aí ficando vinte anos, até 1985, quando se vislumbrou novamente o regime pluripartidário".

1.3. Constituição atual

Ao ser votada a Constituição de 1988, os partidos políticos apresentavam uma característica e a natureza jurídica, que podiam ser mantidas ou alteradas. A referente ao bipartidarismo, dois únicos partidos políticos, que podia se manter, ou ao pluripartidarismo, que podia retornar, por compatível com o regime democrático e executável com amplitude. De outro lado, a natureza jurídica dos partidos políticos que ou se manteria como pessoa jurídica de direito público ou, ao contrário, assumiria a natureza de pessoa jurídica de direito privado. Estas questões devem ser solucionadas previamente, nesta introdução, antes da interpretação que se fará do artigo 17 do texto constitucional vigente. O bipartidarismo, sem a menor sombra de dúvida, foi rejeitado pelo Constituinte. Com efeito, o *caput* do referido artigo 17, ao dizer livres de criação, fusão, incorporação e extinção dos partidos políticos, determinou resguardar, entre outros princípios, o do pluralismo partidário.

No referente à natureza jurídica da personalidade dos partidos políticos, há o pensamento, que se revela isolado, de Sérgio Sérvulo da Cunha (1996, pp. 139/155), ao afirmar que os partidos políticos, após o texto constitucional de 1988, se mantêm pessoas jurídicas de direito público. Os fundamentos da tese do culto publicista podem ser assim resumidos: a) sem partidos políticos não há formação dos Poderes estatais, nem do Estado e nem do poder político. Por isso, os partidos políticos têm natureza pública; b) o registro civil do partido político é para sua existência embrionária. A capacidade jurídica eleitoral vem com o registro dos estatutos na Justiça Eleitoral. Conseqüência: tudo leva à conclusão de que são pessoas jurídicas de direito público. Nossa opinião, porém, é diversa.

Nosso argumento se apóia, notadamente, na normatividade constitucional. O parágrafo 2º do artigo 17 da CF regra que "os partidos políticos, após adquirirem personalidade jurídica, na forma da lei civil, registrarão seus estatutos no Tribunal Superior Eleitoral". A interpretação da referida norma traduz a idéia que a personalidade jurídica é alcançada na forma da lei civil. Não se pode interpretar a regra constitucional como sendo simplesmente para a existência embrionária do partido político, porque não é lícito se concluir contra a literalidade da regra. Em ato inicial, há o registro na forma do Código Civil, cuja conseqüência é a aquisição da personalidade jurídica. E, como é consabido e sem qualquer divergência possível, o registro da lei civil só concede personalidade de direito privado. O registro no TSE não agrega qualquer personalidade; só traz efeitos na área do direito eleitoral.

Os constitucionalistas, frente ao novo texto constitucional, chamaram a atenção que os partidos políticos passaram a ter personalidade jurídica de direito privado em conseqüência de a adquirirem na forma da lei civil, disciplina jurídica de âmbito privado. Assim, o magistério de J. Cretella Júnior (*Op. cit.* v. II, p. 1125), de Celso Ribeiro Bastos (*Op. cit.*, v. 2, p. 616) e de Pinto Ferreira (*Op. cit.*, v. 1, p. 325). Esta transmutação de *direito público interno* para *direito privado* trouxe uma nova visão, com efeitos diferenciados, aos partidos políticos brasileiros.

A LOPP atual (Lei nº 9.096/95), que revogou expressamente a Lei nº 5.682/71 (art. 63) e entrou em vigor a 20 de setembro de 1995, data de sua publicação (art. 62), começou por reafirmar no artigo 1º, o que não poderia deixar de fazê-lo porque a doutrina já extraíra do texto constitucional: "o partido político, pessoa jurídica de direito privado...". Acrescentou, porém, o que antes ficara na omissão exigente de interpretação, os efeitos conseqüentes de serem os estatutos registrados no Tribunal Superior Eleitoral. Sem este último registro, o partido não pode participar do processo eleitoral, receber recursos do Fundo Partidário, ter acesso gratuito ao rádio e à televisão (art. 7º, § 2º), se utilizar da denominação, sigla e símbolos (art. 7º, § 3º) e credenciar delegados (art. 11). Em outras palavras, o partido não existe no campo do direito eleitoral. É simplesmente pessoa jurídica.

Esta a inicial observação a ser feita no concernente ao partido político da atualidade. Antes de se categorizar como partido político, deve significar, como associação de pessoas girando em volta de uma mesma idéia, uma pessoa jurídica que, como já visto, tem a natureza jurídica de direito privado. Não tem ainda vida na área eleitoral. É futuro detentor de direitos eleitorais. A existência jurídico-eleitoral é superveniente. E dependente de outra circunstância de real relevo: o registro dos estatutos no TSE. Por isso, a definição jurídica de partido político depende, como ato prévio, de haver pessoa jurídica de direito privado. A eficácia e os efeitos eleitorais vêm após, quando há anotação interna do TSE.

No instante em que a Constituição de 1988 deu ao partido político a natureza de pessoa jurídica de direito privado, nasceu a necessidade de se categorizá-lo, indagando-se em que espécie de pessoa jurídica deveria se localizar. O artigo 16 do Código Civil elenca as espécies de pessoas jurídicas de direito privado: sociedades comerciais, sociedades civis, religiosas, pias, morais, científicas ou literárias, as associações de utilidade pública e as fundações. Dentre estas, tão logo promulgada a Constituição de 1988, deveria se situar o partido político. Mas em qual delas? Era o inicial questionamento que se poderia fazer, embora a doutrina tenha se omitido a respeito. Detecta-se, sem qualquer dificuldade, que se trata de agrupamento social sem fim lucrativo e com finalidade específica. Daí pode-se afastar as categorizações referentes à sociedade mercantil, religiosa, pia, moral, científica e literária ou fundação. Restariam a exame as duas restantes: sociedade civil ou associação de utilidade pública, ou não. Na teoria jurídica, a sociedade civil se forma com o ingresso de parcelas de patrimônio na sociedade colocadas por seus sócios. Inadequável esta compreensão com a natureza compósita tradicional do partido político. A categorização mais adequada seria a da associação específica, a referida no artigo 5º da CF.

A Lei nº 9.096/95 deu outro direcionamento. Acrescentou no artigo 16 do Código Civil outra categoria - os partidos políticos -, destacadamente das demais pessoas jurídicas de direito privado (art. 59 da atual LOPP). Por isso, hoje, tecnicamente, é inaceitável categorizar-se o partido político como uma das pessoas jurídicas arroladas nos incisos I e II do artigo 16 do Código Civil. A categorização é específica. Partido político, acacianamente, é partido político e, como tal, pessoa jurídica de direito privado. Com isto, não se quer dizer que a disciplinação jurídica do partido político fica adstringida às normas específicas referidas na legislação dos partidos políticos. Há aplicação subsidiária de outras normas (§ 3º do artigo 16 do Código Civil acrescentado pelo artigo 59 da LOPP).

2. Artigo 17

É livre a criação, fusão, incorporação e extinção de partidos políticos, resguardados a soberania nacional, o regime democrático, o pluripartidarismo, os direitos fundamentais da pessoa humana e observados os seguintes preceitos:
I - caráter nacional;
II - proibição de recebimento de recursos financeiros de entidade ou governo estrangeiros ou de subordinação a estes;
III - prestação de contas à Justiça Eleitoral;
IV - funcionamento parlamentar de acordo com a lei.
§ 1º. É assegurada aos partidos políticos autonomia para definir sua estrutura interna, organização e funcionamento, devendo seus estatutos estabelecer normas de fidelidade e disciplina partidárias.
§ 2º. Os partidos políticos, após adquirirem personalidade jurídica, na forma da lei civil, registrarão seus estatutos no Tribunal Superior Eleitoral.
§ 3º. Os partidos políticos têm direito a recursos do fundo partidário e acesso gratuito ao rádio e à televisão, na forma da lei.
§ 4º. É vedada a utilização pelos partidos políticos de organização paramilitar.

2.1. Caráter nacional

Como enfatiza Pinto Ferreira (1992, p. 21), "na Primeira República estes (os partidos políticos) eram apenas estaduais, como instrumentos de oligarquias regionais, sem projeção no âmbito nacional". A legislação brasileira que passou a exigir, com critérios ou não, que os partidos políticos tivessem caráter nacional, apareceu durante os Governos que se formaram com a Revolução de 1964. Com efeito, foi a Constituição de 1967, em seu artigo 149, que editou como um dos princípios a ser seguido pelos partidos políticos o de seu inciso VI: "âmbito nacional, sem prejuízo das funções deliberativas dos diretórios locais". O problema estaria em saber a extensão de ter âmbito nacional.

A própria Constituição de 1967 buscou criar parâmetros, dispondo sobre critérios mínimos para se compreender o partido como nacional. Número de eleitores-adeptos distribuídos entre Estados. Eis os critérios: "exigência de dez por cento do eleitorado que haja votado na última eleição geral para a Câmara dos Deputados, distribuídos em dois terços dos Estados, com o mínimo de sete por cento em cada um deles, bem assim dez por cento de deputados, em, pelo menos, um terço dos Estados, e dez por cento de Senadores"(inc. VII). Qualquer destes percentuais, caracterizados como mínimos, que não estivesse satisfeito pelo resultado das urnas, desqualificava o partido como nacional, descaracterizando-o como partido político

A intenção, sem dúvida, era permitir e facultar a criação de partidos fortes, opondo dificuldades à existência de partidos *nanicos*. Pontes de Miranda (*Op. cit.* t. IV, p. 618), depois de dizer que "a Constituição de 1967 afasta, radicalmente, qualquer constituibilidade de partidos políticos que não se estenda a todo território nacional", complementa que as exigências do inciso VII são "para se verificar se os que *criam* ou *mantêm* o partido político correspondem a porção do eleitorado, que venha ao princípio da pluralidade de partidos políticos". E conclui: "De certo modo, aí está *princípio da limitação do número de partidos.*"

A Constituição de 1969, que resultou da Emenda Constitucional nº 1/69, manteve a necessidade de o partido ser de âmbito nacional (art. 152, VI) mas, quanto às exigências para se entendê-lo como de caráter nacional, alterou-as, tornando-as menos radicais: "exigência de cinco por cento do eleitorado que haja votado na última eleição geral para a Câmara dos Deputados, distribuídos, pelo menos, em sete Estados, com o mínimo de sete por cento em cada um deles" (inc. VII). Tais alterações constitucionais - de dez para cinco por cento do eleitorado, distribuição não mais entre dois terços dos Estados, etc. - abria um maior espaço para o pluralismo político.

Esta diminuição das exigências, possibilitando a criação de partidos menores e, logicamente, uma maior abrangência ao pluralismo ideológico, tema próprio para estudo de cientistas políticos ou historiadores, voltou a acontecer na Emenda Constitucional nº 25, de 15 de maio de 1985, ao alterar o artigo 152 da Carta de 1969, conservando o qualificativo de âmbito nacional no inciso V e substituindo o inciso VII pelo parágrafo 1º: "Não terá direito a representação no Senado Federal e na Câmara dos Deputados o partido que não obtiver o apoio, expresso em votos, de três por cento do eleitorado, apurados em eleição geral para a Câmara dos Deputados e distribuídos em, pelo menos, cinco Estados, com o mínimo de dois por cento do eleitorado em cada um deles".

A Constituição de 1988 manteve o preceito de que os partidos políticos têm caráter nacional (art. 17, I). Com sua promulgação, o que constava, por força da EC nº 25/85, do parágrafo 1º do artigo 152 da Carta de 1969, foi revogado, perdendo sua eficácia normativa. A Lei Maior de 1988 delegou à lei ordinária dizer o que se tinha por caráter nacional. A LOPP de 1971 foi, em grande parte, constitucionalmente recepcionada pela Carta em vigor. Contudo, a Lei nº 5.682/71 somente dizia, em seu artigo 3º, que "a ação dos partidos será exercida em âmbito nacional, de acordo com seu estatuto e programa, sem vinculação de qualquer natureza com governos, entidades ou partidos estrangeiros". Onde, porém, os parâmetros identificadores do caráter nacional? A atual LOPP diz o que se considera caráter nacional, indicando regramentos para dois momentos diferentes. Um, referenciando os critérios a ser examinados antes do registro dos estatutos no TSE, quando o partido adquire personalidade eleitoral. Neste momento, ser de âmbito nacional é pressuposto fundamental ao reconhecimento do partido político. É a necessidade de apoiamento eleitoral suficiente. Outro, em que critérios diversos são examinados para se verificar se o partido político mantém a sua qualificação de caráter nacional. Esta verificação se dá a cada eleição para a Câmara de Deputados. Vejamos os critérios do primeiro momento.

O ser de caráter nacional é condição essencial para ser registrado no TSE. As exigências legais são dúplices: a) apoiamento de eleitores de, pelo menos, meio por cento dos votos dados na última eleição geral para a Câmara dos Deputados, não se computando os votos brancos e nulos. Este apoiamento mínimo de eleitores é feito "por meio de suas assinaturas, com menção ao respectivo título eleitoral, em listas organizadas para cada Zona, sendo a veracidade das respectivas assinaturas e o número dos títulos atestados pelo Escrivão Eleitoral" (art. 9º, § 1º, da LOPP); b) tais eleitores devem estar "distribuídos por um terço, ou mais, dos Estados, com um mínimo de um décimo por cento do eleitorado que haja votado em cada um deles" (art. 7º, § 1º, da LOPP).

Atendidos estes critérios, o partido é considerado como de caráter nacional para fins de registro dos estatutos no TSE. Registrados os estatutos, tem o partido a natureza jurídico-eleitoral de partido político, podendo participar dos próximos certames eleitorais, tendo acesso gratuito ao rádio e à televisão e recebendo recursos do Fundo Partidário (art. 7º, § 2º, da LOPP). O apoiamento mínimo, porém, foi de eleitores; não de votos apurados. E é lógico. A associação, antes do registro do TSE, não participara, por impedimento legal, de qualquer processo eleitoral. Há necessidade de, nas urnas, reafirmar o apoiamento através de votos apurados. É o segundo momento. Este segundo momento é a cada eleição para a Câmara dos Deputados. Deve haver "o apoio de, no mínimo, cinco por cento dos votos apurados, não computados os brancos e os nulos, distribuídos em, pelo menos, um terço dos Estados, com um mínimo de dois por cento do total de cada um deles" (art. 13 da LOPP). O não alcançar este apoio não extingue a existência do partido político. Pela normatividade infraconstitucional perde o partido o direito ao funcionamento parlamentar. Esta matéria será examinada mais adiante.

O estudo da compreensão constitucional do que se deve considerar como de *caráter nacional*, face às regras normatizantes constantes das Constituições de 1967 e 1969, bem como a orientação ditada na lei infraconstitucional, que é a LOPP, não deixam margem a qualquer dúvida de que são dois os critérios delimitadores de caráter nacional. De um lado, o espaço físico em que atua o partido político. Ao contrário do que se poderia concluir, não há necessidade de que o partido exista em todo território nacional, o que, em interpretação lexicológica, adviria do qualificativo *nacional*. Deve-se fazer presente num número mínimo de Estados, atualmente em um terço. De outro lado, o número mínimo de eleitores-adeptos e de eleitores que votam em sua legenda. O conceito de *caráter nacional* tem dois pressupostos: espaço físico mínimo e apoio mínimo de eleitores.

O entendimento que se dá a *caráter nacional* tem aceitação na doutrina. Chama-se atenção que a expressão *caráter nacional* foi cunhada com o sentido que estamos imprimindo, com base nos textos constitucionais de 1967 e de 1969. Pode-se dizer, por isso, que seu entendimento já havia alcançado a maioridade (21 anos), quando o Constituinte se utilizou da expressão na Constituição de 1988. Não é crível que, naquele instante, se usasse de uma idéia que não fosse a que vinha sendo admitida, sem que a norma constitucional anotasse expressamente a alteração pretendida. A lição de Carlos Maximiliano (1979, p. 311) incide: "Quando a nova Constituição mantém, em algum de seus artigos, a mesma linguagem da antiga, presume-se que se pretendeu não mudar a lei nesse particular..."

2.2. Autonomia

A anterior LOPP se esmerou em dar regras e parâmetros concernentes à organização do partido político e de seu funcionamento. Em Título próprio, o IV - Dos Órgãos dos Partidos -, indicou, quanto à organização, os *órgãos de deliberação* - Convenções Municipais, Regionais e Nacionais -, de *direção e ação* - Diretórios Distritais, Municipais, Regionais e Nacionais -, de *ação parlamentar* - as Bancadas - e de *cooperação*- conselhos de ética partidária, conselhos fiscais e consultivos, departamentos trabalhistas, estudantis, femininos e outros com a mesma finalidade (art. 22). Indicou regras para as convenções (arts. 24, 41, etc.), para os Diretórios e demais regramentos sob o aspecto organizacional e funcional.

No referente a diretórios, normatizou que os *distritais* seriam "organizados pelos Diretórios Municipais e não estarão sujeitos a registro na Justiça Eleitoral" (§ 2º do art. 22, conforme Lei nº 6.767/75). Conseqüentemente, os demais diretórios - municipais, regionais e nacional - seriam registrados na Justiça Eleitoral: o *nacional*, no TSE e os *regionais* e *municipais*, no TRE. Ademais, o artigo 23 da LOPP de 1971 dizia que "a Seção Municipal constitui a unidade orgânica e fundamental do Partido". Comentando este artigo, Pinto Ferreira (*Op. cit.*, p. 69) disse que "esta orientação revela o empenho do legislador em organizar os partidos de baixo para cima".

A nova LOPP, modo explícito, retirou do ordenamento jurídico-eleitoral brasileiro a Lei nº 5.682/71, revogando-a em seu artigo 63. Por isso, a partir da data da revogação - que é a da entrada em vigor da Lei nº 9.096/95 (em 20 de setembro), não mais se pode pensar ou se utilizar, em termos de organização e funcionamento dos partidos políticos, da orientação normativa da lei já revogada. A lei atual, porém, é silente quanto à organização e funcionamento do partido político, *aparentemente* se omitindo sobre matéria que deveria dispor. Este estado de coisas possibilita determinadas indagações quanto à organização e funcionamento dos partidos políticos e, mais especificamente, quanto aos diretórios e convenções partidárias.

Uma incursão histórico-constitucional talvez aclare a aparente omissão e justifique, explicando e apoiando, o silêncio do legislador de 1995. A Constituição de 1967 dizia em seu artigo 149 que "a organização, o funcionamento e a extinção dos partidos políticos serão regulados em lei federal", observando-se os diversos princípios entre os quais (VI) "âmbito nacional, sem prejuízo das funções deliberativas dos diretórios locais". A Emenda Constitucional nº 1/69, de origem espúria porque de iniciativa não do Poder Legislativo, repetiu idênticos regramentos no artigo 152 e inciso VI. Certo, portanto, que, durante a vigência da Constituição de 1967 e da que resultou da EC nº 1/69, eram temas de lei federal a organização e funcionamento dos partidos políticos.

Esta temática político-partidária era estranha ao que dispunha o parágrafo 13 do artigo 141 da Constituição de 1946, que só se limitou a dizer quais os elementos conteudísticos do programa e da ação do partido político. Talvez, por isso, Pontes de Miranda (*Op. cit.*, t. IV, p. 618) tenha anotado: " A Constituição afasta, radicalmente, qualquer constituibilidade de partidos políticos que não se estenda a todo território nacional. A distribuição das funções deliberativas dos diretórios locais de modo nenhum fere o *princípio do âmbito nacional"* .

Deste modo, a Lei nº 5.862/71, quando regrou a organização e funcionamento dos partidos políticos, não tinha objetivos de preencher claros normativos. Cumpria, exclusivamente, delegação que lhe fora concedida e determinada pelo texto constitucional. Tais temas fugiam ao clausulamento dos estatutos partidários, a não ser se harmônicos com o que dispusesse a lei autorizada constitucionalmente. Assim entendeu o legislador infraconstitucional e, como conseqüência, dispôs como já enfatizado. Criou regras, disposições e parâmetros. Em 1988, promulga-se uma nova Constituição que, como é consabido, varreu do ordenamento jurídico toda normatividade da Constituição anterior.

A nova Constituição trouxe diversas alterações quanto aos partidos políticos. Reafirmou-os, como já visto, como tendo *caráter nacional*. Contudo, em confronto com as Constituições de 1967 e 1969, houve uma omissão. Enquanto as anteriores falavam em "âmbito nacional, sem prejuízo das funções deliberativas dos diretórios locais", a atual refere-se, exclusivamente, a "caráter nacional" (art. 17, I). Em outras palavras, pelo menos no texto constitucional, não se assegura a função deliberativa dos diretórios locais. Não se está afirmando que os diretórios locais deixaram de existir ou que perderam suas atribuições deliberativas. O que se quer afirmar, de logo, é que a previsão de diretórios e suas funções não é mais tema constitucional.

Outra alteração que veio com a Carta de 1988 é que os partidos políticos passaram a ter personalidade jurídica de direito privado, conclusão a que a doutrina chegou por interpretação do parágrafo 2º do artigo 17 do diploma magno em vigor. Normalmente, tais pessoas jurídicas têm a estrutura organizacional e o funcionamento ditados pelo conjunto de sócios, em manifestação coletiva; não por imposição da lei. Nada impedia que, em norma imperativa, se determinasse que, embora pessoa jurídica de direito privado, existissem diretórios e com atribuições definidas. Contudo, a omissão referida anteriormente, não se assegurando funções deliberativas aos diretórios locais, é indício de uma alteração mais profunda.

Ao indício somou-se o expresso. O parágrafo 1º do mesmo artigo 17 aclarou a profundidade da alteração pretendida pelo Constituinte. O conteúdo da norma foi explícito, não deixando margem à dúvida. Com efeito, ali é objetivamente normatizado: "É assegurada aos partidos políticos autonomia para definir sua estrutura interna, organização e funcionamento...". Deste modo, se adicionam diversas circunstâncias. Primeiramente, o fato de a norma constitucional não mais falar em diretórios locais. Em segundo lugar, a alteração da personalidade jurídica dos partidos políticos, modificando toda a disciplinação jurídica. Por último, a afirmação expressa de serem os partidos políticos dotados de autonomia organizacional e funcional.

Autonomia tem o significado, no texto constitucional, de direito a se auto-organizar, de se auto-estruturar internamente, de formar suas próprias regras e mandamentos quanto ao funcionamento. A existência ou não de diretórios é matéria de estrutura interna do partido, se insere na organização partidária, e as diversas atribuições de diretórios são temas concernentes ao funcionamento. Não se pode pensar em uma *autonomia* dirigida pela lei, em que ela é que dita regras de organização interna, de divisões de órgãos deliberativos, etc. Ou há autonomia ou não há. A autonomia constitucional teve este objetivo. A liberdade dos partidos para se organizar, se estruturarem com maior ou menor eficiência, escolhendo aqueles instrumentos que lhes pareçam úteis a seus objetivos políticos.

Assim, existirem ou não diretórios, possuírem ou não funções deliberativas, seu funcionamento, etc., têm localização criadora nos estatutos dos partidos. Nestes atos constitutivos é que se movimenta a vontade criativa. Aqui, duas conclusões que se compatibilizam: a) não mais cabe à lei ordinária, como ocorria anteriormente, dar parâmetros para organização e funcionamento dos partidos. Por isso, a omissão da atual LOPP é aparente. Na verdade, o legislador infraconstitucional compreendeu que não estava autorizado a tratar de tal matéria e, se a enfrentasse, haveria evidente inconstitucionalidade; b) os estatutos partidários podem regular tal matéria com ampla liberdade, fulcrados na autonomia assegurada constitucionalmente. Estas novas normatividades são fundamentais à disciplinação jurídico-partidária.

Esta moderna orientação merece uma observação crítico-histórica relativamente à interferência estatal. Saímos de um acentuado intervencionismo do Estado, através de leis, que davam parâmetros e regras na formação dos partidos políticos, o que significava ingerência na sua estrutura e funcionamento. Talvez esta intervenção se explique pela época em que vivíamos, impulsionada pelos ideais revolucionários e o medo de perder o controle sociopolítico do País. Hodiernamente, alcançamos um não-intervencionismo estatal, a não ser em situações específicas quando a própria organização partidária perde sua identidade. É a passagem da Constituição de 67/69 para a Carta de 1988. No mesmo sentido, o magistério de Pinto Ferreira (1989, v. 1, p. 323). Tudo conseqüência da redemocratização do País, reconhecendo-se o Brasil como uma sociedade pluralista.

2.3. Programa e estatuto

Conseqüência da autonomia dos partidos políticos é a liberdade que os partidos têm de fazer seus programas e estatutos. Partido político sem programa e sem estatuto é impensável. O programa lhe dá o conteúdo ideológico, o diferencia de outros, tem significado de elo que congraça todos os adeptos em volta de uma mesma legenda. A *vis atractiva* de todos os filiados deve ser o conteúdo do programa, e a distinção de todos os partidos pela diferenciação de seus programas é que explica e fundamenta o pluripartidarismo. Temos, sem qualquer dúvida, que na programação partidária - conjunto de idéias culturais, sociais, filosóficas, etc. - é que pode assentar a importância dos partidos nas democracias. Os partidos não devem se distinguir somente pelas legendas. Estas devem ser formas elípticas identificadoras de programas partidários. No Brasil, porém, há partidos cujo único programa é chegar ao Poder e, quando lá chegam, surpreendem o próprio eleitorado que os apoiou, adotando políticas governamentais inesperadas. Estas ocorrências fazem com que os partidos percam a credibilidade popular, e a própria democracia representativa seja prejudicada. A despolitização de um povo tem causação nestes fatos. Daí uma primeira idéia. A legenda - só considerada uma sigla, e não o que ela representa programaticamente - é como qualquer nome: Identifica, mas não distingue. O fundamental é o conteúdo programático.

Por isso, a importância, em termos de programa partidário, da propaganda partidária, com acesso gratuito ao rádio e à televisão. A gratuidade da propaganda partidária, *na forma da lei*, tem assento no Texto Constitucional (art. 17, § 3º). Incompreensível, portanto, que haja a utilização da propaganda partidária não-onerosa para, direta ou subliminarmente, servir de propaganda de alguns líderes ou futuros candidatos. É a prática de um personalismo não admitido pela lei. A LOPP, inclusive, dá o conteúdo da propaganda gratuita, vinculando-a *exclusivamente* a tornar público, em linhas gerais, o programa partidário e, concretamente, sua execução e outras atividades pertinentes (art. 45).

Um simples teste é suficiente. Quem, antes de colocar seu voto nas urnas, busca conhecer, com preferência, o conteúdo do programa partidário do partido e da legenda que vai escolher? Salvo raras exceções, o que vai ser fundamental na escolha do candidato e, logicamente, do partido é o apelo popular gerado pelo fato de o candidato ser artista de rádio ou televisão, jornalista, jogador de futebol, etc., ficando em plano secundário aquilo que deveria ser o preponderante: o programa partidário. Dizse, por isso, muitas e muitas vezes, que o responsável pelo resultado das urnas é o povo, que não sabe votar, quando, na responsabilidade, o povo é o menos culpado.

O que se quer demonstrar é a importância, para a própria sobrevivência democrática e do pluralismo político, do programa partidário como visão política, como algo a ser difundido, como dado fundamental para a opção do eleitor, como alavanca para chegar alguém ao mandato eletivo, etc. Este programa político não é e nem deve ser fixado em lei. A liberdade de criá-lo é do próprio partido. O artigo 14 da LOPP regra ser o partido político livre para fixação de seu programa e de seus objetivos políticos, "observadas as disposições constitucionais e as desta lei". A única ingerência da lei é dizer até onde o programa pode chegar.

A Carta de 1988 já indica as regras fundamentais que todo programa partidário deve respeitar: "a soberania nacional, o regime democrático, o pluripartidarismo e os direitos fundamentais da pessoa humana" (art. 17, *caput*). A lei infraconstitucional, a atual LOPP, reafirma estes regramentos limitadores no artigo 2º. A Constituição, identicamente, obstaculiza a utilização de organização paramilitar (art. 17, § 4º), o que é repetido na LOPP (art. 6º). Deste modo, o programa partidário não pode violar, nem direta nem indiretamente, as regras que existam em qualquer lei, sem importar a sua hierarquia, ou que venham legalmente a existir.

O estatuto também é fundamental. Seja para alcançar a personalidade jurídica de direito privado, seja para dar ao partido vivência eleitoral, o estatuto deve existir. Entre as peças necessárias a serem apresentadas ao Registro Civil das Pessoas Jurídicas para registro, estão "exemplares do Diário Oficial que publicou, no seu inteiro teor, o programa e o estatuto" (art. 8º, II, da LOPP). Sem estatuto, portanto, não há modo de o partido alcançar personalidade, começando sua existência como pessoa jurídica. De outro lado, para sua eficácia na área eleitoral, deve haver registro do estatuto no TSE, juntando-se ao requerimento "exemplar autenticado do inteiro teor do programa e do estatuto partidários, inscritos no Registro Civil" (art. 9º, I, da LOPP). É, inclusive, o que diz o parágrafo 2º do artigo 17 da CF. A liberdade do partido na feitura do estatuto deve ser bem explicitada. A Lei Orgânica de 1995 elenca certas normas que, obrigatoriamente, devem constar do estatuto. É o que se lê em seu artigo 15. A existência destas cláusulas imperativas dá a impressão de que não existe ampla liberdade na elaboração estatutária, o que, assim entendido, estaria infringindo a autonomia assegurada no artigo 17, parágrafo 1º, da Carta de 1988. A realidade, porém, não é bem esta. O que a lei infraconstitucional dispõe é acerca de certos pontos que se têm como fundamentais ao estatuto. Diz o que deve dele, obrigatoriamente, constar, mas deixa à autonomia do partido como preceituar as cláusulas obrigatórias quanto ao conteúdo.

Por exemplo, são obrigatórias normas sobre "direitos e deveres dos filiados" (inc. III) e "condições e forma de escolha de seus candidatos a cargos e funções eletivas" (inc.VI). O estatuto, por isso, deve enfrentar estas questões. Contudo, dimensionar e elencar os direitos e deveres dos filiados, os requisitos e formas de escolha para candidatos, ficam incluídos, como preceituações, na liberdade partidária. Cabe somente ao partido definir e encher o que entenda ser direito ou obrigação do filiado ou quais as condições para se pré-candidatar a funções eletivas. Aqui, toda liberdade do partido, configurando a autonomia assegurada constitucionalmente. Além do mais, mantém-se a ampla liberdade partidária na escolha de outras cláusulas, além das indicadas imperativamente.

2.4. Fidelidade e disciplina partidárias

O ato de filiação partidária tem o significado de opção voluntária. Escolhe-se um partido dentre vários porque o programa e diretrizes partidárias estão conforme as idéias e os pensamentos do filiado. É ato de conformação entre o filiado adepto e a orientação político-ideológica do partido. Em ato posterior, há o candidato eleito para um cargo eletivo. Embora, fictamente, o candidato seja representante do povo, na realidade ele representa o partido para o qual foi eleito, a facção que aprova sua orientação política. É a ideologia partidária que, através dos candidatos eleitos, será veiculada no exercício do mandato. Isto é a regra geral. Na Casa Legislativa, o senador, o deputado federal, etc., estão representando seus partidos políticos, defendendo, na prática legislativa, seus programas e diretrizes.

Enfatiza-se, portanto, a relevância da fidelidade partidária no exercício do mandato político. Em tese, o mesmo conteúdo de idéias que o candidato tinha enquanto simplesmente candidato, adepto e seguidor dos programas e diretrizes do partido, deverá continuar tendo no exercício do mandato para o qual foi eleito. Isto é, na realidade, a denominada fidelidade partidária que, como reflexo, é fidelidade ao conjunto de votos que o elegeu. A fidelidade se afigura de tamanha importância que a Constituição, no artigo ora anotado, parágrafo 1º, determina que os estatutos estabeleçam normas de fidelidade partidária. No momento em que se descure desta fidelidade, aparecendo o descompromisso do parlamentar para com seu partido, começa a se esboroar a necessidade do próprio partido político na democracia representativa.

A Constituição de 1969 inadmitia atos considerados como de infidelidade partidária, ao se referir a "quem, por atitudes ou pelo voto, se opuser às diretrizes legitimamente estabelecidas pelos órgãos de direção partidária ou deixar o partido sob cuja legenda foi eleito" (art. 152, parágrafo único). Antes, no artigo 35, V, já dispusera ser hipótese de perda de mandato o deputado ou senador "que praticar atos de infidelidade partidária segundo o previsto no parágrafo único do artigo 152". De acordo com o parágrafo único deste artigo 152, a perda do mandato, pela infidelidade partidária, era decretada pela Justiça Eleitoral, precedendo representação do partido e assegurada a ampla defesa. A equação que se formava era simples: infidelidade partidária comprovada = decretação da perda do mandato.

Pinto Ferreira (*Op. cit.*, p. 151) qualificou como *exagerada* a previsão, na Constituição de 1969, da infidelidade partidária como causa da perda do mandato político. Contudo, na visão moderna que se tem do pluralismo partidário e da democracia representativa, o exercício do mandato deve ocorrer menos com individualismo, o eleito agindo por si próprio, do que, representando a ideologia partidária, exercitar o mandato preenchendo seu exercício com fidelidade partidária. Caso contrário, sem justificativa o pressuposto de, para ser candidato, ser obrigatoriamente filiado a partido político (art. 14, § 3º, da Carta de 1988). Isto deve ser priorizado para as questões de infidelidade partidária.

Com a Emenda Constitucional nº 25, de 15 de maio de 1985, a infidelidade partidária não é mais causa de perda de mandato eletivo. A Carta de 1988 placitou esta idéia. Não pelo simples fato de se omitir de prevê-la com a conseqüência da perda do mandato. Mas por outra razão mais forte. O artigo 55 do atual texto constitucional elenca as situações em que o deputado ou senador perderá o mandato, no rol não se encontrando a infidelidade partidária. Como o elenco do artigo 55 se configura *numerus clausus*, elenco taxativo e não exemplificativo, nenhuma outra causa, além das indicadas expressamente, serve de suporte fático à decretação da perda do mandato. A conclusão é lógica e indiscutível. Na atualidade brasileira, a infidelidade partidária traz certos efeitos, mas não o da perda do mandato.

Entregue ao estatuto do partido a incumbência de estabelecer normas atinentes à fidelidade partidária, toda a teoria geral a respeito deste tema deve ser preceituada estatutariamente. Inicialmente a sua compreensão, após a punição indicada, o procedimento para apurá-la (o *due process of law*) e a ampla defesa do infrator aliada ao princípio do contraditório. A anterior LOPP já dispunha acerca desta matéria. Todavia, hoje, a determinação constitucional é que os estatutos devem tratar da matéria. Há, entretanto, normas que deverão se limitar pelo entendimento formado pelo tempo. Fidelidade partidária é agir, em atitudes e votos, de conformidade com as diretrizes partidárias, o que configura a desconformidade como infidelidade partidária. O estatuto não pode inovar, substancialmente, a respeito.

Esta simples compreensão nasce do sentido semântico da expressão. Não fosse isso, seria reflexo da configuração dada pela Constituição de 1969 que, embora drástica em seus efeitos, a definiu no parágrafo único de seu artigo 152. Este entendimento se aperfeiçoou no tempo e, hodiernamente, nasce da interpretação que se faz do artigo 24 da atual LOPP: "Na Casa Legislativa, o integrante da bancada do partido deve subordinar sua ação parlamentar aos princípios doutrinários e programáticos e às diretrizes estabelecidas pelos órgãos de direção partidários, na forma do estatuto". A não-subordinação tem o conteúdo e o significado da prática caracterizante da infidelidade partidária.

A fidelidade partidária não reduz a liberdade do detentor do mandato. Ao se filiar ao partido, houve uma escolha que se baseou na aceitação prévia dos princípios doutrinários e programáticos e das diretrizes partidárias. A qualquer momento, enquanto simples filiado, poderá se desfiliar. Mantém-se, porém, filiado e, por presunção, ainda conforme com todas as idéias partidárias. Já na ação parlamentar o que lhe é exigido é cumprir aquilo que ele sempre aceitou e continuou mantendo a aceitação. Nenhum descompasso com sua liberdade de decisão. Além do mais, há uma faixa enorme de temas que exige seu pronunciamento estranho ao programa, à doutrina e às diretrizes partidárias. A liberdade, aqui, é ampla. Não se pode dizer, portanto, consideradas todas estas circunstâncias, que a fidelidade partidária impede a liberdade do parlamentar.

A autonomia para prever as sanções na hipótese de infidelidade partidária é do próprio partido e deve se localizar nos estatutos. A LOPP, porém, permite e até mesmo sugere para a situação determinadas penas: "desligamento temporário da bancada, suspensão do direito de voto nas reuniões internas ou perda de todas prerrogativas, cargos e funções que exerça em decorrência da representação e da proporção partidára, na respectiva Casa Legislativa" (art. 25). Entenda-se: a LOPP não prevê nem indica qualquer pena, simplesmente oferece sugestão quanto a algumas, facultando que o estatuto as adote. Em outros termos, a lei é autorizativa no permitir sua previsão estatutária. Sem esta, não há possibilidade de se aplicá-las.

O fato de alguém deixar o partido sob cuja legenda foi eleito é forma específica de infidelidade partidária, afora as situações de fusão ou incorporação de partidos. O abandonar o partido em que estava filiado afasta o desistente da disciplinação partidária. A LOPP, por isso, já indica a medida que será automaticamente incidente: perda da "função ou cargo que exerça, na respectiva Casa Legislativa, em virtude da proporção partidária" (art. 26). Assim, continua sendo parlamentar, respeitada sua nova situação, mas deixa de exercer os cargos e funções referentes à proporcionalidade concedida ao partido do qual saiu. Alguns exemplos: não há a perda do cargo de Presidente da Casa Legislativa, que nada tem a ver com a proporção dos partidos; ao contrário, haverá a perda do cargo de Presidente de uma Comissão Permanente, se a ela foi guindado pelo fato de pertencer a determinado partido, do qual se afastou.

A disciplina partidária, em que há o direito de o partido político apenar seus filiados, através de seus órgãos dirigentes com esta específica competência, tem autorização constitucional (art. 17, § 4º, *in fine*). A lei infraconstitucional afirma que "a responsabilidade por violação dos deveres partidários deve ser apurada e punida pelo competente órgão" (art. 23 da LOPP). Se a *lex dixit*, principalmente a Carta Magna, nenhuma dúvida há quanto ao direito de disciplinação, que é o exame das condutas partidariamente irregulares, a aplicação adequada de uma sanção, com vistas à exemplaridade, à repreensão e à recuperação do infrator. Entretanto, entendemos que a base do direito disciplinar não está exclusivamente na norma legal; nasce de outros fundamentos.

A filiação partidária é ato consensual, com manifestação bilateral concordante. O interessado em se filiar toma todas as providências necessárias para filiação. Entretanto, a vontade unilateral do interessado, essencial ao ato de filiação, ainda é insuficiente. O partido deve apor sua concordância. Nenhuma filiação se efetivará sem a harmonia destas duas vontades - do que busca a filiação e do partido. E mais: a não-concordância do partido com a filiação, o que é impedimento ao próprio ato de se filiar, é por manifestação não necessariamente motivada. A junção das duas vontades, que resulta na aquisição de direitos eleitorais, se categoriza como ato jurídico *stricto sensu* (art. 81 do Código Civil).

Da filiação partidária, portanto, nasce uma *relação jurídica* entre filiado e partido, que se enche de direitos e obrigações recíprocos. Não obstante o partido político seja pessoa jurídica de direito privado, a relação jurídica que se forma é de direito público, face a sua natureza publicista. O filiado - e este é o ponto que se pretende enfatizar -, pela filiação, assume obrigações várias, a maioria constante dos estatutos partidários que, por presunção absoluta, conhece, admite e concorda. Esta concordância com o conteúdo dos preceitos dos estatutos, onde se localiza toda temática disciplinar, é que fundamenta o direito de disciplinação dos partidos quanto a seus filiados. Tudo é gerado, como conseqüência, da filiação como ato jurídico.

Por isso, toda disciplinação partidária gira em volta do descumprimento dos deveres assentes nos estatutos, cujo compromisso de obedecê-los o filiado assumiu no ato de filiação. Desta compreensão nasce um primeiro ponto delimitador. As atitudes do filiado em sua vida privada estão fora da disciplinação partidária, a não ser que se reflitam negativamente nos deveres estatutários. Busca-se sempre fazer uma distinção entre dois campos: o dos deveres partidários e o dos deveres que o ser humano tem na vida social. Esta separação delimita a disciplinação partidária ao descumprimento dos primeiros deveres indicados, aqueles concernentes ao campo dos deveres partidários. Com a filiação, o compromisso do filiado se refere aos deveres estatutários, exclusivamente.

De outro lado, no momento em que o filiado se candidata a um cargo eletivo, está reafirmando um específico compromisso já assumido anteriormente no ato da filiação, que é o de, como parlamentar, ter atitudes e votos em conformidade com o programa e doutrina partidários e com as diretrizes do partido. Isto acentua que as obrigações do filiado/parlamentar relativamente a seus deveres eleitorais nascem da relação jurídica conseqüente do ato de filiação. A Constituição revela a natureza de direito público desta relação, e a lei infraconstitucional simplesmente a explicita. A fonte, ou raiz, de tais compromissos e deveres está na relação jurídica nascida da filiação. Isto é fundamental se entender para a exata compreensão de toda base que sustenta o direito disciplinar partidário.

Poder-se-ia sustentar, porém, que os atos dos parlamentares no exercício de seus mandatos jamais poderiam ser objeto de disciplinação porque, por mandamento constitucional, "os Deputados e Senadores são invioláveis por suas opiniões, palavras e votos" (art. 53 da CF). Nenhuma incompatibilidade entre o poder disciplinar partidário e a garantia da inviolabilidade afirmada constitucionalmente. A Constituição, como qualquer outra lei, deve ser interpretada sistemicamente. Não se busca o conteúdo de uma norma examinando-a isoladamente. Todo texto constitucional e, mais do que isto, todo ordenamento jurídico de um país, é um sistema. A interpretação de qualquer norma deve considerar seus termos e sua integração no sistema como conjunto. O artigo 53 da CF deve ser interpretado em consonância com o artigo 17 do mesmo diploma quando fala em disciplina partidária em seu parágrafo 1º.

2.5. Fundo partidário e direito de antena

Como se forma a *receita* dos partidos? Vedam-se, inicialmente, certos ingressos contributivos, auxílios pecuniários ou estimáveis em dinheiro, mesmo na forma de publicidade de qualquer espécie, conforme sua origem. Tais ajudas são configuráveis como inadmitidas, sejam feitas de modo direto ou indireto, não importando a forma ou pretexto. A origem as conspurca. Assim se tem a ajuda que proceda de entidade ou governo estrangeiro, de autoridade ou órgãos públicos afora as integrantes do Fundo Partidário como se verá adiante, de entidade de classe ou sindical e de entidades estatais, paraestatais ou concessionárias de serviço público (art. 31 da LOPP).

A primeira vedação, inclusive, é localizada na Constituição, conforme se lê em seu artigo 17, II. A razão de ser vedada a ajuda do exterior se apóia no respeito que se deve ter à soberania nacional. A vinculação do partido com entidade ou governo estrangeiros pode sugerir a ingerência externa na política governamental, nem que seja como oposição. Celso Ribeiro Bastos (*Op. cit.*, p. 608) chama a atenção para este aspecto: "O fato de receber recursos financeiros de entidades ou governos estrangeiros já evidenciaria uma dependência e mesmo uma subordinação a esses, o que tornaria o partido político uma cabeça de ponte de potências estrangeiras dentro do território nacional".

Os demais ingressos de origem proibida têm justificativa para a conspurcação. Os governos que se formam têm base, necessariamente, partidária. Contudo, no exercício da administração pública, deve haver obediência aos princípios, entre outros, da impessoalidade e da moralidade administrativa. O possibilitar que o governo, as entidades públicas, paraestatais, etc., alcancem ajudas, havendo ou não havendo desvio de poder, viola o princípio da impessoalidade. O partido ou partidos sustentadores da situação participariam das benesses, enquanto os da oposição seriam alijados. Tais vedações, por isso, são bem-vindas.

Diz o artigo 36 da LOPP que, constatando-se que houve ingresso nos cofres do partido de contribuição ou ajuda inadmitida pelo artigo 31, fica, relativamente ao partido infrator, "suspensa a participação no fundo partidário por um ano". Não obstante a generalidade da norma punitiva, ela não se aplica no inciso I do artigo 31, mesmo porque seria punição meigamente proporcionalizada à gravidade da infração à norma constitucional. Nesta hipótese, a punição é outra e significará extinção compulsória do partido político, conforme regrado no artigo 28, I, da LOPP, após feita a devida interpretação sistêmica.

O que é, porém, o Fundo Especial de Assistência Financeira aos Partidos Políticos, que a Constituição denomina de Fundo Partidário (art. 17, § 3º)? Trata-se de uma conta bancária especial no Banco do Brasil, onde são aportadas diversas quantias que ficam à disposição do TSE, para posterior distribuição aos partidos, conforme critérios indicados em lei. É formação de receita partidária, em que os ingressos são feitos não em nome de um partido mas para todos os partidos, aparecendo o TSE como órgão fiscalizador e distribuidor das participações de cada partido. Impera, neste momento de formação de receita por distribuição, a eqüidade.

O Fundo Partidário se constitui de valores depositados na conta especial no Banco do Brasil e indicados na LOPP, em seu artigo 38: multas e penalidades pecuniárias aplicadas nos termos do Código Eleitoral e leis conexas (I), recursos financeiros que lhe forem destinados por lei, em caráter permanente ou eventual (II), doações de pessoa física e jurídica, efetuadas por intermédio de depósitos bancários diretamente na conta do Fundo Partidário (III) e dotações orçamentárias da União em valor nunca inferior, cada ano, ao número de eleitores inscritos em 31 de dezembro do ano anterior ao da proposta orçamentária, multiplicados por trinta e cinco centavos de real, em valores de agosto de 1995 (IV).

Os valores das dotações orçamentárias para o Fundo Partidário são consignados ao Tribunal Superior Eleitoral e depositados, na Conta Especial e mensalmente, pelo Tesouro Nacional, em duodécimos, atendida a regra do artigo 168 da Carta Magna. Na mesma conta, haverá o depósito correspondente às multas e penalidades pecuniárias. As doações de pessoas físicas e jurídicas feitas diretamente ao Fundo Partidário não têm limite, por não se desenhar, na hipótese, possibilidade de negativa influência do poder econômico na normalidade e legitimidade das eleições. Outros recursos financeiros também seguem o mesmo destino, a conta bancária especial.

Duplo é o critério utilizável pelo TSE para distribuição dos valores do Fundo Partidário aos partidos, através de seus órgãos nacionais. O *primeiro* refere-se à distribuição, em cotas iguais, a todos os partidos devidamente registrados no TSE. A quantia a ser desta forma repartida não é a da integralidade do Fundo Partidário; sim de um por cento (1%) do valor total do Fundo. Os restantes noventa e nove por cento (99%) serão distribuídos aos partidos que tenham funcionamento parlamentar por terem satisfeito o apoiamento de eleitores, na forma do artigo 13 da LOPP. A divisão destes noventa e nove por cento, todavia, não é realizada em cotas iguais.

O critério adotado pelo artigo 41, II, da LOPP busca favorecer e fortalecer os partidos maiores em detrimento dos menores, o que, a nosso sentir, considerado o caráter nacional dos partidos, é critério válido. Os partidos que não conseguirem o apoiamento de eleitores não participam desta distribuição. Os noventa e nove por cento serão distribuídos "na proporção dos votos obtidos na última eleição geral para a Câmara dos Deputados". Trata-se de um critério isonômico, porque trata desigualmente os desiguais em razão de suas desigualdades.

Como se vem salientando, há regra vedatória na formação da receita dos partidos e há o Fundo Partidário, através de ingressos em conta bancária especial e distribuídos pelo TSE. Há, ainda, formação de receita com ingressos diretos nos cofres partidários, a título de contribuição de filiados e outras participações e, no que importa de momento, de doações aos órgãos de direção nacional, estadual e municipal, feitas diretamente por pessoas físicas ou jurídicas (art. 39, §§ 1º e 2º). O problema que se forma diz respeito a se desenhar influência abusiva do poder econômico nos partidos políticos. Por isso, o legislador infraconstitucional adotou certas restrições.

No parágrafo 3º do artigo 39 da LOPP, a fim de que haja o efetivo controle das quantias doadas, foi regrado que as doações de recursos financeiros sejam efetuadas, necessariamente, ou através de "cheques cruzados em nome do partido político ou por depósito bancário diretamente na conta do partido político". Qualquer outra doação que se faça de forma diferenciada - cheque ao portador, por exemplo - é inadmitida. Há, outrossim, um limite máximo nas doações. Os critérios para o cálculo se encontram indicados no parágrafo 4º do mesmo artigo 39. Acima deste valor, há influência evidenciada do abusivo poder econômico.

O acesso ao rádio e à televisão, outrossim, direito dos partidos políticos, é gratuito e na forma da lei subconstitucional. A Constituição de Portugal o denomina de direito de antena e o estende, sempre de acordo com a representatividade da entidade beneficiada, às organizações sindicais e profissionais (art. 40, 1). No Brasil, a tutela recai exclusivamente nos partidos políticos. A gratuidade é garantia constitucional. No entanto, se é bem verdade que os partidos políticos nada pagam ao se utilizarem do acesso, nos termos da regulamentação legal, as rádios e televisões têm direito a se ressarcir do serviço prestado. Tais órgãos de comunicação, ao contrário do que se poderia pensar ante a gratuidade referida constitucionalmente, têm contraprestação remuneratória. Nenhum serviço gratuito prestam.

Com efeito, o parágrafo único do artigo 52 da LOPP regra que "as emissoras de rádio e televisão terão direito a compensação fiscal pela cedência do horário gratuito prevista nesta Lei". Em outras palavras, como *compensação* (art. 156, II, do CTN - Lei nº 5.172, de 25.10.66) é forma de extinção de crédito tributário, as emissoras de rádio e de televisão ficam livres de pagar impostos no mesmo valor do serviço prestado aos partidos políticos, o que significa onerosidade. Via de conseqüência, o acesso dos partidos políticos é pago pela massa de contribuintes *menos* as emissoras de rádio e de televisão.

2.6. Prestação de contas

Um dos preceitos constitucionais a ser observado pelos partidos é o da "prestação de contas à Justiça Eleitoral" (art. 17, III). O partido político, o que está na área da obviedade, tem despesas para satisfação de várias necessidades e, identicamente, receitas para satisfazê-las. Para gastar tem que se ter o que gastar. Esta simples compreensão impõe, como conseqüência, a necessidade do partido político manter sua escrituração contábil, onde haja o devido confronto, com base documental, entre receita e despesa. O artigo 30 da Lei nº 9.096/95, ao falar da escrituração contábil, classifica a escrituração em três espécies e as vincula aos órgãos nacionais, aos regionais e aos municipais. Esta classificação é importante porque o exame fiscalizador será realizado, respectivamente, pelo TSE, pelos TREs e pelos Juízes Eleitorais (art. 32, § 1º).

O objetivo da prestação contábil e de sua fiscalização pela Justiça Eleitoral não é simplesmente formal ou para verificar se houve *deficit* ou *superavit*. Os atos contábeis e a fiscalização conseqüente têm outro objetivo. É, conforme regra o artigo 30 já referido, a finalidade de "permitir o conhecimento da origem de suas receitas e a destinação de suas despesas". Como já visto, há ingressos vedados para formação da receita, todos referidos no artigo 31, cujo inadimplemento pode levar à extinção do partido (art. 28). A escrituração contábil é um retrato financeiro do partido durante determinado período, para se ver até onde houve cumprimento das normas legais e estatutárias.

Localizada como etapa da prestação de contas, há uma inicial obrigação de todos partidos políticos, que é a de, anualmente, enviar à Justiça Eleitoral (TSE, TREs e Juízes Eleitorais) "o balanço contábil do exercício findo, até o dia 30 de abril do ano seguinte"(art. 32), bem como, em complementação, no ano em que ocorrem eleições, o envio de balancetes mensais à mesma Justiça, durante os quatro meses anteriores e os dois meses posteriores ao pleito (art. 32, § 3º). Os balanços contábeis servem, como já dito, à fiscalização e controle da Justiça Eleitoral. Não só este controle; identicamente, um controle recíproco dos partidos, tanto que os balanços contábeis recebidos vão à publicação, para conhecimento de todos.

Os balanços têm um conteúdo informativo mínimo, sem o qual a exigência da lei não estará cumprida. Devem discriminar, de forma detalhada, receitas e despesas. Naquelas, a discriminação dos valores e destinação dos recursos oriundos do fundo partidário, destacando, também pormenorizadamente, a origem e o valor das contribuições e doações. E, nestas, as despesas de natureza eleitoral, especificando e comprovando os gastos com comitês, propaganda, publicações, comícios e outras atividades de campanha (art. 33, I a IV). A mesma exigência de conteúdo existe para os balancetes mensais, quando exigíveis. Trata-se, porém, de conteúdo informativo *mínimo*. O fato de, formalmente, a escrituração contábil satisfazer o mínimo de lei, não significa estar o partido liberado de qualquer outro informe. Tudo que, ultrapassando o mínimo, for necessário para o bom exame dos balanços, deve ser remetido à Justiça Eleitoral. Também é necessário e indispensável. O artigo 33 da LOPP fala que os balanços "devem conter, entre outros, os seguintes itens". Os *outros* serão partes dos informes se indispensáveis e necessários à boa compreensão e validade do conteúdo dos balanços apresentados.

A prestação de contas à Justiça Eleitoral, nos termos da Carta de 1988, será realizada de acordo com a LOPP. Não se trata de ato único e exclusivo. Há uma complexidade de atos que redundam no julgamento das contas apresentadas. Inicia-se com a apresentação do balanço contábil anual e com os balancetes mensais, no ano de eleições. O envio dos balanços, em tese, é a etapa que inaugura a atividade maior da prestação de contas. Daí a lei falar que a remessa dos balanços é *obrigação* dos partidos políticos, o que deverá ocorrer em data máxima prevista em lei. Não é situação, de um lado, de simples faculdade; trata-se de ônus contido em norma cogente. De outro lado, a configuração da mora se apresenta pela simples omissão da remessa até o dia marcado em lei.

2.7. Funcionamento parlamentar

Em qualquer casa legislativa do País - Senado Federal, Câmara de Deputados, Assembléias Legislativas, Câmara Legislativa e Câmara de Vereadores -, o partido político, desde que haja representante eleito, tem participação. É o que se denomina de direito ao funcionamento parlamentar. Qual o conteúdo deste funcionamento? Em primeiro lugar, o partido político funciona através de sua bancada eleita, conseqüência natural da democracia representativa. A bancada, conforme está expresso no artigo 12 da Lei de 1995, "deve constituir suas lideranças de acordo com o estatuto do partido, as disposições regimentais das respectivas Casas e as normas desta Lei". A participação do partido político, assim, jamais será direta.

O ter funcionamento parlamentar garante aos representantes dos partidos políticos os direitos resultantes dos regimentos internos no que concerne a apresentação de projetos de lei, participar de comissões, usar da palavra com preferência para os líderes, e outras condutas de compõem a atividade parlamentar. O deputado, federal ou estadual, o senador, vereador, etc. adquirem com a posse, para representação efetiva do partido político, uma gama de direitos e obrigações. No momento em que lhe forem retirados estes direitos/obrigações, esvazia-se, completamente, sua atividade parlamentar e só resta, como título e honraria, o nome de representante do povo. Sua função sociopolítica desaparece. Em outras palavras, representante eleito sem funcionamento parlamentar é um nada.

Além do mais, os senadores, deputados federais, deputados estaduais e do Distrito Federal só perdem o mandato nas hipóteses indicadas no artigo 55 da Constituição, como nele está expresso e na remissão feita nos artigos 27, parágrafo 1º, e 32, parágrafo 3º, do mesmo texto constitucional. O que se quer dizer é que, relativamente aos casos para perda de mandato, há regramento taxativo, um *numerus clausus* constitucional. O que a norma constitucional não prever expressamente nenhuma lei infraconstitucional pode prever, mesmo que indiretamente ou por interpretação. Em se tratando de vereador, também há rol exaustivo nas situações que levam à perda do mandato. Assim, o Decreto-Lei nº 201, de 27 de fevereiro de 1967, no artigo 7º, indica as hipóteses de perda de mandato de vereador.

Esta compreensão de que os membros das Casas Legislativas, afora os vereadores, têm as hipóteses de perda do mandato exaustivamente elencadas na Lei Maior, é fundamental para a inicial interpretação do artigo 13 da nova LOPP: "Tem direito a funcionamento parlamentar, em todas as Casas Legislativas para as quais tenha elegido representante, o partido que, em cada eleição para a Câmara dos Deputados, obtenha o apoio de, no mínimo, cinco por cento dos votos apurados, não computados os brancos e nulos, distribuídos em, pelo menos, um terço dos Estados, com um mínimo de dois por cento do total de cada um deles". O não alcançar este apoio mínimo jamais pode significar, porque a inconstitucionalidade seria flagrante, refletindo-se para o passado, perda de mandato dos eleitos em exercício.

Entretanto, a falta de apoio mínimo, na dicção do artigo 13, impede o funcionamento parlamentar do partido político. Qual a extensão desta perda do funcionamento se o partido é representado por sua bancada eleita cujos componentes permanecem no exercício do mandato? Aqui, toda problemática da norma. Os representantes continuam exercendo seus mandatos por força de dois argumentos. Não se trata de perda de mandato porque, na regra geral, tais casos de perda estão na dependência do *numerus clausus* constitucional. Onde não houver previsão no texto constitucional, lei ordinária não pode dispor. De outro lado, configurável, a toda evidência, direito adquirido ao exercício do mandato.

Contudo, embora a dificuldade de se extrair da norma em comento, com razoabilidade normativa, a dimensão restritiva, o legislador infraconstitucional está pensando em restrição. A intenção da norma é clara. O partido, ao eleger para uma Casa Legislativa um representante, por exemplo vereador para Câmara Municipal, passa a ser titular de funcionamento parlamentar, através de sua bancada eleita. Se, nas próximas eleições para a Câmara dos Deputados, não fizer o número mínimo de apoiamento dos votantes (art. 13) não mais tem direito a funcionamento parlamentar, não obstante o respeito ao exercício do mandato. É sempre uma restrição, sem clareza na lei, mas restrição.

Em outras palavras, os direitos do representante eleito, para período certo de tempo, porque há periodicidade nos mandatos, sempre serão respeitados com apoio no direito adquirido e outras normas constitucionais. A restrição vai se situar na representatividade do partido político, porque este perde o direito ao funcionamento parlamentar. Significaria que os representantes eleitos perderiam a vinculação partidária como conseqüência da não-atuação parlamentar do partido? A lei não diz, modo expresso e indiscutível, o dimensionamento ou grau desta restrição, no próprio artigo restritivo. A partir daí, só a interpretação sistêmica da lei, o confronto de todas as suas normas, é que pode permitir uma conclusão a respeito.

A leitura dos artigos 55 a 57 da LOPP, sob o Título de *Disposições Finais e Transitórias*, dá uma luz do que seria a perda do funcionamento parlamentar. Conseqüência deste funcionamento, assegura-se ao partido a realização anual de programas, em cadeia nacional, no denominado acesso gratuito ao rádio e à televisão (arts. 45 e 56, III e IV, da Lei) e se lhe dá participação no Fundo Partidário, desde que cumpra o artigo 13 (art. 57, II, da Lei). Deste modo, o não-cumprimento do apoio de votantes previsto no artigo 13, que significa a perda do funcionamento parlamentar, levaria às vedações de não poder realizar a propaganda gratuita no rádio e na televisão e de participar do fundo partidário?

O fato de, supervenientemente à lei, não haver o apoio numérico de votantes, não é causa de extinção do partido político nem de cancelamento de seus registros. A nova LOPP, modo exaustivo e não-exemplificativo, indica todas as causas que podem levar à extinção do partido político (art. 28) e, entre elas, não se localiza a falta de apoiamento de votantes para o partido já registrado anteriormente à lei ou mesmo posteriormente. Assim, partido político registrado antes da lei continua com sua plenitude partidária. Partido registrado depois da lei não deixa de se manter partido político se não satisfizer a exigência do artigo 13, que não leva à extinção. A própria lei de 1995 não desnatura ou descaracteriza o que já era partido político.

A norma do parágrafo 3º do artigo 17 em exame é norma constitucional com eficácia relativa restringível ou de eficácia contida. Sua eficácia é imediata, sem depender de lei posterior. Contudo, tal eficácia pode ser reduzida a determinado nível através de lei infraconstitucional, porque o pressuposto da redução está no próprio Texto Maior. Admite-se a redução da eficácia da regra constitucional, que não se confunde em excluir dela toda eficácia do mundo jurídico. Assim, o direito aos recursos do fundo partidário e de acesso gratuito no rádio e na televisão não podem ser extintos para o partido político, enquanto este existir; no máximo, podem ser reduzidos.

Esta foi a solução dada pela Lei nº 9.096/95. Com efeito, no artigo 41, I, garantiu a participação dos partidos, que não tiveram apoiamento mínimo do artigo 13, somente no referente a um por cento do Fundo Partidário, enquanto os demais participarão sobre os restantes noventa e nove por cento. No artigo 48, quanto ao direito de antena, regrou: "O partido registrado no Tribunal Superior Eleitoral que não atenda ao disposto no art. 13 tem assegurada a realização de um programa em cadeia nacional, em cada semestre, com a duração de dois minutos". Para os partidos que mantêm funcionamento parlamentar, o direito de antena é mais extenso (art. 49).

Bibliografia

BASTOS, Celso Ribeiro. *Comentários à Constituição do Brasil*. V. 2. São Paulo: Saraiva, 1989.

BEVILÁQUA, Clóvis. *Código Civil dos Estados Unidos do Brasil Comentado*. V. I. 6ª ed. Rio de Janeiro: Livraria Francisco Alves, 1940.

BONAVIDES, Paulo. "A Decadência dos Partidos Políticos e o Caminho para a Democracia Direta", in *Direito Eleitoral*. Belo Horizonte: Del Rey, 1996.

BUZAID, Alfredo. *Do Mandado de Segurança*, V. I. São Paulo: Saraiva, 1989.

CÂNDIDO, Joel José. *Direito Eleitoral Brasileiro*. 6ª ed. São Paulo: Edipro,1996.

CANOTILHO, J. J. Gomes. *Direito Constitucional*, 6ª ed. Coimbra: Livraria Almedina, 1996.

COSTA, Tito. *Recursos em Matéria Eleitoral*. 5ª ed. São Paulo: Revista dos Tribunais, 1996.

CRETELLA JÚNIOR, J. *Comentários à Constituição de 1988*, V. I. 2ª ed. Rio de Janeiro: Forense Universitária, 1990.

———. *Comentários à Constituição de 1988*, V. II. Rio de Janeiro: Forense Universitária, 1989.

CUNHA, Sérgio Sérvulo da. "A Decadência dos Partidos Políticos e o Caminho para a Democracia Direta", in *Direito Eleitoral*. Belo Horizonte: Del Rey, 1996.

DONATO, Messias Pereira. *Curso de Direito do Trabalho*, 4ª ed. São Paulo: Saraiva, 1981.

DÓRIA, Sampaio. *Comentários à Constituição de 1946*. V. 3. São Paulo: Max Limonad, 1960.

———. *Comentários à Constituição de 1946*. V. 4. São Paulo: Max Limonad, 1960.

FERRAZ, Sérgio. *Mandado de Segurança*. São Paulo: Malheiros Editores, 1992.

FERREIRA, Pinto. *Comentários à Constituição Brasileira*. V. 1. São Paulo: Saraiva, 1989.

——. *Comentários à Constituição Brasileira*. V. 3. São Paulo: Saraiva, 1992.

——. *Comentários à Lei Orgânica dos Partidos Políticos*. São Paulo: Saraiva, 1992.

FRANCO, Afonso Arinos de Mello. *Curso de Direito Constitucional Brasileiro*. V. II. Rio de Janeiro: Forense, 1960.

GOMES, Orlando. *Introdução ao Direito Civil*. 6ª ed. Rio de Janeiro: Forense, 1979.

JACQUES, Paulino. *Curso de Direito Constitucional*, 4ª ed. Rio de Janeiro: Forense, 1964.

LEAL, A. L. da Câmara. *Da Prescrição e da Decadência*, 4ª ed. Rio de Janeiro: Forense, 1982.

MAGALHÃES, Roberto Barcellos de. *Constituição Federal de 1988*, V. I, Rio de Janeiro: Lumen Juris, 1997.

MARTINS, Ives Gandra. *Comentários à Constituição do Brasil*, V. 4. T. I. São Paulo: Saraiva, 1995.

MAXIMILIANO, Carlos. *Hermenêutica e Aplicação do Direito*. Rio de Janeiro: Forense, 1979.

MEIRELLES, Hely Lopes. *Mandado de Segurança, Ação Popular, Ação Civil Pública, Mandado de Injunção, Habeas Data*. 14ª ed. São Paulo: Malheiros, 1992.

MENDES, Antonio Carlos. *Introdução à Teoria das Inelegibilidades*. São Paulo: Malheiros, 1994.

MIRANDA, Pontes de. *Comentários à Constituição de 1967*. T. I. São Paulo: Revista dos Tribunais, 1967.

——. *Comentários à Constituição de 1967*. T. IV. São Paulo: Revista dos Tribunais, 1967.

——. *Comentários à Constituição de 1967*. T. V. São Paulo: Revista dos Tribunais, 1968.

——. *Tratado de Direito Privado*, T. XXVI, 3ª ed. São Paulo: Editor Borsói, 1971

NASCIMENTO, Tupinambá Miguel Castro. *Lineamentos de Direito Eleitoral*, Porto Alegre: Síntese Editora, 1996.

NIESS, Pedro Henrique Távora. *Direitos Políticos, Condições de Elegibilidade e Inelegibilidades*. São Paulo: Saraiva, 1994.

PACHECO, José da Silva. *O Mandado de Segurança e Outras Ações Constitucionais Típicas*. São Paulo: Revista dos Tribunais, 1990.

PEREIRA, Caio Mário da Silva. *Instituições de Direito Civil*. V. I. 5ª ed. Rio de Janeiro: Forense, 1980.

PRADO, Roberto Barreto. *Curso de Direito Sindical*. São Paulo: Editora LTr, 1984.

——. *Tratado de Direito do Trabalho*, V. I. São Paulo: Revista dos Tribunais, 1967.

RÁO, Vicente. *Ato Jurídico*, 3ª ed. São Paulo: Saraiva, 1981.

——. *O Direito e a Vida dos Direitos*, V. 1, 3ª ed. São Paulo: Revista dos Tribunais, 1991.

ROSAS, Roberto. "A Decadência dos Partidos Políticos e o Caminho para a Democracia Direta", in *Direito Eleitoral*. Belo Horizonte: Del Rey, 1996.

SILVA, José Afonso da. *Curso de Direito Constitucional Positivo*. 6ª ed. São Paulo: Revista dos Tribunais, 1990.

Impresso com filme fornecido pelo cliente por:
LA SALLE
Gráfica Editora
FONE: (051) 472-5899
CANOAS - RS
1997